D1595839

Mundos en palabras

Mundos en palabras offers advanced students of Spanish a challenging yet practical course in translation from English into Spanish.

The course provides students with a well-structured, step-by-step guide to Spanish translation which will enhance and refine their language skills while introducing them to some of the key concepts and debates in translation theory and practice.

Each chapter presents a rich variety of practical tasks, supported by concise, focused discussion of key points relating to a particular translation issue or text type. Shorter targeted activities are combined with lengthier translation practice. Throughout the book, learners will find a wealth of material from a range of genres and text types, including literary, expository, persuasive and audiovisual texts. An answer key to activities, as well as supplementary material and Teachers' Notes are provided in the companion website.

The book covers common areas of difficulty, including:

- frequent grammatical errors
- calques and loan words
- denotation and connotation
- idioms
- linguistic varieties
- cultural references
- style and register

Suitable both for classroom use and self-study, *Mundos en palabras* is ideal for advanced undergraduate students of Spanish, and for any advanced learners wishing to acquire translation competence while enhancing their linguistic skills.

Ángeles Carreres is Senior Language Teaching Officer in Spanish at the University of Cambridge, and a literary translator.

María Noriega-Sánchez is Language Teaching Officer in Spanish at the University of Cambridge, and Fellow in Modern and Medieval Languages at Sidney Sussex College.

Carme Calduch teaches Catalan and translation theory at Queen Mary University of London. She is a trained legal translator.

"Systematic, thorough, interactive, undogmatic, and most enjoyable, *Mundos en palabras* brings a breath of fresh air to the foreign languages classroom, unashamedly consolidating the role of translation as an essential and rewarding activity in the teaching and learning of Spanish as a foreign language. Perfectly balanced in its dosage of theory and practice, it contains a trove of information, examples and exercises that cover a wide range of relevant topics. An exciting, original contribution to the field." – *Jorge Díaz-Cintas, Centre for Translation Studies (CenTraS), University College London, UK*

"Researchers in translation studies and language acquisition are increasingly in agreement about the need for a research-informed reintroduction of translation and multilingualism in the language classroom. Yet, textbooks guided by this goal are practically inexistent. *Mundos en palabras* (MEP) is a unique and well-crafted instantiation of how to use translation in the language classroom, filled with creative, useful and entertaining translation and translation-based activities for the language learner.

MEP will make learners and teachers fall in love with translation all over again. It will contribute to the pipeline of translators and to a new generation language professionals with a solid understanding of translation. Without a doubt, MEP will be invaluable for language teachers, language learners and those considering translation as a possible career goal." – *Sonia Colina, The University of Arizona, USA*

"*Mundos en palabras* is a very welcome and original contribution to language learning at an advanced level. Students will enjoy the central focus on translation as communication and the interesting choice of genres and texts introduced through thought-provoking tasks. The book is designed not only to develop the four basic language skills (speaking, writing, reading, listening), but also other skills needed by professional translators. Of particular interest is the emphasis on contrastive differences between English and Spanish (cultural, genre and linguistic)." – *Allison Beeby Lonsdale, Universitat Autònoma de Barcelona, Spain*

"Conceived within the multilingual paradigm in educational linguistics, *Mundos en palabras* fully recognizes the benefits of translation pedagogy in Additional Language Learning. In so doing, it redresses the balance in favour of contrastive analysis and the teaching of style in the communicative and collaborative language classroom. The value of this novel volume lies in its laudable endeavour to adopt an inclusive stance, thus overcoming binary discourses on educational versus professional translation, translator education versus translator training, translation theory versus translation practice, prescriptive versus descriptive approaches as well as translation as a means of enhancing the four language skills versus translation as an end in itself. Moreover, this textbook makes an important contribution to the writing of new teaching materials, the design of new tests and the introduction of new concepts and practices into teacher education, as envisioned by Guy Cook (2010: 156) in his detailed appraisal of pedagogic translation." – *Sara Laviosa, Università degli Studi di Bari 'Aldo Moro', Italy*

Mundos en palabras

Learning Advanced Spanish through Translation

Ángeles Carreres
María Noriega-Sánchez
Carme Calduch

Spanish List Advisor: Javier Muñoz-Basols

LONDON AND NEW YORK

First published 2018
by Routledge
2 Park Square, Milton Park, Abingdon, Oxon OX14 4RN

and by Routledge
711 Third Avenue, New York, NY 10017

Routledge is an imprint of the Taylor & Francis Group, an informa business

© 2018 Ángeles Carreres, María Noriega-Sánchez, Carme Calduch

The right of Ángeles Carreres, María Noriega-Sánchez and Carme Calduch to be identified as authors of this work has been asserted by them in accordance with sections 77 and 78 of the Copyright, Designs and Patents Act 1988.

All rights reserved. No part of this book may be reprinted or reproduced or utilised in any form or by any electronic, mechanical, or other means, now known or hereafter invented, including photocopying and recording, or in any information storage or retrieval system, without permission in writing from the publishers.

Trademark notice: Product or corporate names may be trademarks or registered trademarks, and are used only for identification and explanation without intent to infringe.

British Library Cataloguing-in-Publication Data
A catalogue record for this book is available from the British Library

Library of Congress Cataloging-in-Publication Data
Names: Carreres, Ángeles, author. | Noriega-Sánchez, María, author. | Calduch, Carme, author.
Title: Mundos en palabras : learning advanced Spanish through translation / Ángeles Carreres, María Noriega-Sánchez, Carme Calduch ; Spanish List Advisor: Javier Muñoz-Basols.
Description: New York : Routledge, 2017. | Includes bibliographical references and index.
Identifiers: LCCN 2017017474 | ISBN 9780415695367 (hardcover : acid-free paper) | ISBN 9780415695374 (softcover : acid-free paper) | ISBN 9781315162379 (ebook)
Subjects: LCSH: Spanish language—Translating. | Translating and interpreting. | Translating and interpreting—Study and teaching. | Language transfer (Language learning)
Classification: LCC PC4498 .C35 2017 | DDC 468/.0221—dc23
LC record available at https://lccn.loc.gov/2017017474

ISBN: 978-0-415-69536-7 (hbk)
ISBN: 978-0-415-69537-4 (pbk)
ISBN: 978-1-315-16237-9 (ebk)

Typeset in Helvetica Neue
by Apex CoVantage, LLC

Visit the companion website: www.routledge.com/cw/carreres

Para Gabriel y Alba, que saben de la traducción mucho más de lo que creen.
A mi tío Pepe.

Ángeles Carreres

Para Sofía, mi pequeña intérprete y mi mayor alegría.
Para Chris, siempre.

María Noriega-Sánchez

A Gabriel "El Viejo", por todos los buenos momentos que me ha regalado.
A mis compañeras, por haberme enseñado tanto.

Carme Calduch

Contents

Foreword

Mundos en palabras, or, (how) do words express worlds? This volume helps us explore a pertinent question from an updated perspective of *use of translation*. It also reconciles two worlds, specifically, Translation Studies and Additional Language Learning, with pedagogical proposals that bridge both in a holistic way. This is, therefore, a much-needed book that contributes positively to the Plurilingual Turn or, as the authors suggest, to the *Translation Turn*.

Translation is certainly making a comeback that is far from Grammar-Translation practices. Its role as a natural learning strategy is now embedded within established approaches related to student-centred (language) learning such as the Communicative Approach, discovery learning or collaborative learning. In the last decade, scholars and practitioners have faced the challenge of revisiting translation as a useful pedagogical tool, both to advance additional language learning and as a useful skill in itself, embracing it as a key communication and mediation skill in an increasingly globalised world. In the authors' words, translation here is presented as a "fifth skill that complements the traditional four skills" (Introduction). Alan Duff pioneered this initiative in *The Third Language* (1981), followed by his award-winning book, *Translation* (1989/1994). Almost in parallel, Kirsten Malmkjaer edited a first volume where both worlds visibly established a dialogue: *Translation and Language Teaching: Language Teaching and Translation* (1998). In the following decade, quite a few articles and books took this dialogue further: González-Davies' *Multiple Voices in the Translation Classroom* (2004); De Witte, et al. *Translation in Second Language Learning and Teaching* (2009); Cook's *Translation in Language Teaching* and Leonardi's *The Role of Pedagogical Translation in Second Language Acquisition*, both published in 2010; LaRocca's *El taller de traducción: Tareas colaborativas para la clase de lengua y traducción*

(2013); and, in 2014, Cummins and Early's *Big Ideas for Expanding Minds*, Kerr's *Translation and Own-language Activities*, and Laviosa's *Translation and Language Education. Pedagogic Approaches Explored*. And now, we can add this volume to the contributions that view translation as a real-life meaningful activity.

Finally, concepts such as the Interdependence Hypothesis (Cummins 1979), multi-competence (Cook 1991), and translanguaging (Williams 1994), accompanied by findings in neuroscience, have underlined the relevance of exploring the role of connectivity in learning processes. Paradoxically, though, translation as a complex activity is seldom mentioned in some of the new theories regarding uses of the L1 in Additional Language Learning except in passing, probably because the dialogue between scholars from both worlds has only just begun.

This is precisely one of the strong points in this new volume, where the tasks have been designed around two key concepts: translation as communication, and learning as collaboration. It provides the reader with thought-provoking interactive tasks that are grounded in sound theory and can be adapted to different learning contexts where English and Spanish are the working languages. It is worth noting that quite a few of the activities can be used with different language combinations, thus underlying a holistic approach to learning while moving away from standard compartmentalised curriculum design. These activities take us from reflection on translation and translation techniques to practice around text and genre-based tasks that do not avoid the complexity of translation, and include clear steps and techniques to favour informed decision-making, negotiate meaning and manage uncertainty. The process is reinforced by the inclusion of a translation assignment at the end of most chapters, which may also boost the students' employability.

Here, creativity and thoroughness are reinforced with contributions expected from all the participants. The tasks can be used in different learning contexts: additional language learning, translation courses, comparative literature modules, intercultural competence, or creative writing workshops. Translation now seems to be moving from its peripheral position to the crossroads in many disciplines. In Venuti's words: "Translation is in fact basic to human cognition, active in the pursuit of intelligibility and in the negotiation of linguistic and cultural differences (...) insofar as issues of cosmopolitanism, globalization, and transnationalism have become persistent themes in humanistic study, the urgency to recognize translation as a key practice of intercultural communication has never been greater" (2017: 11).

Maria González-Davies
Universitat Ramon Llull, Barcelona, Spain

Acknowledgements

Many people have contributed to this book. Some of them are friends or colleagues; others are people we have not met in person. We are indebted to them all for generously responding to our requests for help, advice or permission to use material they have authored. They are too many to name here, and we are certain that the following list is incomplete. We would like to thank Estela Alcalà, Toni Aguilar, Andrew Brown, Carlos Campa, Vicente Carreres, Aretousa Giannakou, Maria González-Davies, Silvia González-Jové, Lucy Greaves, Ángel Gurría-Quintana, Louise Haywood, Gabriel Millán-Lázaro, Sonia Morcillo, Javier Muñoz-Basols, Coral Neale, Carmen Olmedilla Herrero, Rory O'Bryen, Jaideep Prabhu, and Lucila Sanz.

We are particularly grateful to the students who volunteered to read and give us their feedback on the drafts of various sections: Angharad Chandler, Marina Cuartero-Marco, Gill Harris, Lydia Morris, Mark Nixson, Alice Pickard, and Josh Sumner. Our thanks go to Flavien Bayeurte Palermo for his drawings for Chapter 9, and to Darren Green and Christopher Lamb for kindly allowing us to use their cartoons and photos respectively. We would like to express our gratitude to the following authors and institutions: Centro Virtual del Instituto Cervantes, Contrasentido, Adela Cortina, David Eastwood, Ebury/BBC Books, Estate of Dr. Martin Luther King, Jr., Enrique Gallud Jardiel, Jempsa, Lascano Films, Macmillan Publishers, Alfredo Michel Modenessi, New Directions Publishing, Patagonik, *Times Higher Education*, Tornasol Films, Penguin Random House, Art Spiegelman, *The Guardian*, Steve Timper, Vértigo Films, and The Wylie Agency.

We are indebted to the Faculty of Modern and Medieval Languages at the University of Cambridge for granting us a term's research leave to work on this project. In particular our thanks go to Brad Epps, Head of the Spanish and Portuguese Department, for his constant support and encouragement. Many thanks also to Sidney Sussex College, where many fruitful discussions of our work for this book took place.

We would like to convey our appreciation to the anonymous reviewers of the manuscript for their constructive criticism. Special thanks are due to our editors at Routledge, Samantha Vale-Noya and Camille Burns, who have been exceptionally patient and supportive throughout the process of writing this book. Thank you also to our students at the University of Cambridge – without them this book would never have been possible. Finally, we would like to thank our families, and in particular our children Alba, Gabriel and Sofía, who had to learn patience far too early.

* * *

The authors and publishers would like to thank the following copyright holders for permission to reproduce the following material:

Graphic Novel Excerpt from *The Complete Maus: A Survivor's Tale* by Art Spiegelman, Maus, Volume I copyright © 1973, 1980, 1981, 1982, 1983, 1984, 1985, 1986 by Art Spiegelman; Maus, Volume II copyright © 1986, 1989, 1990, 1991 by Art Spiegelman. Used by permission of Pantheon Books, an imprint of the Knopf Doubleday Publishing Group, a division of Penguin Random House LLC. All rights reserved. Territory Granted: United States, its Territories and Possessions, Republic of the Philippines, Canada, Open Market (incl. European Union). World (ex US & Canada) permission granted by Penguin Books. E-Book permission granted by The Wylie Agency.

By Tennessee Williams, from *Cat on a Hot Tin Roof*, copyright ©1954 by The University of the South. Reprinted by permission of New Directions Publishing Corp.

The images of a clip from the film *8 apellidos vascos,* directed by Emilio Martínez-Lázaro, used here under licence and courtesy of the FilmFactory.

The images of a clip from the short film named *Lila*, directed by Carlos Lascano, used here under licence and courtesy of Lascano Films.

The images of a talk from TED, used here under courtesy of TED.

While the publishers have made every effort to contact copyright holders of material used in this volume, they would be grateful to hear from any they were unable to contact.

Introduction

Translation has been present in the teaching and learning of languages throughout the ages. Attitudes towards its use, however, have experienced dramatic changes over time. Today, translation in language learning is undergoing a process of revival, with many teachers and scholars recognising the benefits it can bring to learners (Malmkjaer 1998, 2004, González Davies 2004, Carreres 2006, 2014, Cook 2010, Carreres and Noriega 2011, Pym *et al*. 2013, Laviosa 2014). The renewed interest among teachers in the role translation can play, and the current surge in research activity in the area, suggest that we are entering a *translation turn* in language pedagogy. This does not mean, of course, that other approaches do not have a place, too – translation comes to enhance and complement, not displace. But the time has come for teachers to embrace the very great pedagogical potential of translation and to explore it with confidence in the classroom. This volume aims to support teachers and students in that process.

While there is now wide consensus favouring translation in language learning, practical handbooks that actually show teachers and learners how to go about using it are hard to come by. This book aims to fill this gap by providing a range of translation-based activities for the advanced learner of Spanish, with English as the source language. The book is intended for use in the language classroom, in distance-learning, or for independent study. We envisage it being used primarily in the teaching of advanced Spanish at university, whether for specialist linguists or for students of other subjects, but the material is flexible enough to be adapted to other contexts. In particular, we feel the activities are well suited to the teaching of Spanish in the training of future translators. Its careful coverage of the basics of translation theory also makes it a useful introductory handbook for first year students of translation with Spanish as their first language. The book comes with a companion website (*Plataforma Digital*) where users can find an answer key (*Clave*), as well as further expansion activities and other useful resources. Teachers will find suggestions on how to use the material in the Teachers' Notes (*Guía didáctica*).

When defining the role of translation in language teaching, there are at least two aspects to consider: one, its effectiveness in helping learners improve their command of the language (translation as a means) and, two, its importance as a key skill for any language learner (translation as an end), and not just for those training to become professional translators – the *fifth skill* as some have named it (Newmark 1991: 62, Leonardi 2010: 81, Carreres 2014: 130, Carreres and Noriega-Sánchez, forthcoming in 2018), that complements the traditional four skills (reading, writing, listening, speaking).

Our own approach is informed by this notion of translation as a key skill in language learning. In other words, we regard translation not just as a useful means of improving linguistic competence, but also, crucially, as an end in itself in the education of learners. Indeed, the two ways of understanding the role of translation in language learning – as a means and as an end – need not be regarded as an either/or choice, but rather as complementary (Cook 2010: 55, Carreres 2014: 125–126).

In the globalised, multicultural societies in which we live, developing the multilingual and intercultural capabilities of learners must be central to language teaching. In achieving this objective, translation has a key role to play. By including mediation – translation and interpretation – as one of the skills to be developed by language learners, the *Common European Framework of Reference for Languages* (CEFR), one of the most influential documents on language pedagogy in recent times, has provided a basis for normalising the use of translation in language learning. In the US, the Modern Language Association of America has also highlighted the need for language students to develop interlinguistic and intercultural competence (MLA 2007: 3–4).

The notion of translation as a skill reinforces the link between language learning and translation pedagogy. We strongly believe that language teaching has much to gain from engaging with the didactics of professional translation. Indeed, in writing this book, we are indebted to a number of educators and scholars working in the field of translator training, whose pioneering work has been a stimulus and an inspiration (Beeby 1996, Hurtado Albir 1999, Colina 2003, and González Davies 2004, to name four key works). We are also indebted to the authors of *Thinking Spanish Translation. A Course in Translation Method: Spanish to English* (Hervey *et al*. 1995; 2nd ed. Haywood *et al*. 2009), for their rigorous and innovative approach to teaching translation in the context of a language degree.

There are very few textbooks that focus on the specifics of translation into the second language (*traducción inversa*). A notable exception is Allison Beeby Lonsdale, *Teaching Translation from Spanish into English: Worlds beyond Words* (1996). Beeby's book is addressed at would-be translators, but many of the principles and suggestions she puts forward are relevant for language learning more generally. Our own experience has shown us that inverse translation activities can prove particularly motivating and productive. This is corroborated by feedback from students, who consistently rate its language learning value more highly than that of translation into their first language in end-of-module questionnaires.

What, then, are the competencies and skills that the activities presented in this book can help learners develop? In brief, they are the following:

- Contrastive awareness of the differences between English and Spanish
- Lexical and morphosyntactic range and accuracy
- The four basic skills (speaking, writing, reading, listening)
- Awareness of conventions linked to genre and text type
- Pragmatic and intercultural competence
- Close-reading skills and text analysis
- Translation skills
- Stylistic awareness
- Dictionary and documentation skills, including the use of online resources
- Creativity
- Problem-solving
- Autonomy and collaboration

There is a certain degree of overlap between some of the areas listed, but together they give a sense of the vast potential of translation for language learning. In addition, we hope to give learners a taste of translation as a profession, as well as an insight into a fascinating field of research.

Our book has a primarily practical focus in that its two main aims are to help learners firstly improve their language skills through translation, and secondly develop their translation skills, in particular as regards translation into the second language, but also more generally. These are two distinct objectives, but in our pedagogical approach they are closely linked, with one feeding into and enhancing the other. In pursuing the second objective, namely the development of translation as a skill, carefully selected, practice-related theory plays an important part. Therefore, in each chapter, the learner will find discussion of key points to introduce and support the activities presented in that chapter. Every effort has been made to present theory in a way that emphasizes its relevance to the practice, often by integrating theoretical points and discussions within activities themselves. Most chapters end with an *Encargo de traducción*, an assignment that mirrors a real-world translation commission, establishing a link to professional practice.

There are a number of possible ways to organise content in a handbook like this one, and each of them has its own pitfalls. We have opted for a predominantly genre and text-type based approach. Chapters 1 to 3 aim to lay the foundations of translation theory, technique, and the use of documentation resources. Chapters 4 to 11 deal with the various text types and genres, including a chapter on audiovisual translation. Finally, chapter 12 addresses the thorny question of how to translate language varieties. In opting to organise chapters according to text type and genre, our aim has been to acquaint learners with the particular text-typological conventions (including salient linguistic features) in both Spanish and English. Knowledge of these conventions hardly ever results in hard-and-fast rules that one can apply to the translation of a particular text, but it certainly does help inform the decisions the translator has to make.

We are aware that the notions of text type and genre are not without their own drawbacks. Categories such as 'journalistic text', 'philosophical text', etc. are often little more than a statement of subject matter and, as Hatim and Mason (1990: 138) point out, often carry little predictive value. Classifications based on function – prescriptive, persuasive, aesthetic, etc. – run into their own difficulties as well: a literary text may have a persuasive as well as an aesthetic function, as may a political speech, for example. Rather than force texts into this or that pigeonhole, we view texts as multifunctional entities. Our chapter division rests upon this principle, and ought to be taken as a compromise made in the interest of pedagogical clarity.

In a translation handbook, the notion of 'answer key' needs to be explained. Most of the activities in this book do not have a single right/wrong answer. Translating almost always entails engaging with language creatively as well as rigorously. Learners will enjoy discussing their versions with others and defending or refining their translation choices accordingly. It would run counter to our approach to claim to provide *the* answer to a translation assignment. Such a claim would not only be false, but also detrimental to learning. On the other hand, leaving learners (especially independent learners) on their own, without any feedback to guide them through the book, seemed equally undesirable. We have, therefore, opted to provide a 'key' – a suggested answer – to most of the activities in the book, in the knowledge that, in many cases, what we are providing are pointers for reflection and self-evaluation.

We have aimed to make the most of the potential for collaborative work that translation offers by including many activities to be done in pairs or in groups. The independent learner will find that most of these activities can also be done individually. The amount and range of material we present here is considerable. We envisage teachers directing students to specific activities according to their teaching context and the aims of their course, rather than expecting them to complete the book from cover to cover.

Writing this book has been a demanding and fascinating process. We hope it will provide engaging and thought-provoking material for many enjoyable and productive sessions. We would love to hear from you, its users – both teachers and students. Do get in touch with us with any feedback or suggestions that might help us improve this material in the future. For now, have fun translating.

Ángeles Carreres
María Noriega-Sánchez
Carme Calduch

Capítulo 1
La traducción como proceso comunicativo

En este capítulo vas a:

- Reflexionar sobre la naturaleza de la traducción
- Familiarizarte con distintos modos de entender la equivalencia
- Distinguir entre estrategia y técnica traductora, y ahondar en la noción de estrategia
- Identificar las distintas habilidades que constituyen la competencia traductora
- Reflexionar sobre el papel de la traducción en el aprendizaje de lenguas

1 ¿Qué significa traducir? Traducción y comunicación

Consideremos la escena siguiente: dos estudiantes, una británica y un italiano, comparten piso en París. Un día, preparando juntos una tarta en la cocina, el chico italiano le dice a su compañera que hay que añadir a la mezcla *le rouge de l'oeuf* (la yema –literalmente, *lo rojo*– del huevo, traducción directa de *il rosso dell'uovo*, en italiano). Ella, divertida, responde que sin duda se refiere a *le jaune de l'oeuf* (lo amarillo). Él reacciona con sorpresa: cómo es posible llamar "amarillo" a algo que evidentemente es rojo. Deciden abrir un huevo y, al contemplar esa sustancia anaranjada, ambos intercambian una mirada triunfante: cada uno ve en ella la prueba de que la yema de huevo es roja... o amarilla. Esta escena, basada en una anécdota contada por la traductora Ros Schwartz (2003), ejemplifica de modo gráfico la naturaleza del hecho traductor y algunos de sus retos: la traducción como acto o proceso comunicativo, la imposibilidad de una equivalencia perfecta y la necesidad de negociar el sentido que está en la base de toda traducción y de todo acto de comunicación.

Si bien todos tenemos una idea intuitiva de lo que es la traducción, formular una definición que dé cabida a todos los aspectos y manifestaciones del fenómeno no es tarea fácil. En este capítulo, te invitamos a reflexionar sobre cuáles son los elementos que constituyen eso que llamamos traducción.

Actividad 1

1A

¿Qué es traducir? Individualmente o en parejas, escribe tu propia definición:

Traducir es.../La traducción es...

1B

Compara tu definición con las propuestas por tus compañeros de clase. Entre todos, elaborad una definición conjunta.

1C

Lee las definiciones siguientes propuestas por distintos autores comparándolas con las que habéis elaborado en los pasos anteriores. Haz una lista de los elementos que, según las distintas definiciones, caracterizan el hecho traductor. ¿Te parecen todos igualmente importantes? ¿Quitarías o añadirías alguno? Coméntalo con un compañero.

> [Translation is] the replacement of textual material in one language by equivalent textual material in another language.
>
> J. C. Catford, *A Linguistic Theory of Translation* (1965)

Translation consists in reproducing in the receptor language the closest natural equivalent of the source-language message, first in terms of meaning and secondly in terms of style.

E. A. Nida y C. R. Taber,
The Theory and Practice of Translation (1969)

Un proceso interpretativo y comunicativo consistente en la reformulación de un texto con los medios de otra lengua que se desarrolla en un contexto social y con una finalidad determinada.

Amparo Hurtado Albir, *Traducción y Traductología* (2001)

Our threefold definition of the ambit of translation will thus be:

1 The process of transferring a written text from source language to target language, conducted by a translator, or translators, in a specific socio-cultural context.
2 The written product, or target text, which results from that process and which functions in the socio-cultural context of the target language.
3 The cognitive, linguistic, visual, cultural and ideological phenomena which are an integral part of 1 and 2.

Basil Hatim y Jeremy Munday, *Translation: An Advanced Resource Book* (2004)

A la hora de definir la traducción, nos parece esencial entenderla como **acto o proceso comunicativo**, tal y como queda reflejado en la definición de Hurtado Albir (2001: 41). De acuerdo con la concepción comunicativa de la que partimos, la traducción es:

- Un **proceso** dinámico, frente a la noción de la traducción como producto estático.
- Un proceso de **interpretación**, más que de reproducción.

- Un acto de **comunicación** que involucra a distintos agentes con el objetivo de transmitir una información en un contexto concreto.
- Una actividad de **reformulación**, es decir, de decodificación y codificación.
- Un proceso que afecta no a palabras aisladas, sino a **textos** (orales o escritos).
- Un trasvase **de una lengua a otra distinta**.
- Un hecho **social**, que no puede desligarse de su contexto pragmático.
- Un acto que tiene un **propósito** concreto.

La noción de la traducción como comunicación goza hoy de gran aceptación. Sin embargo, está lejos de ser un hallazgo reciente. En 1975 aparece una obra de importancia capital para el pensamiento sobre la traducción: se trata de *After Babel*, del ensayista y crítico literario George Steiner. En ella, Steiner expone su tesis de que la traducción es un mecanismo implícito en todo acto comunicativo. También al hablar, al comunicarnos dentro de nuestra propia lengua, hemos de decodificar e interpretar las palabras de nuestro interlocutor, es decir, de *traducir* lo que nos está diciendo. Por ello, comprender la traducción es también comprender el funcionamiento del lenguaje en general. La idea de la traducción como comunicación e interpretación en sentido más amplio está presente, con distintas formulaciones, prácticamente en todas las ramas de los estudios de traducción y, en especial, en los trabajos posteriores al llamado "giro cultural" (Bassnett 1980, Hermans 1985, Bassnett y Lefevere 1990, Venuti 1995).

En su artículo "Sobre aspectos lingüísticos de la traducción" (1987), el lingüista Roman Jakobson hace una afirmación que enlaza con la visión planteada por Steiner: "para nosotros, como lingüistas y como simples usuarios de las palabras, el significado de un signo lingüístico dado es su traducción en otro signo alternativo" (1987: 429). Dicho de otro modo: entender, interpretar, comunicar es traducir. Esta idea queda ilustrada en la célebre clasificación propuesta por Jakobson:

- **Traducción intralingual** o reformulación (*rewording*): consiste en interpretar signos verbales por medio de otros signos verbales en la misma lengua. Es lo que hacemos siempre que explicamos algo con otras palabras.
- **Traducción interlingual** o traducción propiamente dicha: es la interpretación de signos verbales mediante signos verbales en otra lengua.

- **Traducción intersemiótica o transmutación**: es interpretar signos verbales por medio de signos pertenecientes a sistemas no verbales, o viceversa. Es, por ejemplo, lo que hace un profesor al explicar con palabras una fórmula matemática.

Como tendremos ocasión de comprobar a lo largo de este libro, las fronteras entre traducción, interpretación y adaptación son a menudo difusas. La clasificación de Jakobson tiene la virtud de ayudarnos a entender la traducción entre dos lenguas distintas como un caso específico de un fenómeno más amplio. Traducir, como comunicar, es aceptar (y celebrar) que el sentido no es algo estático, sino que debe ser permanentemente construido y negociado. Esta premisa está en la base de todo acto de comunicación humana.

Actividad 2

2A

El siguiente texto es un fragmento del guion de la película *Un lugar en el mundo* (1992), del director argentino Adolfo Aristarain. Documéntate sobre el argumento y, si te es posible, visiona la película completa. En esta escena, Hans Meyer, un geólogo español, charla con sus nuevos amigos argentinos y les cuenta su historia personal (minutos 29:38–31:08). Lee el diálogo prestando atención a los aspectos siguientes:

- Registro utilizado
- Modismos o frases hechas
- Coloquialismos
- Humor e ironía
- Rasgos específicos del lenguaje de Argentina y de España

ANA: ¿"Meyer" es judío?
HANS: No, nazi.
MARIO: ¿Nazi?
HANS: Nazi, sí. Mi padre era de la Legión Cóndor. Algún republicano le agujereó el avión y se tuvo que tirar en paracaídas. Pero, claro, con las prisas se conoce que el hombre cayó mal y se le espachurró un poco la esvástica. Le llevaron a un hospital; mi madre era enfermera y le tocó cuidarle. El oficial prusiano y la señorita bien se enamoraron. Para él

	se acabó la guerra, desertó, y a mi madre la desertaron. Bueno, quiero decir que su noble y adinerada familia le volvió la espalda. Yo llegué a destiempo, como siempre; cuando nací eran dos parias, no tenían un duro. Hasta que cumplí la edad de Ernesto, vamos, doce años, las pasamos canutas, peor que mal. Hasta que un día murió el abuelo y no se sabe si no quiso o se le olvidó desheredar a mi madre y... fue maravilloso. Mamá era hija única y, de un día para otro: millonarios. Compramos un piso en Argüelles, dos coches, una criada... una... mucama ¡Pero!, se empezaron a aburrir: al prusiano le dio por las chavalas, a la niña bien por la ginebra, mi hermano, tres años menor, se hizo militar y yo anarquista. Descubrí mi vocación profesional eligiendo piedras para tirárselas a la policía de Franco.
ANA:	Te hiciste desertor.
HANS:	No, hice la mili, no tuve cojones para desertar.
ANA:	Te hiciste desertor, igual que tu padre. Repetiste la misma historia: desertaste de todo lo que se esperaba de vos.
MARIO:	Hasta que mató al padre. Solamente entonces pudo ser él mismo y realizarse como persona.
HANS:	No, mi padre vive...
MARIO:	En cinco minutos te demuestra que estás equivocado: ¿no te dijeron que aquí el psicoanálisis casero es más popular que el fútbol?
ANA:	¡Y vos pará ya con el vino, Mario! Dentro de un momento va a decir: "¡el mejor psicoanalista es un barman!"
MARIO:	El mejor psicoanalista es un barman.

2B

Observa las siguientes expresiones coloquiales, usadas con humor e ironía en la escena. ¿Cómo podrías reformularlas, es decir, explicarlas de otro modo usando tus propias palabras (traducción intralingual)? Te damos la primera como ejemplo.

Se le espachurró un poco la esvástica: *se debilitaron sus convicciones nazis*

a. No tenían un duro
b. Las pasamos canutas
c. Al prusiano le dio por las chavalas, a la niña bien por la ginebra
d. No tuve cojones para desertar

2C

Ahora vas a realizar una traducción intralingual de toda la escena. Escríbele a un amigo hispanohablante que no ha visto la película contándole la escena en español. Antes de empezar a escribir, reflexiona acerca de las modificaciones necesarias para "traducir" el texto al nuevo contexto comunicativo:

- ¿Qué consecuencias se derivan del paso de discurso oral a escrito?
- ¿Qué cambios deberás realizar en cuanto al registro?
- ¿Y en el plano gramatical? (recuerda que deberás utilizar el estilo indirecto)
- ¿Es posible mantener el humor y la ironía del original?

Puedes empezar así:
En esta escena, Hans está cenando con sus nuevos amigos argentinos, Ana y Mario. Ana le pregunta si su apellido, Meyer, es de origen judío, a lo que Hans responde afirmando que en realidad es nazi.

2D

Una vez hayas escrito tu versión, reflexiona y comenta con tus compañeros: ¿En qué sentido puede o no afirmarse que esta reformulación textual es una traducción?

Actividad 3

Esta actividad requiere el acceso a la Plataforma Digital, donde encontrarás la escena de la película.

3A

Ve a la Plataforma Digital y visiona la escena de la película *El hijo de la novia* (2001), del cineasta argentino Juan José Campanella. Escribe una descripción de la escena en unas 200 palabras centrándote en interpretar y describir los aspectos no verbales de la comunicación entre los personajes (miradas, gestos, emociones), así como el espacio (mobiliario, decoración). Tu descripción será lo que Jakobson llama traducción intersemiótica.

3B

Ahora intercambia tu descripción con un compañero y comparad vuestras versiones:

- ¿Habéis interpretado del mismo modo los elementos de comunicación no verbal? ¿Qué diferencias encontráis?
- ¿En qué sentido puede decirse que vuestro texto es una traducción?
- ¿Cuál es, en vuestra opinión, la utilidad de la clasificación de Jakobson?

2 ¿Es posible traducir? La noción de equivalencia

El debate en torno a la posibilidad o imposibilidad de la traducción viene de antiguo. Es ya célebre la ecuación expresada por el adagio *traduttore, traditore* ("traductor, traidor"). Para el pensador español Ortega y Gasset, la tarea del traductor es irremediablemente utópica, ya que nunca será posible decir en un idioma exactamente lo mismo que en otro (1933–41: 105). La traducción, según Ortega, es una tarea noble que está, sin embargo, abocada al fracaso. Desde un punto de vista práctico, se trata de un debate académico: obviamente, se traduce todos los días y existen personas que se ganan la vida traduciendo. Sin embargo, el hecho de que el pensamiento sobre la traducción se haya cuestionado tan a menudo la posibilidad de su propio objeto de estudio es, en sí mismo, revelador.

En el centro del debate se encuentra la noción de **equivalencia**. Esta noción es tan popular como controvertida dentro de la traductología. Para algunos estudiosos, se trata de un concepto fundamental sin el cual no es posible teorizar la traducción. Como hemos visto en la actividad 1, Catford (1965: 39), por ejemplo, define la traducción como "la sustitución de material textual en una lengua por material textual *equivalente* en otra lengua" (nuestra cursiva). Otros autores, sin embargo, la consideran una noción irrelevante e incluso perjudicial.

Ya en 1964, Eugene Nida, desde el campo de la traducción bíblica, distingue entre equivalencia formal y **equivalencia dinámica**, decantándose decididamente a favor de ésta última. Según Nida, el texto traducido debe lograr en la audiencia receptora el mismo efecto que tuvo el texto original en la audiencia original, incluso si esto significa alejarse sustancialmente del significado literal del texto. Si bien ha gozado de amplia difusión, el concepto de equivalencia dinámica ha sido también objeto de críticas: ¿es posible reproducir el mismo efecto en dos lenguas, culturas y tal vez épocas distintas? Pese a que pueda ser discutible, la noción de equivalencia dinámica tiene la virtud de destacar la importancia del contexto y de la finalidad traductora, recordándonos que la traducción es, ante todo, un acto comunicativo.

A nuestro parecer, la equivalencia entendida como correspondencia semántica perfecta entre palabras o enunciados en dos idiomas constituye una noción demasiado parcial como para resultar de utilidad. Sí defendemos, sin embargo, una concepción flexible y funcional de la equivalencia, según la describe Hurtado Albir (2001: 209) siguiendo a Rabadán (1991):

> [La relación de equivalencia] se establece siempre en función de la situación comunicativa (receptor, finalidad de la traducción) y del contexto sociohistórico en que se desarrolla el acto traductor, y, por consiguiente, tiene un carácter relativo, dinámico y funcional.

Así entendida, la noción de equivalencia designa la relación que existe entre texto fuente (*source text)* y texto meta (*target text*), y que nos permite afirmar que uno es la traducción del otro. Dicha relación no puede definirse en abstracto y corresponde al traductor determinarla.

Se han ofrecido diferentes clasificaciones de la equivalencia. Recogemos aquí la propuesta de Koller, ligeramente adaptada (1992: 214 y ss.):

1. **Equivalencia denotativa**: las palabras y enunciados del texto fuente (TF) y del texto meta (TM) designan la misma realidad extralingüística. Está centrada en el plano léxico.
2. **Equivalencia connotativa**: se busca que el TM evoque en sus lectores las mismas asociaciones que el TF sobre su audiencia original.
3. **Equivalencia comunicativa** o pragmática: orientada a lograr que el TM produzca en el público receptor el mismo efecto que el TF produjo en sus lectores (es la equivalencia dinámica de Nida).
4. **Equivalencia formal**: se busca que el TM comparta ciertos rasgos ortográficos, fonológicos o morfológicos con el TF.

La distinción de diversos niveles de equivalencia facilita el análisis de los problemas de traducción y ayuda a definir la estrategia traductora. La equivalencia total y perfecta nunca será posible, pero dependiendo del texto y de la situación, podemos optar por buscar la equivalencia en el plano formal, denotativo, pragmático, etc.

Actividad 4

4A

Traduce al español las siguientes expresiones comunes. Trata de hacerlo sin mirar el paso 4B.

Inglés	*Español*
One way	....
Self-defence	....
Beware of the dog	....
Lost property	....
Don't mention it	....
No entry	....
Keep off the grass	....

4B

Observa la siguiente tabla y compara las traducciones en distintas lenguas (puede ser útil comentarla con compañeros de clase que conozcan esas lenguas) y reflexiona: ¿puede decirse que estas traducciones son equivalentes? Razona tu respuesta.

Inglés	*Español*	*Francés*	*Alemán*
One way	Sentido único	Sens unique	Einbahnstraße
Self-defence	Defensa personal, legítima defensa	Légitime défense	Notwehr
Beware of the dog	Peligro, perro suelto/Perro peligroso	Chien méchant	Vorsicht, bissiger Hund
Lost property	(Oficina de) objetos perdidos	Service des objets trouvés	Fundbüro
Don't mention it	No hay de qué	Je vous en prie	Keine Ursache
No entry	Prohibido el paso	Défense d'entrer	Kein Eingang/ Eintritt verboten
Keep off the grass	No pisar el césped	Ne pas marcher sur la pelouse	Bitte den Rasen/ die Rasefläche nicht betreten

Actividad 5

5A

En parejas o en grupo, comentad la siguiente cita del lingüista Eugenio Coseriu relacionándola con la noción de equivalencia:

> "La 'mejor traducción' absoluta de un texto cualquiera simplemente no existe: solo puede existir la mejor traducción de tal texto concreto para tales y cuales destinatarios, para tales y cuales fines y en tal y cual situación histórica".
>
> (Coseriu 1977: 239)

5B

Teniendo en cuenta los cuatro tipos de equivalencia descritos en esta sección, reflexionad en parejas: ¿a qué tipo o tipos de equivalencia darías prioridad al traducir los textos siguientes? ¿Por qué?

Ej. Una canción popular para ser cantada: *Daría prioridad a la equivalencia formal, en concreto en el plano fónico, para que la canción sonara bien y se adaptara a la música.*

1. Una canción popular para ser leída
2. El manual de instrucciones de una lavadora
3. Un artículo médico para lectores expertos en el tema
4. Un folleto informativo sobre diabetes dirigido a los pacientes

5C

A tu parecer, ¿el concepto de equivalencia es una categoría útil para analizar traducciones? ¿Por qué? Comenta con un compañero y con la clase.

3 Cómo traducir: estrategia y técnica

Al aproximarnos a las distintas propuestas teóricas, salta a la vista una falta de coincidencia en la definición de términos tales como método, estrategia, procedimiento, técnica, etc. Para nuestros fines, será suficiente distinguir dos conceptos clave: estrategia y técnica de traducción.

- **Estrategia**: utilizamos este término para referirnos al plan o método global que el traductor aplica al conjunto de una tarea o encargo de traducción. La elección de una u otra estrategia puede depender de diversos factores: el tipo de texto, la función que ese texto debe desempeñar en la cultural receptora, la audiencia a la que va dirigido, las preferencias del cliente que encarga la traducción, la ideología del propio traductor, etc.
- **Técnica**: con este término aludimos a los procedimientos lingüísticos y textuales que se aplican para resolver cada problema de traducción concreto. Como es lógico, la estrategia global adoptada por el traductor condicionará la elección de las técnicas aplicadas en cada

caso. Trataremos las técnicas de traducción con detalle en el capítulo siguiente.

Hay que subrayar la importancia de adoptar un enfoque estratégico al enfrentarse a una traducción. Como señalan Haywood *et al.* (2009: 9), un problema común entre los traductores en formación es la excesiva atención que estos dedican a las decisiones de detalle, dejando de lado las decisiones estratégicas. Difícilmente será posible producir una traducción adecuada sin haberse planteado primero cuestiones de carácter global, tales como: ¿cuáles son las convenciones que se aplican al género de este texto en la cultura meta?, ¿a qué público va dirigido?, ¿es o no conveniente adaptar las referencias culturales?, ¿qué es más importante, la precisión semántica o el efecto fónico en este texto concreto?, etc. La estrategia adoptada debe aplicarse de modo coherente pero también flexible, a fin de que el traductor pueda adaptarla según lo requiera el encargo.

Ya en 1813 el teólogo y pensador alemán Friedrich Schleiermacher se planteó la cuestión del método en traducción (lo que nosotros llamamos "estrategia"), exponiendo los dos términos de una dicotomía –literalidad/ libertad– que dominó la reflexión traductológica durante siglos y que, con ciertas matizaciones, se sigue empleando hoy en día. Según Schleiermacher, al traductor se le presentan dos opciones:

1. Acercar la lengua meta a la lengua fuente: el objetivo de esta estrategia es conservar al máximo el contenido y la forma del original, incluso si esto da lugar a una traducción que resulte extraña o poco natural en la lengua meta. Es lo que se conoce actualmente como **extranjerización**. El extremo de este enfoque sería la absoluta literalidad.

2. Acercar la lengua fuente a la lengua meta: el objetivo de esta estrategia es obtener un texto meta que se corresponda con lo que el autor del texto fuente hubiera escrito de haber empleado la lengua meta. Se intenta pues que el texto traducido resulte natural, de modo que los lectores olviden que se hallan ante una traducción. Para aludir a esta estrategia hablaremos de **naturalización**.

Schleiermacher se inclina, con algunas reservas, por el primer camino. En general, se puede afirmar que son los teóricos los que a menudo se han decantado por la primera vía, mientras que los traductores de oficio suelen optar por la segunda en su práctica cotidiana. No es difícil entender el porqué de esta división de opiniones. Para aquellos que reflexionan sobre la traducción, el interés de esta radica precisamente en la relación que el texto traducido mantiene con las lenguas fuente y meta. Desde este punto de vista, la eliminación total del elemento foráneo supone una pérdida. En la práctica profesional, sin embargo, la legibilidad y la amenidad del texto traducido para los lectores en la lengua meta suele ser la prioridad.

Parte de la dificultad radica en que existe una frontera a veces muy sutil entre hacer un texto accesible a la audiencia meta y borrar todo rastro foráneo de ese texto. En cada caso particular, y puesto que no se traduce en el vacío, el equilibrio que el traductor alcance entre uno y otro extremo –extranjerización y naturalización– dependerá de muchos factores: del público al que el texto vaya dirigido (un público general o un público experto), de la política editorial (¿se trata de una edición divulgativa o destinada a especialistas?), del género (ver Capítulo 2, sección 1.3).

Como señala Hurtado Albir (2001: 121), un problema que plantea el debate tradicional entre libertad y literalidad es la indefinición de los términos que se manejan. Así, fidelidad suele identificarse con literalidad, mientras que el término "libre" se aplica a una gama de procedimientos muy variados. En particular, la ecuación literalidad = fidelidad resulta engañosa cuando no simplemente errónea. Es muy difícil que una traducción totalmente literal pueda ser "fiel".

En cualquier caso, como señalábamos al comienzo de este apartado, la distinción formulada por Schleiermacher sigue vigente en la actualidad con ligeras modificaciones y etiquetas distintas. En la última década ha gozado de gran aceptación el binomio acuñado por Venuti (1995) entre **extranjerización** (*foreignization*) y **domesticación** (*domestication*). Venuti, desde una posición neomarxista, critica la exigencia de fluidez que se ha impuesto a la traducción en el ámbito anglosajón durante siglos. En opinión de Venuti, la obsesión por la fluidez no solo ha condenado al traductor a la invisibilidad, sino que ha supuesto una apropiación violenta de los textos foráneos y su asimilación a una cultura dominante. En contraste, Venuti defiende la extranjerización como una estrategia de resistencia encaminada a contener este impulso de asimilación. Es importante notar que el propio Venuti considera los términos extranjerización y domesticación como conceptos heurísticos orientados a invitar a la reflexión, más que categorías binarias claramente delimitadas.

Actividad 6

6A

En la columna de la izquierda tienes los títulos originales de varias películas. En la de la derecha tienes los títulos con los que esos filmes se difundieron en España, pero no en el orden correcto. Relaciona cada título original con el título que se le dio a la película en español. Si no conoces alguno de estos filmes, busca en internet y lee una sinopsis del argumento; es importante que tengas una idea de la trama para poder comprender los títulos.

1. *Breakfast at Tiffany's* (1961, Blake Edwards)
2. *Gone with the Wind* (1939, Victor Fleming)
3. *North by Northwest* (1959, Alfred Hitchcock)
4. *Dangerous Liaisons* (1988, Stephen Frears)
5. *Short Cuts* (1993, Robert Altman)
6. *Three Men and a Baby* (1987, Leonard Nimoy)
7. *Play it Again, Sam* (1972, Herbert Ross)
8. *Out of Africa* (1985, Sidney Pollack)
9. *The Sound of Music* (1965, Robert Wise)
10. *Rear Window* (1954, Alfred Hitchcock)

a. Las amistades peligrosas
b. Vidas cruzadas
c. Sueños de un seductor
d. La ventana indiscreta
e. Lo que el viento se llevó
f. Sonrisas y lágrimas
g. Memorias de África
h. Tres solteros y un biberón
i. Desayuno con diamantes
j. Con la muerte en los talones

6B

Con un compañero, compara los títulos en inglés con sus correspondientes en español, teniendo en cuenta las cuestiones siguientes. Después, poned vuestras ideas en común con la clase.

a. En tu opinión, ¿qué estrategia ha guiado la elección de cada título? (tal vez sea la misma para todos los filmes o distinta en cada caso)
b. ¿Te parecen justificados los cambios introducidos?
c. ¿Puede decirse que existe equivalencia entre los títulos en inglés y en español?
d. Compara la eficacia de los títulos en español y en inglés. En tu opinión, ¿cuáles funcionan mejor?

6C

Considera ahora la traducción de los títulos de las siguientes películas españolas al inglés, reflexionando sobre las mismas cuestiones del paso B. ¿Observas alguna diferencia general en la estrategia seguida al traducir títulos de películas al español y al inglés?

La mala educación (2004, Pedro Almodóvar)	*Bad Education*
Lucía y el sexo (2001, Julio Medem)	*Sex and Lucía*
Los lunes al sol (2002, Fernando León de Aranoa)	*Mondays in the Sun*
Mar adentro (2004, Alejandro Amenábar)	*The Sea Inside*
Cría Cuervos (1976, Carlos Saura)	*Raise Ravens*
Solas (1999, Benito Zambrano)	*Alone*
Los amantes pasajeros (2013, Pedro Almodóvar)	*I'm So Excited!*
Ocho apellidos vascos (2014, Emilio Martínez Lázaro)	*Spanish Affair*

Actividad 7

Aquí tienes algunas citas de distintos estudiosos de la traducción. Coméntalas con un compañero poniéndolas en relación con los conceptos vistos en este capítulo. Después, poned vuestras ideas en común con la clase.

> No digo que la traducción literal sea imposible, sino que no es una traducción [...] La traducción implica una transformación del original. Esa transformación no es ni puede ser sino literaria.
>
> Octavio Paz, *Traducción: literatura y literalidad* (1971)

> One of the many frustrations of translation is that the highest form of success in the art is to pass unnoticed.
>
> Eiléan Ni Chuilleanáin, Cormac Ó Cuilleanáin, David Parris, *Translation and Censorship: Patterns of Communication and Interference* (2009)

Fluency can be seen as a discursive strategy ideally suited to domesticating translation, capable not only of executing the ethnocentric violence of domestication, but also of concealing this violence by producing the effect of transparency, the illusion that this is not a translation, but the foreign text.

Lawrence Venuti, *The Translator's Invisibility* (1995)

Cada pueblo calla unas cosas para poder decir otras. Porque todo sería indecible. De ahí la enorme dificultad de la traducción: en ella se trata de decir en un idioma precisamente lo que este idioma tiende a silenciar.

Ortega y Gasset, "Miseria y esplendor de la traducción", *Misión del bibliotecario* (1967)

It seems undeniable that translation is largely an intuitive process.

Douglas Robinson, *The Translator's Turn* (1991)

The translator must realise that translation is a polite lie, but nevertheless a lie.

Robert Graves, "Moral Principles in Translation", *Encounter XXIV* (1965)

A strictly monolingual and monocultural universe would no longer be creative due to the impossibility of revealing and carrying out criticism of the very assumptions of its communicative praxis.

Carlos Hernández, *Aspects of Linguistic Contrast and Translation* (1994)

4 El traductor y sus destrezas: la competencia traductora

En un manual dedicado a la práctica de la traducción, parece esencial comenzar por plantearse cuestiones como las siguientes: ¿Qué habilidades o destrezas debe poseer el traductor? ¿Qué rasgos distinguen al traductor experto del inexperto? Y en lo que concierne a la pedagogía, ¿cuáles son las habilidades o destrezas cuya adquisición debe fomentarse en la enseñanza de la traducción? Lo que estamos tratando de delimitar al responder a estas preguntas es, en definitiva, la noción de **competencia traductora**.

Puesto que partimos de una concepción de la traducción como comunicación, resultará útil considerar brevemente la investigación en torno al concepto de **competencia comunicativa**. Hay gran cantidad de trabajos que se refieren a este tema. Vamos a limitarnos aquí a citar la definición ofrecida por Canale y Swain (1980: 29), dentro del campo de la enseñanza de lenguas:

> We understand communication to be based in sociocultural, interpersonal interaction, to involve unpredictability and creativity, to take place in a discourse and sociocultural context, to be purposive behaviour, to be carried out under performance constraints, to involve use of authentic (as opposed to textbook-contrived) language, and to be judged as successful or not on the basis of behavioural outcomes.

Canale y Swain identifican tres componentes básicos de la competencia comunicativa: competencia gramatical, sociolingüística y estratégica. Como ha señalado Kiraly (2000: 178), esta concepción de la competencia comunicativa y de sus componentes se corresponde con la concepción de la traducción como un proceso comunicativo y, añadiríamos, del traductor como un comunicador experto.

Sin perder de vista esta caracterización, vamos ahora a ocuparnos de la noción de competencia traductora. Si bien no abundan los trabajos empíricos sobre la cuestión, numerosos autores han manejado el concepto con diversas variantes terminológicas (véase Kelly 2005: 32–33, Beeby 2004: 44–45, Hurtado Albir 1999: 42–44, Bell 1991: 35–43). Adoptamos la definición del grupo PACTE (2000: 100), según la cual la competencia traductora es "el sistema subyacente de conocimientos, aptitudes y habilidades necesarios para traducir".

La competencia traductora es una noción que se ha desarrollado gracias a la mayor profesionalización del campo en las últimas décadas. No obstante, conviene tener presente que muchas de las destrezas que la componen no son exclusivas de los traductores profesionales, sino que son compartidas por otros hablantes expertos de dos o más lenguas.

Actividad 8

8A

Individualmente o en pareja, haz una lista de cinco habilidades o destrezas que, a tu parecer, debe poseer un traductor para poder ejercer su profesión de manera competente y eficaz.

1. ____
2. ____
3. ____
4. ____
5. ____

8B

Observa la siguiente nube de ideas y compara las destrezas aquí presentadas con la lista que has elaborado en el paso anterior. ¿Cuáles de ellas te parecen esenciales y cuáles secundarias? ¿Por qué?

Conocimientos teóricos o declarativos (*¿qué?*)

Un buen traductor debe tener conocimiento de...

dos lenguas

dos culturas   tipologías textuales en las dos lenguas

gramática   teoría de la traducción

procesamiento de textos   el campo especializado al que pertenece el texto que traduce

diversos registros   programas informáticos para traductores

diversos dialectos   técnicas de documentación

Conocimientos prácticos u operativos (¿*cómo*?)

Un buen traductor debe saber/tener...

decodificar y codificar un texto   cumplir plazos

trabajar bajo presión

trabajar en equipo

empatía

conciencia ética

8C

Basándote en tus conclusiones, elabora una lista de cinco subcompetencias o componentes de la competencia traductora. Después, ponlas en común con la clase.

1. ______________________________
2. ______________________________
3. ______________________________
4. ______________________________
5. ______________________________

Existen numerosas caracterizaciones de las subcompetencias traductoras. Presentamos aquí la propuesta por Hurtado Albir (2008: 385):

1. **Competencia lingüística** en dos lenguas, que incluye comprensión en la lengua de partida, producción en la lengua de llegada, y que puede ser escrita u oral según se trate del traductor o del intérprete.
2. **Competencia extralingüística**, es decir, conocimientos enciclopédicos, culturales y temáticos.

3. **Competencia de transferencia** o **translatoria**, que consiste en saber comprender el texto de partida y reformularlo en la lengua de llegada teniendo en cuenta el propósito de la traducción y la audiencia receptora.
4. **Competencia profesional** e **instrumental** que consiste en saber documentarse, saber utilizar las nuevas tecnologías, conocer el mercado laboral, etc.
5. **Competencia estratégica**, es decir, procedimientos conscientes e individuales que el traductor pone en práctica a la hora de resolver los problemas que se le plantean en el ejercicio de la traducción.
6. **Competencia psicofisiológica**, que consiste en la utilización de recursos psicológicos (memoria, reflejos, creatividad, razonamiento lógico) y de los mecanismos fisiológicos implicados.

Como observa Hurtado Albir, algunas de estas competencias no son exclusivas del traductor; puede poseerlas cualquier persona que domine dos o más lenguas y que tenga conocimientos extralingüísticos. Las competencias 3, 4 y 5 –translatoria, profesional y estratégica– sí son específicas de la actividad traductora. Sin embargo, tanto unas como otras resultan esenciales en la actividad del traductor y, por tanto, deben estar también presentes en la formación de traductores, tanto en traducción directa como inversa. De ellas nos ocuparemos, de modo explícito o implícito, en los capítulos que siguen.

8D

Compara tu lista del paso C con las subcompetencias señaladas por Hurtado Albir.

Actividad 9

En parejas o en grupos, comenta con tus compañeros:

a. ¿De qué modo puede resultar útil la traducción para el aprendizaje de lenguas? ¿Qué componentes o destrezas puedes desarrollar traduciendo?

b. ¿Qué diferencia hay entre traducir a tu primera lengua (traducción directa) o a tu segunda lengua (traducción inversa)? ¿Cuál de las dos actividades te parece más útil para mejorar tus conocimientos de tu segunda lengua?

En muchos países del entorno occidental, se da por sentado que el traductor debe poseer competencia nativa en la lengua a la que traduce. Se prima por tanto la traducción directa, es decir, la traducción de una segunda lengua a la lengua nativa o primera (L2 → L1). Esta premisa, si bien está muy extendida, no es en modo alguno universal: las condiciones históricas y demográficas de una comunidad determinan en ocasiones la dirección de la traducción. Por ejemplo, la traducción a una segunda o tercera lengua (denominada traducción inversa, L1 → L2) es práctica aceptada y habitual en sociedades postcoloniales en las cuales la lengua de la nación colonizadora sigue teniendo amplios ámbitos de uso (pensemos en el papel del inglés en la India, o del francés en países del norte de África). Asimismo, los hablantes de lenguas minoritarias o escasamente representadas en una sociedad a menudo se ven en la necesidad de traducir de su lengua nativa a la lengua mayoritaria (Beeby Lonsdale 1996: 6-7, Campbell 1998: 24, 27).

Al margen de su estatus en la profesión, la traducción inversa constituye, a nuestro juicio, un componente particularmente fructífero en la adquisición de una lengua. Campbell expresa así la estrecha relación que existe entre aprender una lengua y traducir a esa misma lengua: "in very many cases, an individual translating into a second language is still acquiring that language, so that it makes sense to think of learning to translate as a special variety of learning a second language" (1998: 1).

No cabe duda de que producir un texto meta en español no solo correcto léxica y gramaticalmente, sino también adecuado desde el punto de vista estilístico y macrotextual, supone un reto considerable para cualquier aprendiente de esa lengua. Por ello, al trabajar con este libro, es importante poner el énfasis en el proceso de traducción y en lo que podemos aprender de él, y no en lograr un texto meta perfecto. Como cualquier persona que traduzca sabe, ese texto meta perfecto es siempre –también en la traducción directa– un ideal inalcanzable.

Capítulo 2
Vamos a traducir

En este capítulo vas a:

- Aprender algunos conceptos teóricos básicos
- Reflexionar sobre cómo abordar un texto a la hora de traducirlo según su finalidad
- Identificar problemas de traducción y desarrollar estrategias para su resolución
- Familiarizarte con las diferentes técnicas de traducción
- Identificar los tipos de errores de traducción
- Familiarizarte con la corrección de traducciones

1 Antes de traducir: definiendo la estrategia traductora

1.1 El análisis textual y la comprensión del texto fuente

Al abordar una traducción, el primer paso es realizar una lectura completa y detenida del texto fuente. Además de captar el sentido general del texto, es importante efectuar un análisis textual que nos ayude a comprenderlo del modo más profundo posible, tanto en lo que respecta a su significado como a sus rasgos formales. Una buena comprensión del texto fuente nos ayudará a definir nuestra estrategia, y resultará en una mejor adecuación de las decisiones que tomemos como traductores.

Las siguientes preguntas pueden servirnos de esquema para analizar textos con vistas a su traducción:

Tema, autor y contexto

- ¿Quién es el autor? ¿Qué tipo de obras escribe? (novelista, ensayista, periodista, académico...)
- ¿A qué público va dirigido? (general, erudito, juvenil, infantil, especializado...)
- ¿En qué contexto aparece el texto? (época, contexto histórico y social, medio en el que se publica)
- ¿Con qué intención se ha escrito el texto? (informar, divertir, expresar sentimientos, expresar opiniones, convencer, dar instrucciones...)
- ¿A qué género textual pertenece? (género literario, periodístico, científico, técnico, jurídico...)
- ¿De qué tipo de texto se trata? (descriptivo, narrativo, expositivo, argumentativo, diálogo, monólogo...)
- ¿Cuál es el tema central del texto?
- ¿Hay referencias extralingüísticas? (por ejemplo, de tipo cultural)
- ¿Cuál es el tono del texto? (informal, formal, irónico, íntimo, cómico, vulgar, solemne...)
- ¿Cuál es el modo del texto? (modo escrito, escrito para ser leído, escrito para ser interpretado...)

Estructura y cohesión

- ¿Qué partes configuran la estructura del texto?
- ¿Cómo se establece la conexión lógica entre las oraciones? (mediante conectores, conjunciones, adverbios, yuxtaposición...)

Elementos léxicos y gramaticales

- Léxico: ¿es el vocabulario simple o complejo? ¿Formal o coloquial? ¿Descriptivo o emotivo? ¿Contiene expresiones idiomáticas? ¿Hay vocabulario especializado o términos poco usados?
- Sintaxis: ¿cuál es el grado de complejidad de las oraciones? ¿Se emplean oraciones largas? ¿Predominan las oraciones simples o compuestas?
- Verbos: ¿Qué tiempo verbal predomina? (presente, pretérito perfecto, pretérito imperfecto, condicional...) ¿Se emplea el aspecto progresivo? ¿Hay verbos modales? ¿Aparecen estructuras que requieren el uso del modo subjuntivo?

Elementos estilísticos y de variación lingüística

- ¿Se emplean figuras retóricas? (repetición, metáfora, metonimia, aliteración, símil, contraste...)
- ¿Hay rasgos léxicos o gramaticales característicos de una variedad determinada? (variedad geográfica, social, temporal...)
- ¿Qué registro se emplea? (formal, coloquial, vulgar)

Usa este modelo de análisis como guía orientativa y no te preocupes si algunas veces no te resulta posible dar respuesta a todas las preguntas. Ten en cuenta que en este manual vas a trabajar con fragmentos y no con textos completos, y que muchas veces no dispondrás de información completa sobre ellos.

En la Plataforma Digital podrás descargar un documento con estos elementos en forma de tabla, para que lo puedas imprimir y tener a mano cada vez que analices un texto para traducir.

Al hacer una primera lectura de comprensión, es recomendable señalar de algún modo todos aquellos elementos (palabras, expresiones, oraciones) que puedan causar dificultades a la hora de traducir. En el caso de textos más largos, se aconseja hacer una lista (un glosario) de términos y expresiones que se repiten con frecuencia, a fin de traducirlos de modo consistente.

Actividad 1

Partiendo del esquema propuesto, haz un análisis del siguiente texto para su traducción. Te recordamos que, al tratarse de un fragmento, es posible que no puedas responder a todas las preguntas.

We shall fight on the beaches

Winston Churchill, 4 June 1940

"I have, myself, full confidence that if all do their duty, if nothing is neglected, and if the best arrangements are made, as they are being made, we shall prove ourselves once again able to defend our Island home, to ride out the storm of war, and to outlive the menace of tyranny, if necessary for years, if necessary alone.

At any rate, that is what we are going to try to do. That is the resolve of His Majesty's Government – every man of them. That is the will of Parliament and the nation.

The British Empire and the French Republic, linked together in their cause and in their need, will defend to the death their native soil, aiding each other like good comrades to the utmost of their strength.

Even though large tracts of Europe and many old and famous States have fallen or may fall into the grip of the Gestapo and all the odious apparatus of Nazi rule, we shall not flag or fail.

We shall go on to the end, we shall fight in France,
we shall fight on the seas and oceans,
we shall fight with growing confidence and growing strength in the air,
we shall defend our Island, whatever the cost may be,
we shall fight on the beaches,
we shall fight on the landing grounds,
we shall fight in the fields and in the streets,
we shall fight in the hills;

we shall never surrender, and even if, which I do not for a moment believe, this Island or a large part of it were subjugated and starving, then our Empire beyond the seas, armed and guarded by the British Fleet, would carry on the struggle, until, in God's good time, the New World, with all its power and might, steps forth to the rescue and the liberation of the Old."

1.2 Los problemas de traducción

La noción de problema de traducción ha sido objeto de amplio debate en traductología. Para nuestros propósitos, definimos los problemas de traducción como las dificultades potenciales que puede presentar un texto a la hora de traducirlo, y que llevan al traductor a poner en juego determinadas estrategias y técnicas para su resolución. En el ámbito de la traducción, un problema no debe verse como algo negativo, sino como parte natural del proceso traductor. Presentamos aquí una versión adaptada de la clasificación establecida por el grupo de investigación PACTE (2001).

1) **Problemas lingüísticos**, relacionados con:
   a. el plano léxico (p. ej. vocabulario especializado, palabras de uso poco frecuente)
   b. el plano morfosintáctico (las relaciones gramaticales entre los diferentes elementos de la frase)
   c. dificultades de comprensión ("no entiendo qué quiere decir esta palabra") o bien de reformulación ("no sé cómo se dice esta palabra en la lengua meta")
2) **Problemas textuales**, relacionados con:
   a. la coherencia
   b. la cohesión
   c. la progresión temática
   d. las convenciones de género
   e. el estilo del autor
3) **Problemas extralingüísticos**, relacionados con:
   a. Los conocimientos sobre el tema (por ejemplo, la traducción de un texto médico y los conocimientos sobre medicina que pueda necesitar el traductor para comprender y reformular el texto)
   b. los referentes culturales y la cultura general del traductor
4) **Problemas pragmáticos**, derivados de:
   a. no considerar adecuadamente el contexto en el que se efectúa la traducción
   b. no ajustar el texto meta a la finalidad de la traducción

Cabe decir que identificar un problema y clasificarlo dentro de una única categoría resulta a menudo harto difícil dado el carácter multidimensional de los problemas de traducción (Hurtado Albir 2001: 288). Por ejemplo, los problemas lingüísticos pueden ser a su vez problemas extralingüísticos, originados por referencias culturales, o por variación lingüística.

Actividad 2

Lee con atención el siguiente fragmento y el análisis de los problemas de traducción que presenta según las tres primeras categorías citadas (omitimos aquí los problemas pragmáticos, pues estos están relacionados con la situación de traducción concreta que no se especifica en esta actividad).

> May in Ayemenem is a hot, brooding month. The days are long and humid. The river shrinks and black crows gorge on bright mangoes in still, dustgreen trees. Red bananas ripen. Jackfruits burst. Dissolute bluebottles hum vacuously in the fruity air. Then they stun themselves against clear windowpanes and die, fatly baffled in the sun.
>
> The nights are clear but suffused with sloth and sullen expectation.
>
> Arundhati Roy, *The God of Small Things* (1997)

Problemas lingüísticos	Problemas textuales	Problemas extralingüísticos
La dificultad del léxico (*brooding*, *gorge*, *dustgreen*, *baffled*, *suffused*, *sloth*...) y el problema de la reformulación de tales palabras en la lengua meta, pues en algunos casos será difícil encontrar equivalentes. La sintaxis es sencilla y no plantea problemas, aparte de la necesidad de mantener esa misma simplicidad en la traducción.	El estilo casi fotográfico de la descripción es algo que se tendrá que tener en cuenta. Habrá que tomar decisiones sobre cómo reproducirlo.	Relacionados con conocimientos culturales sobre las frutas y los insectos que se mencionan (*jackfruits*, *bluebottles*) y los términos equivalentes en la lengua meta.

Ahora, siguiendo el ejemplo anterior, identifica los problemas de traducción de este fragmento. Ten en cuenta que un mismo problema puede encuadrarse en más de una categoría y que no todos los textos presentan necesariamente todos los tipos de problemas de traducción.

> I WAS sick – sick unto death with that long agony; and when they at length unbound me, and I was permitted to sit, I felt that my senses were leaving me. The sentence – the dread sentence of death – was the last of distinct accentuation which reached my ears. After that, the sound of the inquisitorial voices seemed merged in one dreamy indeterminate hum. It conveyed to my soul the idea of revolution – perhaps from its association in fancy with the burr of a mill-wheel. This only for a brief period, for presently I heard no more. Yet, for a while, I saw – but with how terrible an exaggeration! I saw the lips of the blackrobed judges.
>
> Edgar Allan Poe, "The Pit and the Pendulum" (1843)

1.3 La finalidad de la traducción: el encargo

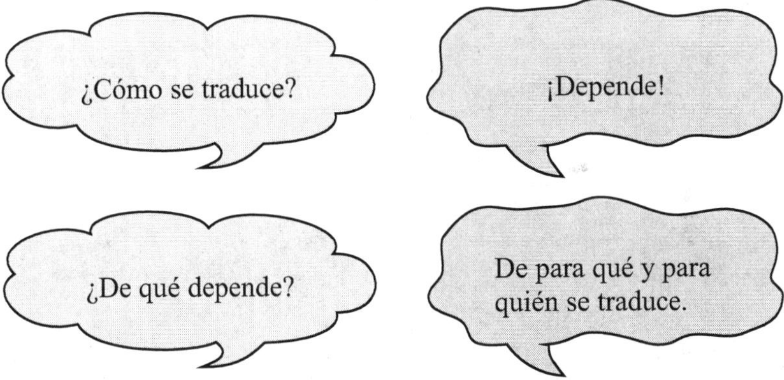

Según el enfoque funcional, adoptado por traductólogos como Christiane Nord (1997), el principio fundamental que condiciona cualquier proceso de traducción es la **finalidad de la acción traductora**. Dentro de este enfoque se enmarca también la teoría del escopo (o *Skopos*), formulada por Hans J. Vermeer y Katharina Reiss (1984), según la cual la traducción debe tener en cuenta ante todo la función y destinatario del texto meta. Así pues, el objetivo o la finalidad del proceso traslativo (por qué y para qué/quién se traduce) es un elemento clave a la hora de decidir la estrategia global que deberemos adoptar.

La finalidad de la traducción viene determinada por el **encargo de traducción**, que define –ya sea de forma implícita o explícita– la situación comunicativa en la que se encuadra el texto meta. En el encargo de traducción se establece:

- el público destinatario (con variables como edad, profesión, grado de conocimiento de un tema, pertenencia a un determinado grupo social, etc.);

- el tiempo y el lugar en los que se presentará el texto meta;
- el medio de transmisión (oral, escrito, digital, impreso...);
- la función o funciones que tendrá el texto traducido en la cultura meta.

Es común que quien encarga la traducción (por ejemplo, una editorial, un periódico, una cadena de televisión, etc.) tenga sus normas de redacción, un manual de estilo propio, una necesidad editorial concreta, o una ideología. Estos elementos sin duda influirán en las decisiones que tenga que tomar el traductor.

Una vez considerado el encargo, realizado el análisis textual e identificados los posibles problemas de traducción, será el momento de decidir qué estrategia adoptar (ver Capítulo 1, sección 3) y qué técnicas aplicar para resolver las dificultades que plantea el texto fuente.

Actividad 3

3A

Lee el siguiente texto:

> The human reproductive system usually involves internal fertilization by sexual intercourse. During this process, the male inserts his erect penis into the female's vagina and ejaculates semen, which contains sperm. The sperm then travels through the vagina and cervix into the uterus or fallopian tubes for fertilization of the ovum. Upon successful fertilization and implantation, gestation of the fetus then occurs within the female's uterus for approximately nine months. This process is known as pregnancy in humans and it ends with birth.
>
> The process of birth is known as labour. Labour consists of the muscles of the uterus contracting, the cervix dilating, and the baby passing through the vagina (the female genital organ). As the child descends into and passes through the birth canal, the sensation of pain is often increased. This condition is especially true in the terminal phase of the stage of expulsion, when the child's head distends and dilates the maternal tissues as it is being born.
>
> Human babies and children are nearly helpless and require high levels of parental care for many years. One important type of parental care is the use of the mammary glands in the female breasts to nurse the baby.
>
> (Texto adaptado de Wikipedia)

3B

Os proponemos dos posibles encargos de traducción para el texto anterior. Dividid la clase en dos grupos y asignad un encargo a cada uno. En cada grupo, haced una lluvia de ideas sobre cómo abordaríais la traducción del texto teniendo en cuenta vuestro encargo.

Encargo 1

a) Finalidad: explicar a niños de 9–10 años el sistema de reproducción humano.
b) Destinatario: alumnos de educación primaria (10 años).
c) Lugar de publicación: un libro impreso con un CD-Rom interactivo para un curso escolar de ciencias naturales.

Encargo 2

a) Finalidad: traducir el artículo de Wikipedia para la versión en español de la Enciclopedia Libre.
b) Destinatario: público adulto sin conocimientos especializados de biología.
c) Lugar de publicación: Internet.

Actividad 4

Lee el comienzo de *Don Quijote de la Mancha*, de Miguel de Cervantes:

> En un lugar de la Mancha, de cuyo nombre no quiero acordarme, no ha mucho tiempo que vivía un hidalgo de los de lanza en astillero, adarga antigua, rocín flaco y galgo corredor. Una olla de algo más vaca que carnero, salpicón las más noches, duelos y quebrantos

los sábados, lentejas los viernes, algún palomino de añadidura los domingos, consumían las tres partes de su hacienda. El resto della concluían sayo de velarte, calzas de velludo para las fiestas, con sus pantuflos de lo mesmo, y los días de entresemana se honraba con su vellorí de lo más fino. Tenía en su casa una ama que pasaba de los cuarenta y una sobrina que no llegaba a los veinte, y un mozo de campo y plaza que así ensillaba el rocín como tomaba la podadera. Frisaba la edad de nuestro hidalgo con los cincuenta años. Era de complexión recia, seco de carnes, enjuto de rostro, gran madrugador y amigo de la caza.

El texto que acabas de leer, si bien está adaptado ortográficamente, corresponde a la versión original escrita por Miguel de Cervantes en 1615.

Ahora observa esta versión simplificada y adaptada para niños. En grupos, comentad los cambios que se han realizado para adaptar el texto.

En un lugar de la Mancha, de cuyo nombre no quiero acordarme, vivía un hidalgo caballero de los de lanza en astillero, adarga antigua, rocín flaco y galgo corredor.

Vivía en su casa con un ama que pasaba de los cuarenta años, y una sobrina que no llegaba a los veinte, y un mozo de campo que lo mismo ensillaba el rocín que usaba la podadera o hacía cualquier tipo de faena.

Tenía el hidalgo unos cincuenta años; era de constitución fuerte, seco de carnes, delgado de rostro, gran madrugador y amigo de la caza.

C. Pérez Aparicio (2014). *Cervantes y Don Quijote de La Mancha. Blog para estudiantes de primaria sobre El Quijote de la Mancha.* Disponible en: http://catiperezaparicio.wix.com/donquijotedelamancha [Consultado el 6–10–2015].

Actividad 5

Ahora te toca a ti realizar una traducción adaptada del siguiente fragmento de *The Picture of Dorian Gray* (1891), la novela de Oscar Wilde, teniendo en cuenta el siguiente encargo:

Encargo: Texto para ser publicado en una colección de "Lectura fácil" de literatura universal, para estudiantes de español como lengua extranjera con un nivel intermedio-bajo.
La editorial te da las siguientes pautas:

- La versión tiene que ser abreviada (de un máximo de 130 palabras).
- El vocabulario debe simplificarse.
- Debes incluir un glosario en español en el que se expliquen las palabras más difíciles para ayudar al estudiante a comprender su significado.

5A

Primero lee el fragmento y prepara un resumen de 100–130 palabras en inglés. En este resumen, puedes empezar ya a simplificar el lenguaje.

The studio was filled with the rich odour of roses, and when the light summer wind stirred amidst the trees of the garden there came through the open door the heavy scent of the lilac, or the more delicate perfume of the pink-flowering thorn.

From the corner of the divan of Persian saddle-bags on which he was lying, smoking, as usual, innumerable cigarettes, Lord Henry Wotton could just catch the gleam of the honey-sweet and honey-coloured blossoms of the laburnum, whose tremulous branches seemed hardly able to bear the burden of a beauty so flame-like as theirs; and now and then the fantastic shadows of birds in flight flitted across the long tussore-silk curtains that were stretched in front of the huge window, producing a kind of momentary Japanese effect, and making him think of those pallid jade-faced painters who, in an art that is necessarily immobile, seek to convey the sense of swiftness and motion. The sullen murmur of the bees shouldering their way through the long unmown grass, or circling with monotonous insistence round the black-crocketed spires of the early June hollyhocks, seemed to make the stillness more oppressive, and the dim roar of London was like the bourdon note of a distant organ.

5B

Ahora traduce tu resumen al español, teniendo en cuenta los requisitos del encargo.

5C

Prepara un glosario de los términos más difíciles para un estudiante de español, tal y como aparecería en un libro de lectura fácil. Puedes basarte en este ejemplo:

- **Destello** (n. m.)

Definición: Luz, generalmente viva y fugaz, que se enciende, debilita y se apaga casi al momento.
Ejemplo: *A ratos veíamos destellos de los relámpagos por las persianas.*
Traducción: gleam

Para proporcionar definiciones sencillas y accesibles a los estudiantes de nivel intermedio, es aconsejable utilizar un diccionario básico escolar. Encontrarás algunos enlaces en la sección de recursos del capítulo 3, en la Plataforma Digital.

2 Mientras traducimos: las técnicas de traducción

Como se explica en el capítulo 1 (sección 3), las técnicas de traducción son aquellos procedimientos textuales que emplea el traductor en casos concretos del texto para hacer frente a dificultades que este le plantea (por ejemplo, un referente cultural, una sigla, una palabra sin equivalente, un término de jerga, un juego de palabras, etc.). La variedad en la terminología empleada para designar las técnicas de traducción ha contribuido a crear confusión en torno al concepto. Las que aquí llamamos "técnicas" corresponden a lo que otros teóricos denominan "procedimientos técnicos" (Vinay y Darbelnet 1958), "procedimientos técnicos de ejecución" (Vázquez Ayora 1977) o "estrategias" (Lörscher 1991).

Es importante recordar que las técnicas de traducción describen, no prescriben, los procedimientos que pueden ponerse en práctica a la hora de traducir. En ningún caso constituyen reglas de actuación que debamos aplicar de forma sistemática ante un problema de traducción. Como apunta Hurtado Albir, "no hay técnicas buenas ni malas en abstracto, sino que tienen un carácter funcional y dinámico" (Hurtado Albir 2001: 268). Así pues, la decisión de emplear una técnica u otra dependerá de la estrategia adoptada, la cual está a su vez determinada por aspectos como el género del texto (contrato legal, folleto turístico, novela...), la finalidad especificada en el encargo y la intuición del traductor.

Se han ofrecido diversas clasificaciones de las técnicas de traducción. En este manual presentamos una versión adaptada de la propuesta por Hurtado Albir (2001: 269):

1. Ampliación lingüística	⟷	2. Compresión lingüística
3. Expansión de información	⟷	4. Reducción de información
5. Transposición		
6. Modulación		
7. Compensación		
8. Generalización	⟷	9. Particularización
10. Préstamo		
11. Adaptación cultural		
12. Equivalente acuñado		
13. Descripción		
14. Traducción literal		

1. Ampliación lingüística

Se añaden palabras para expresar el mismo mensaje.

> *In other words* → Por decirlo de otro modo (en lugar de "en otras palabras")

Se opone a la técnica de compresión lingüística. Las técnicas de ampliación y compresión pueden solaparse con la técnica de la transposición, puesto que, al realizar una transposición, puede ampliarse o reducirse el número de palabras empleadas.

2. Compresión lingüística

La compresión lingüística consiste en sintetizar elementos lingüísticos, es decir, expresar el mismo mensaje con menor número de palabras (es una técnica muy utilizada en subtitulación).

> *I never thought you would really do it.* → Nunca pensé que lo harías.

Se opone a la ampliación lingüística.

3. Expansión de información

Se introducen precisiones no formuladas en el texto fuente (informaciones, paráfrasis explicativas, notas del traductor).

> *Mrs. Neale offered us a cup of tea with scones.* → La señora Neale nos ofreció una taza de té con *scones*, unos bollos típicos del Reino Unido.

Es la técnica contraria a la de reducción.

4. Reducción de información

Se suprime en el texto meta algún elemento de información presente en el texto fuente, bien sea por completo, bien sea una parte de su carga informativa.

> *Immediately before la* Feria *is Holy Week*, Semana Santa, *a religious festival where hooded penitents march in long processions followed by huge baroque floats on which sit images of the Virgin or Christ, surrounded by cheerful crowds.* → Justo antes de la Feria, está la Semana Santa, con sus procesiones de encapuchados y pasos barrocos con la Virgen o el Cristo.

5. Transposición

Se sustituye una construcción del texto fuente por otra que resulta más natural en la lengua meta, manteniendo el mismo significado pero cambiando las categorías gramaticales de los elementos de la oración.

He died peacefully. → Murió tranquilo.

6. Modulación

Se efectúa un cambio de punto de vista, de enfoque o de categoría de pensamiento en relación con la formulación del texto fuente. Vázquez-Ayora (1977: 293) considera la modulación como una técnica que requiere especial sensibilidad, experiencia e imaginación por parte del traductor.

How can you be identified? → ¿Cómo podré reconocerte?

7. Compensación

Se introduce en otro lugar del texto traducido un elemento estilístico que no se ha podido reflejar en el mismo lugar en que aparece situado en el texto fuente. Por ejemplo, una metáfora o una rima que no se ha podido mantener en la misma frase del texto fuente, se usa en otra frase para compensar su falta.

¿Está usted seguro? → *Are you sure, Sir?*
Le pedimos que entregue el formulario antes del 1 de junio. → *We kindly ask you to submit the form by 1 June*.

Al traducir al inglés nos encontramos con la dificultad de reproducir la diferencia en el grado de formalidad determinado por los pronombres "tú" y "usted". Para solucionar este problema se puede recurrir a la compensación usando, siempre que el contexto lo permita, términos honoríficos (*Sir*, *Madam*, etc.), palabras atenuantes (*kindly*, *respectfully*), o una sintaxis o léxico más formales.

8. Generalización

Se utiliza un término más general o neutro (hiperónimo) para superar la ausencia de un término específico equivalente en la lengua meta. En ocasiones, sí existe un término equivalente, pero el traductor opta por el término general por un motivo concreto. Esta es una de las técnicas más comunes en casos de no equivalencia.

I ordered cod for lunch. → Pedí pescado para comer.

En algunos casos, la generalización da lugar a la pérdida de una referencia cultural.

> *The meat was swimming in gravy.* → La carne nadaba en la salsa.
> *I resolved I wouldn't give him another penny.* → Decidí que no le daría más dinero.

9. Particularización

Se utiliza un término más preciso o concreto (hipónimo) que el que aparece en el texto fuente. Se opone a la generalización.

> *They entered my property.* → Se metieron en mi jardín.

10. Préstamo

Se incorpora una palabra o expresión de otra lengua tal cual. El préstamo puede ser puro (sin ningún cambio), por ejemplo *lobby*, o naturalizado (transliteración de la lengua extranjera, adaptado ortográficamente), por ejemplo *gol, fútbol, líder, mitin*.

> *There was a problem with the software he had just installed on his PC.*
> → Había un problema con el software que acababa de instalar en su PC.

11. Adaptación cultural

Se reemplaza un elemento cultural de la cultura fuente por otro propio de la cultura receptora. Este nuevo elemento cultural no tiene el mismo significado que el de la cultura origen, pero el objetivo es que el efecto que produzca en el receptor sea similar. La decisión de emplear esta técnica dependerá del objetivo de la traducción y de la libertad de que disponga el traductor (Baker 1992: 10–14).

"*Guess what?*"		—¿Adivina qué?
"*What?*"	→	—¿Qué?
"*I'm a Clippers fan.*"		—Me gustan los Teletubbies.

En la traducción al español peninsular de la película *Bewitched* (Nora Ephron 2005), se optó por adaptar la referencia del equipo de baloncesto Clippers, poco conocido en España. Parece que al personaje le da vergüenza admitir que es seguidor del segundo equipo de Los Ángeles, ya que los LA Lakers son mucho más conocidos. En la traducción se pensó que reconocer que te gustan los Teletubbies era igual de vergonzoso.

12. Equivalente acuñado

Para traducir expresiones idiomáticas, locuciones, colocaciones, etc. se utiliza un término o expresión reconocidos (por el diccionario o por el uso lingüístico) como equivalentes en la lengua meta.

> *It's raining cats and dogs.* → Está lloviendo a cántaros.
> *Yours faithfully,* → Reciba un cordial saludo,
> *black and white* → blanco y negro

13. Descripción

Se sustituye un término o expresión por la descripción de su forma y/o función. Es similar a la expansión, ya que ambas técnicas proponen una paráfrasis explicativa del término, con la diferencia de que en la expansión, no se elimina el término en cuestión. Según Newmark (1991: 130), tanto la descripción como la expansión de información son técnicas que solo se justifican cuando un término no se puede expresar con un equivalente en la lengua meta.

> *The ribs were served with coleslaw.* → Como acompañamiento a las costillas sirvieron una ensalada de repollo y zanahoria aderezada con una salsa de mayonesa, vinagre y limón.

14. Traducción literal

Consiste en traducir palabra por palabra.

> *Many would be cowards if they had courage enough.* → Muchos serían cobardes si tuvieran suficiente valor. (En este caso, se ha recurrido a la traducción literal dado que no existe un equivalente acuñado en español).

Actividad 6

En parejas, relacionad los ejemplos y sus traducciones con las técnicas de traducción que se han empleado en cada caso. Hay un ejemplo de cada técnica.

1. Ampliación lingüística
2. ~~Compresión lingüística~~
3. Expansión de información
4. Reducción de información
5. Transposición
6. Modulación
7. Compensación
8. Generalización
9. Particularización
10. Préstamo
11. Adaptación cultural
12. Equivalente acuñado
13. Descripción
14. Traducción literal

---

a) *"Are you alright?"* → —¿Estás bien?
"Yes, I am." → —Sí.
"Are you sure?" → —¿Seguro?
Compresión lingüística

b) *Can I offer you a* ***cup of tea?***
→ ¿Le apetece **un café**?

c) *"I have the feeling we are just* ***spinning our wheels****."*
"Don't worry, ***I know what I'm doing****."*
→
—Tengo la impresión de que estamos **perdiendo el tiempo**.
—No te preocupes, **lo tengo todo bajo control**.

d) *He brought her a bunch of* ***daisies.***
→ Le trajo un ramo de **flores.**

e) *He said he was going* ***to become a dad.***
→ Dijo que iba a **tener un hijo**.

f) *I never liked* ***his acting****.*
→ Nunca me ha gustado **como actor**.

g) *I'm doing my training in* ***Supercuts****.*
→ Estoy haciendo un curso de formación en la **escuela de peluquería**.

h) *Like I said,* ***no more mistakes****,* ***all right****?*
→ Tal y como he dicho, **no admitiré más errores, ¿está claro**?

i) *Out of sight, out of mind*
→ Ojos que no ven, corazón que no siente.

j) *Tango is a vibrant and playful dance between two people and it can be danced in both modern and traditional styles. It has an enormous potential for expression and improvisation and it is often described as a passionate dance, because of the close connection between partners, the nature of the music, and the dance's history.*

→ El tango se baila a dos, ya sea en estilo tradicional o moderno. A menudo se describe como un baile apasionado por la proximidad y conexión de los bailarines, el carácter de la música y la historia de este baile.

k) *It's no use crying over spilt milk.*
→ No vale la pena llorar por la leche derramada.

l) *We had* ***roast beef*** *for lunch*
→ Comimos **rosbif** para el almuerzo.

m) *We were served the roast beef with* ***Yorkshire pudding***.
→ Nos sirvieron la ternera asada con ***Yorkshire pudding*****, una especie de buñuelo que suele acompañar la carne de los domingos**.

n) *If you need to have those papers signed, please go to that* ***window***.
→ Si necesita que le firmen esos papeles, diríjase a esa **ventanilla**.

Actividad 7

A continuación presentamos grupos de frases con sus traducciones. En todas las frases del grupo, excepto en una, se ha empleado la misma técnica de traducción. Encuentra la frase intrusa e indica qué técnica se ha empleado al traducirla.

1. Equivalente acuñado

a) *As fresh as a daisy* → Fresco como una lechuga
b) *Every cloud has a silver lining* → No hay mal que por bien no venga
c) *They are like two peas in a pod* → Se parecen como dos guisantes en una vaina
d) *Heads or tails* → Cara o cruz

2. Adaptación cultural

a) *Don't you know what happened in Mardi Gras? They all went crazy!*
→ ¿No sabes lo que pasó en Mardi Gras? ¡Todos se volvieron locos!

b) *The youngest in the group liked playing cricket* → A los más jóvenes del grupo les gustaba jugar a baloncesto.
c) *When the clock strikes twelve and the ball drops in Times Square, it's time to lean in for that special New Year's kiss.* → Al llegar la medianoche, todos comen las doce uvas con las campanadas del reloj de la Puerta del Sol de Madrid.
d) *The Guy Fawkes Night was special for everyone, but particularly for children who enjoyed the fireworks and the funfair.* → La noche de las hogueras de San Juan era especial para todos, particularmente para los niños que disfrutaban de los fuegos artificiales y de la feria.

3. Transposición

a) *He ran across the street.* → Cruzó la calle corriendo.
b) *He soon realized.* → Se dio cuenta enseguida.
c) *She is quite clever.* → No tiene un pelo de tonta.
d) *'Well,' she said, ironically, 'it usually means one thing!'* → —Bueno —dijo con ironía—, ¡normalmente quiere decir una cosa!

4. Ampliación lingüística

a) *He's right.* → Está en lo cierto.
b) *I'm sorry I cannot be of more help to you.* → Siento no poder ayudarle.
c) *What do you think?* → ¿Qué opinas al respecto?
d) *Turn right.* → Toma un desvío hacia la derecha.

5. Modulación

a) *The shoemaker's son always goes barefoot.* → En casa de herrero, cuchillo de palo.
b) *He is not bad at acting.* → Es bastante bueno actuando.
c) *I don't agree with the proposal.* → Estoy en desacuerdo con la propuesta.
d) *Stay away from Andy.* → No te acerques a Andy.

Actividad 8

En esta actividad vas a practicar la técnica de la modulación, cuyo uso pone a prueba la imaginación, la sensibilidad y el poder expresivo del traductor.

8A

Empareja las frases en inglés de la primera columna con su traducción modulada de la segunda. En la tercera columna indica por qué existe modulación. Fíjate en el ejemplo.

Texto fuente	*Texto meta con modulación*	*Explica la modulación*
1. Don't be so loud	a. Le anunciaron que acababa de ser padre	
2. He said, not unkindly	b. Se acerca el invierno	
3. He was told he had just had a baby	c. Baja la voz	Frase negativa → afirmativa.
4. I can't wait for the summer to be over	d. No es menos cierto que...	
5. I ought to have thought about it	e. No te detengas	
6. It is also true that...	f. Dijo, con cierta ternura	
7. Winter is not far away	g. Tengo muchas ganas de que termine el verano	
8. It kept raining during the holidays	h. Aprendían mucho con aquella profesora	
9. Keep going	i. No dejó de llover en todas las vacaciones	
10. The teacher taught them well	j. No lo pensé bien	

8B

Algunas veces la modulación es necesaria para conseguir una traducción natural e idiomática, como ocurre en los siguientes ejemplos. Tradúcelos empleando la técnica de la modulación.

1. Yesterday he went to have his hair cut.
2. I'm having a house built in the mountains.

3. It takes me 20 minutes to get to the station.
4. What's your name?
5. Wait! I'm coming with you!

Actividad 9

Como ya hemos visto, la transposición consiste en realizar un cambio en la categoría gramatical de las palabras y tiene como finalidad alcanzar una expresión natural en la lengua meta sin alterar el sentido. Esta actividad te permitirá practicar esta técnica.

En parejas, traducid las siguientes frases, primero haciendo una traducción más literal (tratando de emplear las mismas categorías gramaticales que el inglés, siempre que sea posible) y luego empleando la técnica de la transposición para obtener una versión alternativa. En la última columna, explicad el cambio de categoría gramatical que se ha producido.

Fijaos en el ejemplo.

	Texto fuente	*Traducción literal*	*Texto meta con transposición*	*Cambio de categoría gramatical*
Ej.	After he comes back	Después de que regrese	Después de su regreso	To come back (verbo) Su regreso (sustantivo).
1.	Be patient.			
2.	I am happy for you.			
3.	Obviously I didn't tell her!			
4.	She answered her back ironically.			
5.	As you may already know...			
6.	He replied without the slightest hesitation.			
7.	He went to look for him.			

Actividad 10

En las frases de la actividad anterior hemos visto que podemos optar por una traducción más literal o realizar una transposición, pues ambas traducciones son correctas. Sin embargo, en otras ocasiones la traducción literal produce un resultado poco idiomático y es necesario hacer una transposición o una modulación para lograr una traducción adecuada.

En parejas, corregid las traducciones siguientes empleando las técnicas que creáis oportunas (transposición, modulación o ambas).

	Texto Origen fuente	*Traducción literal*	*Texto meta con transposición o modulación*	*Qué técnica o técnicas has empleado. Da un ejemplo.*
Ej.	He swam across the river.	*Nadó a través del río	Cruzó el río nadando.	Transposición: Across (preposición) Cruzó (verbo)
1.	She sat knitting by the window.	*Se sentó tejiendo junto a la ventana.		
2.	He elbowed his way through.	*Codeó su camino a través.		
3.	I called the company back.	*Llamé de regreso a la compañía.		
4.	I like her very much.	*Yo gusto ella mucho.		
5.	Or something like that.	*O algo como eso.		
6.	How old are you?	*¿Cómo de viejo eres?		

Actividad 11

En esta actividad os proponemos trabajar con algunas expresiones idiomáticas de uso frecuente. Completa la tabla con las expresiones equivalentes de la lista y después traduce las frases del ejemplo.

a) ~~costar un ojo de la cara~~
b) dar (mucho) la lata
c) dejar plantado a alguien
d) en un abrir y cerrar de ojos
e) haber gato encerrado
f) hacer la vista gorda
g) ponerse las pilas
h) sacar los trapos sucios
i) tener enchufe
j) tirar la casa por la ventana
k) ya es hora

	Expresión idiomática	*Equivalente acuñado*	*Traducción*
1.	To cost an arm and a leg *These opera tickets cost us an arm and a leg!*	a. costar un ojo de la cara	¡Estas entradas para la ópera nos costaron un ojo de la cara!
2.	To be about time *It's about time you paid the rent.*		
3.	To stand someone up *Laura stood me up. I waited for two hours and she did not show up.*		
4.	In the twinkling of an eye *I gave Tom ten dollars and, in the twinkling of an eye, he spent them.*		
5.	To turn a blind eye *The usher turned a blind eye to the little boy who sneaked into the theatre.*		
6.	Get one's skates on (*British & Australian informal*)		

You should get your skates on if you want to finish your thesis before the end of the semester.

7. I smell a rat/I smell something fishy/ It smells fishy
   It's the fifth time I see him entering that abandoned building this week. I smell something fishy here.

8. To push the boat out (British)
   He really pushed the boat out for his daughter's wedding.

9. To air dirty laundry/linen in public
   They are arguing again. Why must they always air their dirty linen in public?

10. To have friends in high places
    He just started his new job despite not being qualified for it. He must have friends in high places.

11. To be a pain in the neck
    She is a good person but sometimes she is a pain in the neck.

Actividad 12

En parejas o grupos de tres, traducid las siguientes frases. Después analizad qué técnica o técnicas habéis empleado en cada caso.

Observad el ejemplo:

Hoping for better weather on New Year's Eve is bon vivant Irving Milgrom, who will cruise Sydney Harbour with Botox-free Nicole Kidman.

Con la esperanza de encontrar temperaturas más agradables [en busca de un tiempo más agradable/un mejor tiempo] en Nochevieja se encuentra/está el bon vivant/el vividor Irving Milgrom, quien llegará a la Bahía de Sídney con una Nicole Kidman sin Botox.

Problema de traducción	*Traducción*	*Técnica*
Hoping	Con la esperanza de	Transposición
New Year's Eve	Nochevieja	Equivalente (cultural y lingüístico)
Bon vivant	Bon vivant Vividor	Préstamo Equivalente lingüístico
Sidney Harbour	la Bahía de Sidney	Equivalente acuñado
Botox-free Nicole Kidman	Una Nicole Kidman sin Botox	Transposición

1. "I don't need a tetanus shot just because I stepped on a nail."
   "I still think you should get one. Better be safe than sorry"

2. I play FLY (...). I sit back in my chair and close my eyes, waiting for the sensation of rising up from my chair. Waiting to fly. Stupid. I open my eyes, and there's a fly. Buzzing around above the Scrabble board, surfing the thermals from the tepid cup of tea. (Charlie Fish, *Death by Scrabble*, 2006)

3. Last year's elephant in the room at the FAO's World Summit on Food Security was the outrageous profits corporate agribusinesses were amassing during the peak of the global food crisis, while over a billion people went hungry.

4. "Nick, remember we're having dinner out tomorrow, please don't be late."
   "I promise, I won't be late"

5. In my grandma's days, every girl wanted to be pretty and chic for when her Prince Charming came forth.

6. I have checked the timetable for my Spanish oral exam, and it is on Friday the 13th. And I also have a translation exam on the same day. Why am I so unlucky?

7. Nothing beats the winter chill like a steaming bowl of soup. These fuss-free soup recipes are filled with good-for-you veggies, fresh fish, hearty beef, and the best: our special touch of seasoning with rosemary and thyme.

8. I've seen Martha and you won't believe it, but she is married with a child, and she became a citizen.

9. To us caffeine is like the letter 'n' in the word autumn.
If you take it away, 'autum' still sounds like autumn. It still comes after summer and before winter and you'd still have to get your rake out. It's the same with caffeine. When we at Nescafe take it away from our beans, our decaffeinated coffees still have the great flavour and fresh aroma of our regular coffees.

3 Después de traducir: la revisión de la traducción

Antes de dar por terminada una traducción, es importante revisar el texto meta, a ser posible pasados unos días. Al releer el texto traducido, es conveniente no tener delante el texto fuente, a fin de centrarse en lograr que el texto se lea con naturalidad y esté libre de interferencias. Para ello, es probable que tengamos que efectuar algunos cambios –léxicos, sintácticos, ortográficos, etc.– para corregir posibles **errores de expresión** o formulaciones poco idiomáticas.

Tras esa primera relectura y corrección, conviene retomar el texto fuente para hacer una última comprobación. Esta vez, es aconsejable comparar los dos textos para asegurarse de que no haya **errores de transmisión de sentido** (matiz diferente, sin sentido o falso sentido). Puede resultar muy útil comentar y analizar las alternativas con otros traductores; por ello este manual incluye numerosas actividades para realizar en pareja o en grupo.

La fase de revisión y autoevaluación es fundamental, no solo para asegurar que se ofrece una traducción de calidad, sino para aprender y mejorar la competencia lingüística y la competencia traductora.

Con el propósito de facilitar la detección de los errores de traducción, proponemos la siguiente clasificación.

Errores de expresión en la lengua meta	
G	Género del sustantivo
C	Concordancia (género y número; sujeto – verbo) El error de concordancia se puede marcar así: *La casa estaba muy bien decorado.* C
A	Uso incorrecto del artículo
V	Tiempo o forma verbal inadecuados

Prep	Preposición
Pron	Pronombre
Lex	Léxico (palabra o expresión inadecuada: barbarismo, calco, regionalismo, inexactitud, etc.)
Id	Expresión idiomática, modismo usado de forma incorrecta
Con	Conector (error textual de coherencia y cohesión)
Sin	Sintaxis, orden de las palabras
Ort	Ortografía
Tip	Tipografía: errores de convenciones tipográficas (guion, rayas, comillas, etc.)
P	Puntuación
∧	Omisión (falta una o más palabras). La marca de omisión se puede combinar con la palabra que falta, por ejemplo: ∧prep/∧A/∧pron
Gen	Falta de adecuación a las convenciones del género textual
∿∿∿	Expresión defectuosa o poco clara, falta de riqueza estilística
	Errores de transmisión de sentido
SS	Sin sentido: formulación incomprensible o falta de claridad
FS	Falso sentido: sentido diferente al del texto fuente
MD	Matiz diferente: introduce una diferencia de matiz entre el texto fuente y el texto meta (al reducir o exagerar su significado, introducir ambigüedad, falta de precisión, etc.)
Ad	Adición: inclusión de información innecesaria
Sup	Supresión: eliminación de información necesaria
Reg	Inadecuación del registro
Cult	Errores por desconocimiento de referentes culturales

En la Plataforma Digital podrás descargar un documento con esta tabla, para que lo puedas imprimir y tener a mano cada vez que corrijas una traducción.

Hay que recordar que, a la hora de evaluar una traducción, no solo debemos fijarnos en los errores, sino también en los aciertos, es decir, debemos saber reconocer y valorar aquellas elecciones que resuelven particularmente bien los retos que plantea el texto fuente.

Algunos aciertos de traducción pueden darse por:

- la aplicación adecuada de una técnica de traducción;

- el uso correcto de estructuras sintácticas complejas que denotan el dominio de la lengua meta y que expresan de forma clara el sentido del texto fuente;
- la precisión léxica y la adecuación terminológica;
- explicitaciones que facilitan la lectura fluida del texto.

Actividad 13

13A

Lee el texto siguiente y reflexiona: ¿De qué trata? ¿Qué escena se representa en el cuadro que describe el autor? Piensa en tres o cuatro adjetivos para describir el estilo del autor.

What did Géricault paint, then? We scrutinize "Scene of Shipwreck" with no knowledge of French naval history. (1) We see survivors on a raft hailing a tiny ship on the horizon (the distant vessel, we can't help noticing, is no bigger than a butterfly would have been). (2) Our initial presumption is that this is the moment of sighting which leads to a rescue. (3) This feeling comes partly from a tireless preference for happy endings, but also from posing ourselves, at some level of consciousness, the following question: how would we know about these people on the raft if they had not been rescued?

What backs up this presumption? The ship is on the horizon; the sun is also on the horizon (though unseen), lightening it with yellow. (4) Sunrise, we deduce, and the ship arriving with the sun, bringing a new day, hope and rescue; the black clouds overhead will soon disappear. However, what if it were sunset? Dawn and dusk are easily confused. What if it were sunset, with the ship about to vanish like the sun, and the castaways facing a hopeless night as black as that cloud overhead? (5) Puzzled, we might look at the raft's sail to see if the machine was being blown towards or away from its rescuer, (6) and to judge if that baleful cloud is about to be dispelled; but we get little help – (7) the wind is blowing not up and down the picture but from right to left, and the frame cuts us off from further knowledge of the weather to our right. Then, a third possibility occurs: it could be sunrise, yet even so the rescuing vessel is not coming towards the shipwrecked. (8) This could be the plainest rebuff of all from fate: the sun is rising, but not for you.

Este fragmento pertenece a la obra *A History of the World in 10½ Chapters* de Julian Barnes (1989) y describe el cuadro “La balsa de la Medusa” del pintor francés Théodore Géricault.

Teniendo presente el esquema de análisis textual que presentamos al principio de este capítulo, así como la importancia de conocer el contexto y los elementos extralingüísticos para poder traducir correctamente, documéntate sobre el cuadro de Géricault y busca en internet una imagen para poder apreciarlo.

13B

En la tabla siguiente encontrarás las traducciones de los fragmentos subrayados en el texto anterior, con los errores de transmisión de sentido señalados en negrita. Indica de qué tipo de error se trata en cada caso:

a) Sin sentido – SS
b) Matiz diferente – MD
c) Falso sentido – FS

Texto meta	*Tipo de error*
1. Vemos a unos supervivientes en una balsa **saludando** a un barco minúsculo en el horizonte.	
2. Nuestra primera **impresión** es que este es el momento de la **visión** que conduce a la **salvación**.	
3. Este **sentimiento** surge en parte por la incansable preferencia por los finales felices, pero también por plantearnos, **en algún punto de nuestra atención**, la siguiente pregunta: ¿cómo habríamos sabido de la existencia de estas personas si *no* las hubieran rescatado?	
4. Deducimos que se trata de **la puesta de sol** y que la nave llega con el sol, **llevando un día nuevo**, esperanza y salvación.	
5. Perplejos, quizás nos fijemos en la vela de la balsa para averiguar si el artefacto **se arrastraba por el viento hacia o fuera de su salvador**	
6. y para juzgar si aquella nube torva está a punto de desaparecer; pero recibimos **un poco de ayuda**,	

7. el viento en el cuadro no sopla de frente, sino de izquierda a derecha, y **la imagen** nos imposibilita conocimiento alguno sobre el clima a la derecha de la imagen.
8. Este podría ser el rechazo **más claro de todo desde el destino**.

13C

Corrige los errores de transmisión de sentido del paso anterior, reformulando las frases para que comuniquen mejor el significado y el tono del texto.

Actividad 14

14A

Lee con atención la siguiente traducción de un fragmento de "La mariposa y el tanque" (1938), un relato de Ernest Hemingway, y señala los errores que encuentres empleando la tabla de corrección propuesta en esta sección.

On this evening I was walking from the censorship office to the Florida Hotel and it was raining.

En aquella noche estaba caminando de la oficina de censura hacia el hotel Florida. Estaba lloviendo.

So about halfway home I got sick of the rain and stopped into Chicote's for a quick one.

Pues, a medio camino a la casa estaba cansado de la lluvia, y me detuve un rato en Chicote's para una rápida.

It was the second winter of shelling in the siege of Madrid and everything was short including tobacco and people's tempers and you were a little hungry all the time and would become suddenly and unreasonably irritated at things you could do nothing about such as the weather.

Ya era segundo invierno nuestro de bombardeo en el cerco de Madrid, y todo estaba corto, del tabaco hasta el buen humor; las ganas de comer seguían molestándote, y en algún momento se pondría enfadado desmedidamente por objetos fortuitos fuera de tu control, como el tiempo.

I should have gone home. It was only five blocks more, but when I saw Chicote's doorway I thought I would get a quick one and then do those six blocks up the Gran Via through the mud and rubble of the streets broken by the bombardment.	Mejor haber ido a la casa. Sólo me faltaba cinco cuadras más, pero cuando ví la puerta de Chicote's se me ocurrió la idea de tomar una rápida, y luego enfrentarme a los seis cuadras que quedaban de la Gran Via, a través del lodo y escombros de calles quebrantadas por el bombardeo.
The place was crowded. You couldn't get near the bar and all the tables were full.	Estaba atestado. No se pudo acercarse al bar y todos las mesas eran ocupadas.

14B

Ahora corrige los errores identificados en el paso anterior y escribe una nueva traducción mejorada, con diferentes alternativas si lo consideras oportuno.

Actividad 15

En parejas o en grupos de tres, y a modo de recapitulación, responded a las siguientes preguntas:

1. ¿Os parece importante realizar un análisis del texto fuente antes de empezar a traducir? ¿Por qué?
2. ¿Qué factores determinan la estrategia que debe aplicarse en una traducción?
3. ¿Qué información debe recoger el encargo de traducción?
4. Mencionad cinco técnicas de traducción que recordéis y explicad en qué consisten.

Podéis responder a estas preguntas de forma oral y después comentarlas con el resto de la clase.

Capítulo 3
Recursos y documentación

En este capítulo vas a:

- Familiarizarte con las distintas fuentes de documentación para la traducción
- Aprender a seleccionar las fuentes más relevantes
- Aprender a seleccionar y usar recursos de internet con más eficacia
- Adquirir criterios para valorar la pertinencia y fiabilidad de la información
- Manejar glosarios, diccionarios y bases de datos terminológicas
- Trabajar con corpus lingüísticos y textos paralelos

Si bien existen traductores especializados en un campo determinado, la mayor parte de los traductores profesionales no son expertos en la materia que traducen. Por ello, es fundamental que sean competentes en el uso y gestión de fuentes de documentación y el empleo de las tecnologías de la información y la comunicación (TIC).

Como vimos en el capítulo 1 (sección 4), para desarrollar plenamente la competencia traductora no es suficiente tener unos buenos conocimientos de ambas lenguas de trabajo (competencia interlingüística), sino que también es necesario desarrollar otras competencias. En este capítulo trabajaremos la subcompetencia instrumental, que se refiere al desarrollo de los conocimientos y habilidades relacionados con el uso de las fuentes de documentación y las TIC aplicadas a la traducción. Entre los recursos disponibles para el traductor se cuentan: diccionarios, enciclopedias, gramáticas, libros de estilo, textos paralelos, corpus, glosarios, bases de datos terminológicas y buscadores, entre otros.

Más allá de su uso profesional, el manejo de estos recursos y herramientas es también de gran utilidad para el aprendizaje de lenguas extranjeras. Su uso te ayudará a adquirir y sistematizar nuevo léxico, resolver dudas gramaticales, aprender fraseología y valorar la fiabilidad de las fuentes de consulta, entre otras destrezas. En este capítulo nos centraremos en el uso y manejo de diccionarios, bases de datos terminológicas, corpus y herramientas de traducción automática.

Actividad 1

Antes de presentar los diferentes recursos de este capítulo, vamos a hacer una actividad de reflexión.

1A

En grupos de tres o cuatro personas, comentad cómo soléis trabajar el léxico: ¿Qué recursos utilizáis para consultar el significado de palabras nuevas? ¿Qué estrategias empleáis para aprenderlas?

Recursos	Estrategias
Uso un diccionario bilingüe	*Pongo notas por la casa con palabras nuevas*

1B

Poned en común con el resto de la clase vuestras respuestas mientras el profesor o un alumno hace una lista en la pizarra de todas las estrategias y los recursos mencionados para aprender léxico. Valorad cuáles os parecen más eficaces y por qué.

1 La búsqueda de información y la fiabilidad de las fuentes

Internet contiene una masa ingente de información sobre los temas más variados, pero es importante saber extraer de esa masa –que se caracteriza por no estar estructurada, ser sumamente dinámica y estar en desarrollo permanente– la información precisa que nos interesa. Uno de los mayores retos es valorar la fiabilidad de las fuentes que consultamos. Hay una serie de criterios que debes tener en cuenta a la hora de realizar cualquier tipo de búsqueda en internet:

- Comprueba que el sitio web haya sido actualizado recientemente: en ciertos campos este criterio es más relevante que en otros (en ámbitos como la informática o los avances científicos, información de hace pocos meses puede estar ya obsoleta).
- Asegúrate de que la información cuente con fuentes referenciadas.
- Preferiblemente, selecciona sitios que identifiquen fuentes primarias y, si se trata de fuentes en otros idiomas, asegúrate de que la traducción sea correcta. En ocasiones las interferencias con otra lengua son muy evidentes, otras veces no tanto. Utiliza tu competencia interlingüística para detectarlas y asegúrate de que la traducción sea de cierta calidad.
- Cerciórate de la oficialidad o el prestigio de las fuentes: las páginas de instituciones académicas o administrativas y los organismos oficiales a menudo ofrecen mayor garantía de veracidad.
- No te conformes con encontrar información en una única fuente. Es conveniente cotejar varias fuentes para corroborar su corrección o veracidad.
- En el caso de artículos académicos, comprueba que estos estén publicados en revistas de prestigio. Asimismo, revisa que el autor tenga un perfil académico que lo acredite.
- Por último, no olvides algo importante: la web es una fuente fantástica de información, pero no es la única. Consulta material impreso cuando sea oportuno.

Además, debemos tener presente que las búsquedas que hagamos en internet con buscadores como Google, Yahoo!, Ask, etc. pueden proporcionar mucho “ruido”. Las opciones de búsqueda avanzada, con palabras clave pertinentes y delimitando el origen de páginas web, tipo de documento, idioma, etc. pueden ayudarnos a perfilar la búsqueda y mejorar la eficacia del proceso de documentación.

Actividad 2

2A

Accede al apartado correspondiente a esta unidad en la Plataforma Digital, donde encontrarás información actualizada sobre la búsqueda avanzada en Google. Consúltala y, a continuación, anota tres criterios de búsqueda nuevos que hayas aprendido y explica cómo pueden ayudarte a encontrar información de forma más efectiva.

1. ____
2. ____
3. ____

2B

Realiza una búsqueda en Google sobre "usos de los verbos *ser* y *estar*", empleando los criterios de búsqueda avanzada que consideres oportunos, y selecciona tres de las fuentes que aparezcan. Luego explora los tres sitios que hayas seleccionado y valora su fiabilidad completando la tabla siguiente.

	Fuente 1	*Fuente 2*	*Fuente 3*
Título de la página o dirección web			
¿Se especifica su autoría?			
¿Es una página de prestigio académico?			
¿Está escrita con corrección, sin errores ortográficos o gramaticales?			
¿Cuándo ha sido actualizada por última vez?			
¿Contiene referencias a las fuentes?			
Valora la información que te ofrece: ¿es clara y precisa? ¿los ejemplos son ilustrativos?			
¿Cómo es el diseño gráfico? ¿Resulta limpio y profesional?			

2C

Basándote en los criterios de la tabla, ¿cuál de las tres fuentes que has analizado consideras que es la más fiable? Compártela con tus compañeros.

2 Los diccionarios

Para cualquier estudiante de lenguas o traductor, el diccionario puede llegar a ser el mejor amigo: bilingües, monolingües, de sinónimos, de colocaciones, especializados. Todos ellos son sin duda útiles herramientas de referencia y estudio, pero es fundamental saber manejarlos para sacarles el máximo provecho y no caer en las trampas que esconden.

2.1 El diccionario bilingüe

Todo aprendiente de lengua, al igual que todo traductor, recurre con frecuencia al diccionario bilingüe. Si bien es cierto que hay otros muchos recursos valiosos para ayudarnos a encontrar la palabra o expresión que buscamos, el diccionario bilingüe sigue y seguirá siendo una herramienta indispensable. Sin embargo, no siempre lo empleamos del modo más eficiente. A menudo los aprendientes se limitan a utilizar la primera acepción que encuentran, sin hacer uso de la información gramatical y contextual que se incluye en cada entrada y que es muchas veces esencial para ayudarnos a seleccionar el equivalente idóneo. Un manejo experto del diccionario bilingüe nos ahorrará tiempo y esfuerzo, y mejorará además la calidad de nuestras traducciones.

Los diccionarios bilingües en la combinación inglés-español son abundantes, tanto impresos como de consulta en línea. Algunos ejemplos de diccionarios en papel son el diccionario Oxford, Collins o el Larousse, además de los diccionarios escolares de menor extensión. En lo que a diccionarios en línea se refiere, la oferta se multiplica. En internet encontramos también metadiccionarios, o portales de diccionarios, que recogen más de una combinación lingüística, o incluso más de un tipo de diccionario en un mismo sitio web.

Las diferentes actividades de este apartado te ayudarán a sacar mayor provecho de los diccionarios bilingües.

Actividad 3

3A

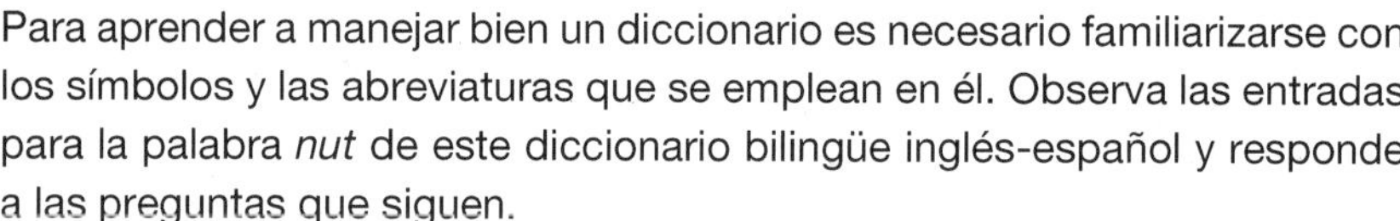

Para aprender a manejar bien un diccionario es necesario familiarizarse con los símbolos y las abreviaturas que se emplean en él. Observa las entradas para la palabra *nut* de este diccionario bilingüe inglés-español y responde a las preguntas que siguen.

---

nut[1] /nʌt/ n **1** (Agr. Bot. Culin) fruto *m* seco (*nuez, almendra, avellana etc*); ***a hard*** o ***tough*** ~ (BrE colloq) un tipo duro (fam); ***a hard*** o ***tough*** ~ ***to crack*** un hueso duro de roer, un problema difícil de resolver; (before *n*) ‹cutlet/loaf› (Culin) de fruto secos
2 (Tech) tuerca f; ~***s and bolts*** tuercas y tornillos; ***the s and bolts (of sth)***: ***the ~s and bolts of accounting*** las bases *or* los elementos básicos de contabilidad; **I want to discuss the ~-and-bolts issues** quiero que discutamos los aspectos prácticos del asunto
3 (colloq) **(a)** (crazy person) chiflado, -da *m, f* (fam) **(b)** (fanatic): ***a baseball/an opera*** ~ un fanático *or* (Esp fam) un forofo del béisbol/de la ópera: ***a punctuality*** ~ un fanático *or* un maniático de la puntualidad
4 (head) (BrE colloq) coco *m* (fam), mate *m* (CS fam): ***off one's*** ~ (crazy, reckless) mal del coco (fam), chiflado (fam): (angry): **she went off her ~ when I told her** se puso como un basilisco *or* se puso histérica cuando se lo dije (fam); ***to do one's*** ~ (BrE) salirse* de sus (*or* mis *etc*) casillas
5 nuts *pl* (testicles) (vulg) huevos *mpl* (vulg), cojones *mpl* (vulg), pelotas *fpl* (CS vulg), tanates *mpl* (Méx vulg)
6 (overhead) (AmE sl) gastos *mpl* generales

nut[2] vt *-tt-* (BrE colloq) darle* un cabezazo a

NUT ***n*** (in UK) = **National Union of Teachers**

---

a) ¿Cuántas entradas tiene esta palabra?
b) Dentro de la entrada número 1, ¿cuántas definiciones hay?
c) ¿Existe alguna expresión idiomática en la cual *nut* sea la palabra clave?
d) Fíjate en las abreviaturas que contiene esta primera entrada, ¿qué significa cada una? ¿Te resulta útil la información que aportan?
e) ¿Qué significa el símbolo "~" que aparece en las definiciones?
f) En tu opinión, ¿falta alguna información importante?

En los ejemplos siguientes, ¿cuál sería el mejor equivalente para traducir *nut* al español?

Texto 1. *Nut* = ________

Bolt & Nut has the products and expertise needed for industrial and construction projects world-wide. We have a wide variety of nuts, bolts, fasteners to cover your needs.

Texto 2. *Nut* = ________

These tax forms are driving me nuts.

Texto 3. *Nut* = ________

Allergy to peanuts and tree nuts is the most common food allergy in adults and children.

3B

Busca tres diccionarios en línea inglés-español y valóralos según la tabla que verás a continuación. Para ello, fíjate en las entradas en español. Si encuentras alguna abreviatura que no comprendas, consulta su significado.

	Diccionario 1:	*Diccionario 2:*	*Diccionario 3:*
¿Es un diccionario bilingüe con una única combinación o es un portal de diccionarios?			
¿Se especifica el diccionario en el que está basada la plataforma en línea? (ej. Collins, Espasa, etc.)			
¿Incluye información gramatical sobre la palabra buscada? (categoría gramatical, género, etc.)			
En el caso de los verbos, ¿se puede consultar la conjugación verbal?			
¿Aparece información sobre la pronunciación, ya sea con transcripción fonética o con audio?			

¿Contiene información sobre el registro de uso? (p. ej., si es un término coloquial o culto)			
¿Ofrece frases a modo de ejemplo?			
¿Hay ejemplos de expresiones idiomáticas?			
¿Incluye imágenes?			
¿Se puede consultar un diccionario monolingüe desde la misma plataforma?			
¿Hay un foro al que poder preguntar en caso de que el diccionario no resuelva la duda?			
¿Incluye un traductor automático en línea?			
Otros rasgos que te llamen la atención			

3C

Realiza la búsqueda de las expresiones en negrita en los tres diccionarios que hayas consultado en el paso B. Valora si ofrecen los mismos resultados o si alguno de los tres diccionarios ofrece una información más completa.

This was really a **leap forward**.
Can I take a **rain check**?
Amelia **was fired** last week.

3D

Según tu análisis de los tres diccionarios, ¿cuál de ellos te parece más completo o más sencillo de utilizar? ¿Cuál recomendarías a tus compañeros? Coméntalo con la clase.

Actividad 4

4A

Busca las palabras de la tabla en el diccionario bilingüe *WordReference.com* y tradúcelas al español empleando **la primera acepción** que corresponda con la categoría gramatical indicada.

Inglés	*Categoría gramatical*	*Español*
bright	adj.	
to get	v.	
to miss	v.	
bank	n.	
sharp	adj.	
hand	n.	
to treat	v.	
spell	n.	

4B

Traduce las frases siguientes. Fíjate en las palabras en negrita y en el contexto en el que aparecen. ¿Podrás emplear los equivalentes que has anotado en el paso anterior? Valora cuál será la acepción más adecuada según el contexto. Es posible que necesites consultar un diccionario monolingüe de español (www.rae.es) para entender bien los diferentes significados de algunas de estas palabras polisémicas.

Texto	*Traducción al español*
Celia was a very **bright** student and always got good grades.	
He **got** the flu and had to stay home for the weekend, so he **missed** the trip to the mountains.	

The aerobatics plane made a **sharp bank** to the left, performing an excellent manoeuvre in the competition.

The **hands** of the clock pointed to twelve.

Paul **treated** Laura to a nice dinner.

I did a **spell** in the army before becoming a policeman.

La actividad anterior nos muestra la importancia de tener en cuenta el contexto para traducir con exactitud. Hoy en día, cada vez más diccionarios bilingües o multilingües en línea proporcionan frases con ejemplos o extractos de textos que nos ofrecen información sobre el contexto de uso de una palabra. Esto es especialmente útil en el caso de palabras polisémicas, pues nos puede ayudar a determinar cuál de todas las acepciones del diccionario es la más adecuada para nuestra traducción. En cualquier caso, es importante leer bien todas las entradas antes de decidirnos por un equivalente u otro.

2.2 El diccionario monolingüe

Los diccionarios monolingües, además de la definición de la palabra, ofrecen una gran cantidad de información gramatical, estilística y pragmática que resulta fundamental para complementar, contrastar y verificar los diferentes significados que nos ofrece el diccionario bilingüe. Sobre una palabra nos indica:

a. Su uso actual y usos arcaicos, si los hay
b. El registro y el grado de formalidad
c. Colocaciones, locuciones y expresiones idiomáticas en las que aparece
d. Frecuencia de uso
e. Información dialectal

Actividad 5

5A

A continuación tienes un extracto del inicio de la novela *Marianela* de Benito Pérez Galdós (1878), con algunos espacios en blanco que debes completar con las palabras siguientes. Se trata de vocablos difíciles. Si no conoces su significado, emplea primero un diccionario bilingüe y, si la información que obtienes no es suficiente, consulta un diccionario monolingüe.

ademanes	correa	recia
andadura	doquiera	sombrerete
apalear	osado	

Era un hombre de mediana edad, de complexión (1)_______, buena talla, ancho de espaldas, resuelto de (2)_______, firme de (3)_______, basto de facciones, de mirar (4)_______ y vivo, ligero a pesar de su regular obesidad, y (dígase de una vez aunque sea prematuro) excelente persona por (5) _______ que se le mirara. Vestía el traje propio de los señores acomodados que viajan en verano, con el redondo (6)_______, que debe a su fealdad el nombre de hongo, gemelos de campo pendientes de una (7) _______, y grueso bastón que, entre paso y paso, le servía para (8)_______ las zarzas cuando extendían sus ramas llenas de afiladas uñas para atraparle la ropa.

5B

En parejas, o en grupos, reflexionad acerca de la información que os ha aportado el diccionario monolingüe. ¿Hasta qué punto os ha resultado útil para completar el texto?

A veces las definiciones ofrecidas por diccionarios monolingües pueden no ser comprensibles por ser demasiado técnicas o especializadas (¡incluso para hablantes nativos!). Así sucede en el ejemplo siguiente:

medusa
(De *Medusa*, por la cabellera).

1. f. Una de las dos formas de organización en la alternancia de generaciones de gran número de celentéreos cnidarios y que corresponde a la fase sexuada, que es libre y vive en el agua. Su cuerpo recuerda por su aspecto acampanado a una sombrilla con tentáculos colgantes en sus bordes.

Fuente: www.rae.es

Puede resultar desalentador si, al consultar una palabra, tenemos que consultar también varias palabras contenidas en la definición. Para evitar este problema, puede emplearse un diccionario didáctico monolingüe de aprendizaje. Estos diccionarios están diseñados para el uso de aprendientes de lengua y, por lo tanto, contienen definiciones más fáciles de comprender.

medusa me•du•sa
s.f.

Animal marino celentéreo en una fase de su ciclo biológico en la que la forma del cuerpo es semejante a una sombrilla con varios tentáculos.

Fuente: http://clave.smdiccionarios.com/app.php

 En la sección de recursos de la Plataforma Digital encontrarás enlaces a diferentes diccionarios de aprendizaje.

Actividad 6

6A

Es posible que a veces dudes de una expresión idiomática que has oído y de la que no recuerdas un elemento o el orden exacto de las palabras. En esos casos, la consulta en el diccionario te puede ayudar. Para buscar una expresión idiomática es necesario hacerlo a partir de la palabra clave. Normalmente la palabra clave es el primer sustantivo de la expresión. Si esta no contiene un sustantivo, entonces es el primer verbo, adjetivo o adverbio.

En las siguientes expresiones hay alguna palabra que no es correcta o que aparece en un orden equivocado. A partir de la palabra clave, búscalas en el diccionario para corregirlas y explica su significado.

Expresión incorrecta	*Palabra clave*	*Expresión correcta*	*Significado*
1. asfixiarse en un vaso de agua	vaso	ahogarse en un vaso de agua	apurarse y agobiarse por cosas de poca importancia.
2. enredarse por las ramas			
3. callando la chita			
4. ser la gota que llena el vaso			
5. por diestro y por siniestro			
6. con pelos señalados			
7. a pie juntito			
8. llevarse como buenas migas			

6B

Utiliza el diccionario para completar las expresiones idiomáticas.

1. Después de la primera etapa del Camino de Santiago, estaba _________ polvo.
2. Mi cuñado siempre se enfada por nada. Tiene muy _________ pulgas.
3. Su hijo no se concentra en clase. Siempre _________ en Babia.
4. ¡Esta redacción no tiene ni pies ni _________!
5. Hoy me he levantado con el pie _________. ¡Todo me sale mal!

6C

Ahora, busca las siguientes expresiones idiomáticas en un diccionario bilingüe y anota el equivalente acuñado.

	Expresión idiomática	*Palabra clave*	*Equivalente acuñado en español*
1.	to be a piece of cake	cake	ser pan comido/estar chupado
2.	no wonder!		
3.	day in and day out		
4.	cold turkey		
5.	to call it a day		
6.	to cost an arm and a leg		
7.	to bite off more than you can chew		
8.	to be the last straw		
9.	to miss the boat		
10.	to kill two birds with one stone		
11.	to get cold feet		

2.3 El diccionario de sinónimos y antónimos

Al redactar un texto, a menudo encontramos que nos gustaría expresar nuestras ideas con otras palabras, a fin de enriquecer y dar variedad al estilo. Para ayudarnos, contamos con los diccionarios de sinónimos y antónimos, también llamados tesauros.

Las palabras sinónimas son aquellas que tienen significado similar (por ejemplo, "tristeza", "pena" y "pesar"). Las antónimas, en contraste, presentan un significado contrario entre sí (oscuridad-claridad, alegría-tristeza). La sinonimia puede ser total –las palabras son intercambiables en todos los contextos– o parcial –las palabras son intercambiables en ciertos contextos–. La sinonimia total se da en muy pocas ocasiones, pues la mayoría de los sinónimos poseen matices semánticos que los diferencian y hacen que no puedan emplearse indistintamente.

Con frecuencia, el empleo de tesauros debe complementarse con otras herramientas, como diccionarios monolingües o corpus, para asegurarnos de que la palabra que pretendemos emplear como sinónima de otra realmente lo es en el contexto. El propio procesador de textos de Word contiene un tesauro (haz clic con el botón derecho del ratón sobre la palabra que quieras consultar>sinónimos>tesauro), pero la información que este ofrece es limitada, y por ello es recomendable emplear otros tesauros impresos o en la red. Algunos de estos recursos son más completos que otros, por lo que, al realizar una búsqueda, se recomienda repetirla en varios diccionarios para ver cuál aporta resultados más satisfactorios.

En la sección de Recursos de la Plataforma Digital encontrarás enlaces a diccionarios de sinónimos y antónimos.

Actividad 7

7A

La siguiente lista de palabras constituye una cadena semántica, es decir, que el sinónimo de la primera es, a su vez, sinónimo de otra que tiene además un significado diferente. Observa la cadena y escribe una frase en la que ambas palabras podrían funcionar como cuasi-sinónimos en el mismo contexto. Fíjate en los dos primeros ejemplos.

habitación ≈ cámara	En la **habitación/cámara** de la reina había una cama con dosel.
cámara ≈ parlamento	Los miembros del partido se dirigían a **la cámara/al parlamento** para debatir las propuestas.
parlamento ≈ discurso	
discurso ≈ sermón	
sermón ≈ lección	
lección ≈ clase	

clase ≈ aula	
aula ≈ sala	
sala ≈ cuarto	

7B

Ahora, con la ayuda del diccionario de sinónimos, realiza una cadena semántica de cuatro o cinco palabras como la del paso anterior. Luego utiliza cada una en una frase que ilustre su significado en cada contexto. Para iniciar tu cadena, puedes escoger una de estas palabras:

luz
cuerpo
hoja
banco

Si empiezas una cadena y ves que te resulta muy difícil continuarla, vuelve al inicio y cambia alguno de los sinónimos. Esto te ayudará a retomar el rumbo.

7C

Comenta tu cadena con los compañeros; seguro que habéis llegado a cadenas diferentes incluso habiendo partido de la misma palabra.

Como hemos visto en la actividad anterior, el contexto es decisivo en los casos de sinonimia. Dos elementos relacionados con el contexto son el tono y el registro del texto. Por ejemplo, los verbos "fallecer" (*to pass away*) y “palmar” (*to kick the bucket*) son sinónimos, sin embargo, ciertamente no los emplearemos indistintamente. Este es también el caso de los términos médicos y sus equivalentes de uso más generalizado. Por ejemplo, las palabras “paperas” y “parotiditis” se refieren a la misma enfermedad, pero no son intercambiables en cualquier contexto, pues decirle a un amigo en una conversación que “acabas de pasar la parotiditis” resultaría excesivamente formal.

También es importante conocer la frecuencia de uso de una palabra sinónima antes de decidir si es o no adecuada en un determinado contexto. Para saber la frecuencia de uso, puedes utilizar un buscador de internet o un corpus y comprobar en cuántas entradas aparece.

Actividad 8

8A

Según el diccionario, las siguientes parejas de palabras pueden ser sinónimas, sin embargo, no podemos emplearlas indistintamente en un contexto u otro. Completa cada frase con la palabra más adecuada según el contexto. Ten en cuenta que una palabra de cada par puede emplearse en ambas frases, pero la otra solo en una.

novio – pretendiente

a. Le he dicho a mi ____________ que esta noche salimos solo chicas, así que ya puede ir buscándose un plan con sus amigos.
b. La abuela me contó que cuando era joven tuvo unos cuantos __________.

meter – introducir

a. He ___________ la pata. No debería haber confiado en él contándole nuestro secreto.
b. Si quieres que se abra la caja, debes ___________ un código de seguridad.

bailarín – bailador

a. Antonio Canales es un famoso __________ y actor español, al igual que lo fue Antonio Gades. Posiblemente sean dos de los nombres más representativos del flamenco español.
b. Alicia Alonso es una __________ y coreógrafa cubana, considerada como una leyenda y muy famosa por sus representaciones de *Giselle* y *Carmen*, además de otras grandes obras del repertorio clásico y romántico.

madero – policía

a. –Macho, ayer entré a robar en un supermercado.
–¿Pero tú estás gilipollas? ¡Si acabas de salir del trullo! (el trullo = la cárcel)
–Ya lo sé, joder, ¡una mierda! Sonó la alarma y salí echando leches. Había dos ____________ justo en la puerta y por poco me pillan. (echando leches = muy rápido)
b. Dos ____________ logran evacuar a dos menores atrapados en un incendio en la capital, tras recibir el aviso de un viandante que paseaba por la zona donde se encontraba el inmueble en llamas.

una bolsa – un zurrón

a. Si vas a hacer la compra, no te olvides de llevarte _________ plegable, que en el supermercado ya no dan.
b. El pastor sacó de _______ su vasija de madera y se la ofreció al peregrino.

8B

El siguiente ejercicio te ayudará a darte cuenta de que, en algunos diccionarios, dentro de cada entrada léxica, también se incluye información sobre la variación dialectal, lo que te será útil a la hora de escoger la palabra más adecuada.

En un diccionario monolingüe busca las siguientes parejas de palabras sinónimas para saber más sobre su significado y su uso. Si no encuentras la información correspondiente al área geográfica en la que se usa dicha palabra, recurre a un diccionario de jergas hispanas (encontrarás el enlace en la Plataforma Digital). Luego indica en qué países podrías emplear una u otra.

Ejemplo:

coger – agarrar

Según la entrada número 31 del diccionario de la RAE, en América Latina "coger" significa realizar el acto sexual. Así que, aunque en España funcionan como sinónimas, en Latinoamérica, deberíamos evitar el uso de "coger" con el sentido de "asir", "tomar" o "agarrar".

1. guagua – autobús
2. alubia – frijol
3. durazno – melocotón
4. piso – departamento
5. choclo – maíz
6. camarero – mesero
7. alardear – cachetonearse
8. regadera – ducha

8C

Lee la frase original y la traducción o traducciones al español. Indica en qué países se usaría cada frase.

1. *When you go to the supermarket, buy some orange juice.*

a. Puerto Rico	b. México	c. España

Cuando vayas al supermercado...

_____1. compra **jugo de naranja**

_____2. compra **zumo de naranja**

_____3. compra **jugo de china**

2. *That skirt is too short!*

a. Chile b. España

_____1. Esa **falda** es muy corta.
_____2. Esa **pollera** es muy corta.

3. *The strawberries that you bought are not ripe.*

a. México b. Argentina

_____ 1. Las **frutillas** que compraste no están maduras.
_____ 2. Los **fresones** que compraste no están maduros.

2.4 Otros diccionarios

Otros diccionarios –generalmente menos conocidos por los estudiantes, pero no por ello menos útiles– son:

- Diccionarios de dudas y dificultades
- Diccionarios de colocaciones
- Diccionarios de expresiones idiomáticas
- Diccionarios de coloquialismos/jerga

En la sección de Recursos de la Plataforma Digital encontrarás una lista con enlaces a algunos de estos diccionarios.

3 Bases de datos terminológicas y glosarios

Cuando tenemos que traducir un texto de carácter especializado, es fundamental conocer la terminología específica del campo. Para ayudarnos contamos con recursos como los glosarios o las bases de datos terminológicas, esenciales en el proceso de documentación.

Un glosario es un catálogo alfabetizado de términos y expresiones con sus definiciones (si es monolingüe) o con una traducción a otra lengua (si es bilingüe). Los glosarios se organizan por campos semánticos o por áreas temáticas, así pues podemos encontrar glosarios de términos financieros, de artes plásticas, de botánica, de ingeniería, de informática, etc.

Las bases de datos terminológicas son también compilaciones de términos organizadas en entradas a las que generalmente se puede acceder introduciendo el término en diferentes idiomas. Las bases de datos proporcionan información lingüística, conceptual y, a veces, contextual sobre los términos de lenguajes de especialidad. Aunque hay numerosas bases de datos terminológicas en la red, algunas de las más conocidas son:

- **IATE**, *Inter-Active Terminology for Europe*, es el sistema interinstitucional de bases de datos de la Unión Europea y recopila la terminología de todas sus instituciones y organismos. IATE es la mayor y más fiable base de datos terminológica de carácter institucional. Está disponible en las 24 lenguas oficiales de la Unión Europea.
- **UNterm**: Base de datos de terminología de las Naciones Unidas.
- **TERMCAT:** Base de datos de los servicios lingüísticos catalanes, en diferentes lenguas.

 En la sección de Recursos de la Plataforma Digital encontrarás una lista más extensa de bases de datos y glosarios.

A medida que vamos avanzando en el proceso de aprendizaje de una lengua, vamos ampliando nuestro vocabulario, pero es muy difícil retener todas las palabras que buscamos en un diccionario. Por eso resulta esencial que sistematicemos su almacenamiento para poder recuperarlas en futuras ocasiones. Elaborar tu propio glosario puede ser un modo eficaz de lograrlo.

También te recomendamos que, conforme avanza el curso, investigues nuevas herramientas y elabores tu propia compilación de los recursos que te hayan resultado más útiles.

Actividad 9

9A

En el siguiente texto de la Comisión Europea hay una serie de términos especializados y colocaciones que no encontraremos con facilidad en un diccionario corriente. Busca el equivalente en español de las palabras en cursiva en la base de datos terminológica de la Unión Europea (IATE).

Reducing the risks of shadow banking

The EU presses ahead with plans to regulate the *shadow banking system* that helped spawn the *credit crunch*.

Most of the regulatory requirements imposed on the *financial sector* since the *economic decline* of 2008 have been focused on the mainstream *banking system*. But the shadow banking sector – which includes *hedge funds*, *private equity* and *securitisation* – engages in activities similar to banks and yet has traditionally been supervised more lightly and does not have access to central bank support or *safeguards* such as *deposit insurance* and *debt guarantees*.

While the shadow banking sector helps to provide financial *liquidity* to the banking sector, it has also created instability in the global financial system in recent years. This instability contributed to the *bankruptcy* of Lehman Brothers in 2008 and helped to freeze global *credit markets* during the financial crisis.

Término en inglés	*Traducción al español*
shadow banking system	
credit crunch	
financial sector	
economic decline	
banking system	
hedge funds	
private equity	
securitisation	
safeguards	
deposit insurance	
debt guarantees	
liquidity	
bankruptcy	
credit markets	

9B

Traduce el texto anterior teniendo en cuenta la búsqueda terminológica que has realizado.

Actividad 10

10A

Imagina que tienes que traducir los siguientes textos. Busca un glosario en Internet para cada uno de ellos. El glosario puede ser en inglés, para entender mejor el texto que traduces; en español, para buscar equivalentes; o bilingüe.

Texto 1:

TONGUE, MEET TANNINS

Tannins are a naturally occurring substance in grapes and other fruits and plants (like tea, for example). The taste of tannin is often described as bitter, causing a dry and puckery feeling in the mouth. Tannins end up in your wine when the vintner allows the skins to sit in the grape juice as it ferments. This is also how wines get their color.

Tannin provides the backbone of red wine, which is why you might describe a red wine as "firm" or "leathery" or just plain "bitter." Tannin also gives red wine texture, making it feel "smooth" and "soft" or "rough" and "chewy." In general, the darker the wine, the higher the tannin and the "bolder" the taste.

Busch, J. (2011). *An Easy Explanation of Wine Types*. [En línea] Disponible en: www.primermagazine.com/2011/learn/an-easy-explanation-of-wine-types [Consultado el 8-07-2016].

Texto 2:

THE 30 CAMERA SHOTS EVERY FILM FAN NEEDS TO KNOW

The cinematographer's art often seems as much black magic as technique, taking a few actors milling around a set and turning it into something cinematic, evocative and occasionally iconic. Amidst all the voodoo and mystery, however, there is concrete science behind those money shots so we've identified thirty of the most important:

Aerial Shot

An exterior shot filmed from – hey! – the air. Often used to establish a (usually exotic) location. All films in the '70s open with one – FACT.

Arc Shot

A shot in which the subject is circled by the camera. Beloved by Brian De Palma, Michael Bay.

Freer, I. (2013). *Film Studies 101: The 30 Camera Shots Every Film Fan Needs To Know*. [En línea] Empire. Disponible en: www.empireonline.com/features/film-studies-101-camera-shots-styles [Consultado el 8–07–2016].

10B

Evalúa la utilidad de los glosarios que has encontrado. Ten en cuenta lo que se dijo en el primer apartado sobre la fiabilidad de las fuentes. Comparte tus glosarios con tus compañeros para ir elaborando vuestro banco de recursos.

Actividad 11

Diseña tu propio glosario en el que irás almacenando el vocabulario nuevo que vayas encontrando a lo largo de este curso. Sobre todo, en tu glosario te interesará recoger colocaciones, locuciones y expresiones que no puedas encontrar fácilmente en un diccionario, así como terminología especializada. Recuerda que también es importante registrar el contexto en el que ha aparecido la palabra o la expresión.

 Esta actividad requiere el acceso a la Plataforma Digital, donde se encuentran las instrucciones detalladas para su realización.

4 Los textos paralelos

A la hora de traducir textos especializados, el diccionario es a veces de utilidad limitada. No se trata solo de transmitir el significado de las palabras, sino también las convenciones que hacen que un texto funcione en una lengua. Para conocer cuáles son estas convenciones en la cultura meta, el uso de textos paralelos es un recurso de gran valor. Por ejemplo, si queremos traducir al español peruano una crítica futbolística de la final de la Copa del Mundo publicada en un periódico norteamericano, nos será de gran utilidad leer varias críticas futbolísticas publicadas en la prensa peruana. Si queremos traducir al inglés una receta de cocina escrita por un chef colombiano, deberemos antes familiarizarnos con las convenciones lingüísticas y textuales típicas de los recetarios escritos por autores de lengua inglesa. Estos textos auténticos que comparten género (ámbito de uso comunicativo) y, en mayor o menor grado, tema, destinatario y afiliaciones culturales, funcionan como textos paralelos.

Combinando las clasificaciones de Nord (1997) y de Elena (2001), proponemos la siguiente distinción:

- **Texto paralelo modelo**: presenta coincidencia total con el original en las cuatro variables mencionadas (género, tema, destinatario y afiliaciones culturales).
- **Texto paralelo complementario**: pertenece al mismo campo temático, pero a un género diferente del texto original; o bien, pertenece al mismo género, pero a diferente campo temático.

Actividad 12

12A

Un cliente te ha pedido que traduzcas al español la siguiente carta en inglés. Antes de traducir, lee con atención el texto fuente y el texto paralelo que te ofrecemos, y compáralos. Señala qué aspectos del texto en español (formato, puntuación, conectores y elementos de referencia, fórmulas codificadas, vocabulario, convenciones de la escritura, etc.) pueden ser útiles para traducir el texto inglés.

Motorsports Group Company
2016 FJR12566
June 17, 2017
Rodger Gilbert

SENT TO HOME ADDRESS.
Dear Zukuma Yahama customer:
CONGRATULATIONS!

Your Priority Delivery claim form (# 101136) for a 2016 Zukuma FJR12566 was received from the following dealership:

P.C.P. ZUKUMA-RIVA SACRAMETO CA

Your FJR12566 is scheduled to arrive at the dealership during the month of **July**.

Your dealership will contact you in that month to schedule a specific delivery date. Please be advised that this schedule is our target delivery month. Delays are possible. If for some reason a delay occurs, your dealer will notify you.

Thank you for choosing Zukuma.
Derek Brooky
Motorcycle Product Manager
Motorsports Group Company

SUMOFF

Suministros de oficinas
C/ Los bancos suizos, 22
28080 Madrid

Sr. Antonio Domingo
Van Gogh Estudio de diseño
C/ Torre del Oro, 55
41001 Sevilla

Nº de referencia 34484
Cliente: Van Gogh Estudio de diseño

12 de junio de 2015

Estimados señores:

De acuerdo con su orden de pedido nº 84, de fecha 3 de junio de 2015, nos complace comunicarles que ya se han remitido los siguientes productos:

- 20 Ordenadores personales HP Pavilium
- 20 ratones inalámbricos
- 20 teclados con cable
- 2 sillones de masaje HM-3000
- 20 sillas de oficina ergonómicas modelo ErgoS-945P
- 1 papelera destructora de documentos

Este envío se efectuará de acuerdo a sus especificaciones, atendiendo a que en su ciudad el día 15 de junio es festivo, por lo que dispondrán de dicho material durante la mañana del día 16, tal y como acordamos.

Esperamos poder atenderles en futuras ocasiones. Hasta entonces, le saluda muy atentamente,

Raúl Marcos
Responsable de Ventas

12B

Busca por lo menos otros dos textos paralelos del mismo tipo para poder corroborar las convenciones. Emplea las destrezas adquiridas para la búsqueda en Google en la sección 1 de este capítulo. Ten en cuenta los consejos dados para comprobar la fiabilidad de las fuentes. En este caso en particular, y debido a la importancia del formato, se puede buscar en "imágenes".

Seguirás trabajando con textos paralelos en el capítulo 4 sobre tipo textual y género (sección 3.1).

5 Los corpus lingüísticos

Los corpus lingüísticos son colecciones estructuradas de muestras —escritas u orales— del uso real de la lengua. Constituyen una fuente de información muy valiosa para los profesionales, así como para los estudiantes de lenguas.

Los corpus escritos, en los que vamos a centrarnos, son colecciones extensas de diferentes tipos de textos, en formato electrónico, que contienen varios millones de palabras codificadas y clasificadas según diferentes criterios. Los corpus se guardan y se procesan en medios de almacenamiento masivo y, de esta manera, permiten al usuario hacer diferentes búsquedas entre grandes cantidades de textos auténticos.

Para el aprendizaje del español, cabe destacar los corpus de la Real Academia Española: el Corpus de Referencia del Español Actual (CREA, escrito y oral), el Corpus Diacrónico del Español (CORDE) y el Corpus del Español del Siglo XXI (CORPES XXI). Estos corpus, constituidos por una extensa base de datos con textos tanto de España como de Latinoamérica, y de todos los periodos del español, representan uno de los recursos más importantes para el estudio de la lengua en el mundo hispano.

Además de los corpus de la RAE, también pueden ser de gran utilidad los siguientes:

- Hemero, corpus formado a partir de artículos de prensa de España, Argentina y México, que datan desde 1997 hasta 2009.
- Preseea (2014), del proyecto de la Universidad de Alcalá para el estudio sociolingüístico del español de España y de América (con audio).
- *Webcorp Linguist's Search Engine*, una herramienta para el estudio de la lengua en la red en la que los corpus que usa están constituidos por páginas web. Las búsquedas se pueden realizar para buscar palabras o frases, o incluso para determinar colocaciones, palabras comodín y categorías gramaticales.

En internet, los propios buscadores nos pueden servir como corpus; sin embargo, un buscador puede convertirse en un verdadero laberinto si no tenemos claros los criterios de búsqueda. Además, hay que recordar que en internet "todo vale" y, por lo tanto, no tenemos una garantía académica de los textos que configuran la gran base de datos que es la red.

En la Plataforma Digital encontrarás actividades para ver algunas aplicaciones y usos de estos conjuntos textuales como herramientas para el aprendizaje de la lengua o para las consultas terminológicas.

Actividad 13

Tras haberte familiarizado con las búsquedas en corpus con las actividades de la Plataforma Digital, anota tres casos en los que crees que los corpus te pueden ayudar en tus traducciones y en tu aprendizaje del español.

Ej. Pueden ayudarme a comprobar la preposición que rige un determinado verbo.

6 Los traductores automáticos

Entre los recursos y herramientas para la traducción, no debemos olvidar los traductores automáticos, como el traductor de Google (*Google Translate*), los cuales nos pueden ayudar en muchas ocasiones. Estas herramientas se basan en el principio de las memorias de traducción, o corpus bilingües: van acumulando pares de textos originales con sus traducciones, colocaciones, pares de términos equivalentes, etc. Cuanto más grande sea la memoria de traducción o el corpus en el que se basa el traductor automático, mejores resultados obtendremos.

Es cierto que las traducciones automáticas siempre necesitan ser revisadas, sobre todo cuando se trata de textos con palabras polisémicas o con falsos amigos, o textos con carga metafórica, ironía u otras figuras retóricas. Sin embargo, pueden ser muy eficaces en textos de carácter más técnico, con una sintaxis sencilla o de una temática sobre la que existe mucha literatura en la lengua meta.

Actividad 14

14A

Veamos el siguiente ejemplo de una traducción automática realizada con el traductor de Google. Lee ambos textos y valora la traducción fijándote en el léxico y en la sintaxis: ¿Te parece aceptable? ¿Qué tipo de errores contiene? ¿Cuáles son los aciertos más significativos? Contesta a las preguntas de forma individual primero y después comenta tus respuestas con el resto de tus compañeros.

Transforming European cities through greener transport and planning – 16/09/2014

Hundreds of events promoting sustainable transport across Europe will take place over the next seven days as the 13th edition of European Mobility Week gets underway.

This year's annual week of action aims to encourage residents to 'reclaim' urban spaces in a bid to create the city they want to live in. It goes under the slogan 'Our Streets, Our Choice', and it aims to encourage a public debate on how urban areas can be improved to benefit the environment and residents' quality of life.

(Adaptado de la Comisión Europea)

La transformación de las ciudades europeas a través de un transporte más ecológico y planificación – 16/09/2014

Cientos de eventos para promover el transporte sostenible en toda Europa tendrán lugar durante los próximos siete días, como se pone en marcha la 13ª edición de la Semana Europea de la Movilidad.

Semana anual de este año de acción tiene como objetivo animar a los residentes a 'recuperar' los espacios urbanos con el objetivo de crear la ciudad que quieren vivir. Va bajo el lema 'Nuestras calles, en nuestras manos', y que tiene como objetivo fomentar un debate público sobre cómo las áreas urbanas pueden ser mejoradas para beneficio del medio ambiente y la calidad de vida de los residentes.

(Traducción automática de Google)

14B

Observa este texto en inglés y su traducción automática realizada con el traductor de Google.

Phone boxes turn green to charge mobiles

WATCH: Solarbox's Harold Craston gives a tour of a box

Disused phone boxes in London are being put to a novel use – as solar-powered charging stations for mobile phones.

The first of six boxes was unveiled on Tottenham Court Road this week.

Cabinas telefónicas se vuelven verdes a cargar móviles

RELOJ: de Solarbox Harold Craston da un recorrido por una caja

Cabinas telefónicas en desuso en Londres se están poniendo a un nuevo uso –como estaciones de energía solar de carga para teléfonos móviles.

La primera de las seis cajas se dio a conocer en Tottenham Court Road esta semana.

Many of the UK's red telephone boxes have largely fallen into disuse although some are being revived as libraries or being fitted with medical equipment.

The boxes have had a makeover for the project – painted green and fitted with a roof-mounted 86cm solar panel.

The advertising screen is reinforced to deter vandals and the boxes are maintained daily and locked overnight.

(Adaptado de BBC News. 2/10/2014)

Muchos de cabinas telefónicas rojas del Reino Unido han caído en gran parte en desuso, aunque algunos están siendo revividos como bibliotecas o está equipado con equipos médicos.

Las cajas han tenido un cambio de imagen para el proyecto –pintado de verde y equipado con un 86cm panel solar instalado en el techo.

La pantalla de publicidad se refuerza para disuadir a los vándalos y las cajas se mantienen al día con llave durante la noche.

(Traducción automática de Google)

14C

Analiza esta noticia que acabas de leer y la aparecida en el paso A. ¿Cuál de las dos traducciones automáticas es de mayor calidad? ¿Por qué?

14D

Las palabras y expresiones subrayadas en el texto del paso B corresponden a los errores cometidos por el traductor automático. Clasifícalos en la tabla siguiente:

Uso de los artículos (ausencia o uso incorrecto)	
Concordancia verbal (persona)	
Concordancia nominal (sustantivo-adjetivo)	
Sintaxis	
Léxico	
Tiempo o modo verbal	
Preposiciones	

14E

En parejas, buscad una alternativa más acertada para las expresiones clasificadas como erróneas, tratando de mejorar la traducción automática.

14F

Ahora, en grupo y con la ayuda del profesor, ofreced una traducción definitiva del texto del paso B.

7 Otras herramientas

El traductor necesita dominar la lengua fuente y desarrollar estrategias de lectura, pero ante todo debe conocer bien la lengua a la que traduce; por eso es necesario que consulte otras obras de referencia como manuales de ortografía, manuales de redacción o estilo y gramáticas. He aquí algunas obras útiles:

Manuales de ortografía

- *Ortografía de la lengua española* (2010). Real Academia de la Lengua Española
- *Ortografía y ortotipografía del español actual. OOTEA 3* (Biblioteconomía y Administración cultural) (2014). José Martínez de Sousa.

Manuales de redacción o estilo

- *El buen uso del español* (2013). Real Academia de la Lengua Española
- *Manual de estilo de la lengua española*: *MELE 4* (2013, 4ª edición). José Martínez de Sousa.

Gramáticas

- *Manual de la nueva gramática de la lengua española* (2010). Real Academia de la Lengua Española.
- *A New Reference Grammar of Modern Spanish* (2011, 5th edition). John Butt y Carmen Benjamin.

Recursos similares a estos pueden encontrarse también en internet, aunque no hay que olvidar que se deben verificar las fuentes antes de usar documentación extraída de páginas web.

Actividad 15

15A

Las convenciones ortotipográficas –las que se refieren al uso de los signos de puntuación– varían de una lengua a otra. Los manuales de ortografía y estilo pueden ayudarnos a resolver nuestras dudas a este respecto. Busca en un manual de estilo cómo se presenta el diálogo y fíjate bien en las convenciones ortotipográficas.

En la sección de Recursos de la Plataforma Digital encontrarás enlaces a un manual de estilo de la Universidad de Alicante (España).

15B

Ahora traduce el texto siguiente prestando especial atención a las convenciones para presentar el diálogo.

> 'Ursula,' said Gudrun, 'don't you really want to get married?' Ursula laid her embroidery in her lap and looked up. Her face was calm and considerate.
>
> 'I don't know,' she replied. 'It depends how you mean.'
>
> Gudrun was slightly taken aback. She watched her sister for some moments.
>
> 'Well,' she said, ironically, 'it usually means one thing! But don't you think, anyhow, you'd be – ' she darkened slightly – 'in a better position than you are in now.'
>
> A shadow came over Ursula's face.
>
> 'I might,' she said. 'But I'm not sure.'
>
> D. H. Lawrence, *Women in Love* (1920)

Actividad 16

16A

Como has visto, a lo largo del capítulo hemos trabajado con diferentes recursos de documentación, traducción de textos, consulta y tratamiento terminológico. Reflexionad en grupo sobre estos recursos y valorad cuáles consideráis más útiles. ¿Cuáles creéis que usaréis con más frecuencia? ¿Por qué?

16B

Los recursos que os hemos ofrecido en el capítulo no son los únicos disponibles. Como aprendientes expertos que sois, seguro que conocéis más herramientas útiles para el aprendizaje de la lengua y para la traducción que no se han expuesto aquí. Compartidlos con los compañeros en clase y explicad cómo los usáis y para qué propósitos.

Capítulo 4
Tipo textual y género

En este capítulo vas a:

- Familiarizarte con las nociones de tipo textual y género
- Identificar los rasgos que caracterizan cada tipo de texto
- Comprender la relevancia del género y del tipo textual para la traducción
- Familiarizarte con expresiones y léxico propio de ciertos géneros semiespecializados
- Trabajar con textos paralelos
- Repasar el modo imperativo
- Practicar la construcción pasiva refleja (pasiva con "se")

1 Los tipos textuales

La clasificación en tipos y géneros resulta útil para comprender el funcionamiento de los textos y, en consecuencia, para ayudarnos a traducirlos del modo más adecuado. En este capítulo, te proponemos una serie de actividades que te ayudarán a familiarizarte con diversos géneros y tipos de texto. Algunos de ellos se tratarán con más detalle en los capítulos correspondientes de este libro.

Los textos pueden clasificarse en distintos tipos según la función del lenguaje que predomina en ellos. Por función del lenguaje entendemos el objetivo o propósito comunicativo con el que se emplea el lenguaje. A principios del siglo XX, el lingüista y filósofo Karl Bühler propuso la siguiente clasificación:

- **Función representativa**: describe o informa acerca de cosas, seres e ideas.

- **Función expresiva**: comunica los sentimientos del emisor del mensaje.
- **Función apelativa**: se centra en el receptor del mensaje con objeto de influir sobre él.

La clasificación de Bühler ha sido matizada y completada por diversos lingüistas, tales como Jakobson (1963) y Halliday (1978). Asimismo, existen numerosas clasificaciones de los tipos textuales. Presentamos aquí una versión adaptada de la tipología textual propuesta por Werlich (1975) y retomada por Bustos (1996, citado en Hurtado Albir 2001: 466):

Tipo de texto	*Función del lenguaje* predominante	*Contenido*
DESCRIPTIVO	Representativa	Se presentan agentes y objetos en el espacio.
NARRATIVO	Representativa	Se presentan agentes, hechos y objetos en el tiempo.
EXPOSITIVO	Representativa	Se presentan, sintetizan y/o analizan ideas o conceptos sin valorarlos.
ARGUMENTATIVO	Apelativa	Se plantea una toma de postura con respecto a la relación entre hechos, ideas o conceptos.
INSTRUCTIVO	Apelativa y representativa	Pretende influir en las acciones del destinatario.

Cabe mencionar que, si bien la función expresiva no aparece asociada en esta clasificación a un tipo de texto en particular, puede estar presente en todos los tipos mencionados (con excepción, tal vez, del texto expositivo).

En efecto, el gran reto al que se enfrenta cualquier intento de clasificación es que las funciones del lenguaje rara vez aparecen aisladas. En un enunciado con función aparentemente representativa ("Son las diez y media") puede en realidad dominar la función expresiva ("Llegas media hora tarde: estoy irritado") o incluso apelativa ("Me debes una disculpa"). Cualquier aplicación de la tipología textual a la traducción debe contemplar esta multifuncionalidad de los textos (Hatim y Mason 1990: 138; García Izquierdo 2000).

Los tipos textuales suelen ir asociados a una serie de rasgos formales que los caracterizan. Es fundamental que el traductor esté familiarizado con estos rasgos formales típicos, tanto en la lengua fuente como en la lengua meta. Sin embargo, cuidado: es imposible establecer una correlación estricta entre tipo de texto y el uso de determinados elementos lingüísticos.

Por ejemplo, un texto argumentativo prototípico contendrá un buen número de conectores lógicos que ayuden a ordenar y relacionar las ideas. Sin embargo, existen textos argumentativos que apenas contienen conectores. Si bien es esencial para el traductor conocer la norma, también lo es tener la flexibilidad para adaptarse a textos que no se adecuan a ella.

Actividad 1

1A

Lee los fragmentos siguientes y decide cuál de ellos corresponde a cada tipo de texto teniendo en cuenta su contenido y la función del lenguaje que predomina en ellos.

Descriptivo – Narrativo – Expositivo – Argumentativo – Instructivo

1. Siempre le tuve especial afecto a don Ricardo, el sacerdote del colegio de monjas al que asistí de niña. Había pasado varios años como misionero en África y cuando hablaba de cualquier tema, era evidente que había vivido. Recuerdo su sonrisa afable, su mirada franca y despierta que revelaba una aguda inteligencia. Tenía una voz clara y estentórea, idónea para el canto gregoriano que tanto le gustaba. Aunque en aquella época no debía de ser muy mayor, tenía el pelo canoso, como nevado, y su porte aún airoso revelaba cierta fragilidad.

2. No son pocos los españoles que consideran que la monarquía es un anacronismo, algo anticuado, incluso inútil, cuando no contraproducente. Conviene despejar esa visión por otra más realista, menos ideológica y, a la postre, bastante más positiva. En todos los rankings que miden la calidad (de lo que sea), encontramos siete u ocho países entre los primeros puestos. ¿Qué tienen en común estos países?: todos ellos son monarquías parlamentarias. Desde luego la Monarquía no nos va a hacer ni más ricos ni más libres, pero es más fácil que la Monarquía nos ayude a cruzar aguas turbulentas que creer que, cambiándola por una República, vamos a calmar las olas y navegar mejor. La Monarquía, no sólo hoy y aquí, sino en muchos otros sitios, es parte de la solución, no parte del problema.

3. La diabetes es una enfermedad crónica que aparece debido a que el páncreas no fabrica la cantidad de insulina que el cuerpo humano necesita, o bien la fabrica de una calidad inferior. La insulina, una hormona producida por el páncreas, es la principal sustancia responsable del mantenimiento de los valores adecuados de azúcar en la sangre. Permite que la glucosa sea transportada al interior de las células, de modo que éstas produzcan energía o almacenen la glucosa hasta que su utilización sea necesaria. En consecuencia, su falta origina un aumento excesivo del azúcar que contiene la sangre (hiperglucemia), lo que, con el tiempo, daña los tejidos. El nombre científico de la enfermedad es diabetes mellitus, que significa "miel".

4. Seis reglas de oro para resolver conflictos en la pareja:

    1. No levantes la voz. Para resolver cualquier problema es necesario mantener la calma.
    2. Estar abierto a la idea de que puedes haber cometido un error.
    3. No generalices, refiérete a la situación concreta. No emplees frases como "Tú siempre..." o "Tú nunca".
    4. Céntrate en descubrir qué es lo correcto y no en quién tiene la razón.
    5. No debes esperar que la otra persona llene los huecos vacíos de tu vida.
    6. Nunca subestimes la importancia de recordarle a la otra persona que la quieres.

5. Incluso hoy, cuando, a la luz de los años, casi todo rastro de lo sobrenatural se ha disipado, recuerdo aquella noche en mi minúscula habitación de Gandía con algo parecido al miedo. Un ruido me despertó en mitad de la noche, un mueble crujiendo ligeramente o el gozne de una puerta. Como de costumbre, la habitación estaba casi totalmente a oscuras, con tan solo un vago resplandor filtrándose a través de la gruesa cortina. Aún sin alarma en la voz adormilada, llamé a mi hermano "¿Eres tú?". No tenía conciencia de la hora. Al no recibir respuesta, llamé una segunda vez. De nuevo el silencio. No hubo más llamadas: de pronto todos mis sentidos se pusieron alerta y, poco a poco, paso a paso, el pánico fue sucediendo al aturdimiento. *Eso* –la persona, la cosa– comenzó a avanzar con pasos lentos desde la puerta.

1B

Aquí tienes una lista de rasgos formales que suelen ir asociados a un tipo o tipos de texto determinados. Basándote en los textos del paso anterior, relaciona cada rasgo con el tipo o tipos de texto al que corresponda:

1. Texto descriptivo = D
2. Texto narrativo = N
3. Texto expositivo = E
4. Texto argumentativo = A
5. Texto instructivo = I

Tipo/s de texto	Rasgos formales
D	Oraciones adjetivas (de relativo)
....	Conectores temporales y de secuencia (entonces, de pronto, por fin, al + infinitivo)
....	Adjetivos calificativos
....	En pasado, uso del pretérito perfecto simple, a menudo combinado con el imperfecto
....	Infinitivo con valor de imperativo
....	En pasado, uso del imperfecto de indicativo
....	Conectores lógicos (causa, consecuencia, contraste, etc.)
....	Conectores explicativos (en otras palabras, es decir)
....	Datos objetivos y definiciones
	Preguntas retóricas
....	Conectores lógicos (sin embargo, debido a, por ello, en consecuencia, de modo que, por un lado/por otro lado, etc.)
....	Adjetivos y expresiones valorativas + subjuntivo (es natural que, es interesante que)
....	Modo imperativo
....	Expresiones impersonales con “se”
....	Perífrasis de obligación o necesidad (deber + infinitivo)
....	Metáforas y/o símiles

2 El género

Mientras que la clasificación en tipos textuales se basa fundamentalmente en el propósito comunicativo, la clasificación en géneros se realiza en función del contexto sociocultural y el ámbito de uso. Así, una descripción de un paisaje pertenece al tipo descriptivo, pero dependiendo del ámbito de uso podrá corresponder al género literario (si aparece en una novela), publicitario (si aparece, por ejemplo, en un folleto de turismo rural), periodístico (en un reportaje sobre la despoblación rural), etc.

Los géneros surgen dentro de una cultura determinada, para dar respuesta a una necesidad comunicativa concreta (Hurtado Albir 2001: 494). Por ello, la descripción contrastiva de los géneros es de gran utilidad para el traductor, pues le permite conocer las convenciones que presentan los textos de un determinado ámbito de uso en la cultura fuente y en la cultura meta.

Al igual que ocurre con los tipos de texto, no existe una correlación unívoca entre características formales y géneros. Existen géneros altamente estereotipados y formulaicos (dentro del ámbito jurídico, por ejemplo), donde es posible predecir el uso lingüístico con mayor grado de exactitud. En contraste, otros géneros (la novela, por ejemplo) presentan gran diversidad formal. El traductor debe conocer las convenciones genéricas para saber cuándo debe seguirlas y cuándo es oportuno alejarse de ellas.

Existen múltiples clasificaciones de los géneros textuales. La que presentamos aquí no pretende ser exhaustiva. Dentro de cada género, a menudo pueden distinguirse numerosos subgéneros (dentro de la novela, por ejemplo, tenemos la novela de aventuras, novela rosa, policíaca, histórica, etc.).

Géneros	*Subgéneros*
Académico-científico	Artículo científico, ponencia, póster, informe, conferencia, disertación, memoria, libro de texto, monografía, manual...
Periodístico	Noticia, reportaje, crónica, artículo, crítica, editorial, entrevista, debate, tertulia, carta al director...
Publicitario	Publicidad comercial, institucional o cultural, campaña de información, programa electoral...
Literario	Novela, novela corta, poesía, teatro, ensayo, relato o cuento corto, microrrelato, novela gráfica, cómic...
Jurídico-administrativo	Ley, ordenanza, impreso, instancia, acta, contrato, testamento...

Como habrás observado al mirar el índice de este libro, hemos adoptado un enfoque mixto a la hora de organizar los capítulos. Algunos de ellos corresponden al tipo textual, mientras que otros corresponden al género. Nuestro criterio fundamental ha sido organizar el libro del modo más útil desde el punto de vista del aprendizaje de lengua y de la adquisición de estrategias traductoras.

3 La importancia de la adecuación de tipo y género en la traducción

Para traducir un texto adecuadamente no basta con saber reproducir su contenido en la lengua meta. Es también fundamental tener en cuenta el tipo de texto y el género al que pertenece, y conocer las convenciones que se aplican en una y otra cultura. A menudo las que se califican como "malas traducciones" lo son debido a una falta de adecuación genérica.

A mediados de los años setenta, Katharina Reiss fue pionera en colocar la tipología textual en el centro de los estudios de traducción. Reiss reconoce que, con frecuencia, los textos son multifuncionales (1989: 111), pero en su opinión eso no implica que no se deba tener en cuenta el tipo de texto a la hora de traducir.

La importancia de respetar las convenciones de género es mayor en el caso de textos especializados y semiespecializados (jurídicos, médicos, técnicos, etc.), dado que presentan rasgos formales más estereotípicos que los de temática general. Por ello, el uso de textos paralelos (para su definición ver capítulo 3, sección 4) es particularmente útil, ya que estos nos proporcionan datos sobre el formato, la estructura, la fraseología, el vocabulario y el registro característicos de un tipo textual determinado.

3.1 La selección y el uso de textos paralelos

La proliferación de textos de todo tipo en internet hace la tarea de identificar textos paralelos más rápida y sencilla que nunca. Por otro lado, el reto consiste en saber seleccionar fuentes fiables. Abundan los textos con incorrecciones gramaticales y léxicas, incluyendo textos mal traducidos que se presentan como originales. A la hora de buscar textos paralelos, ten en cuenta los siguientes consejos:

- Si es posible, consulta sitios web de reconocido prestigio. Suelen contener textos mejor redactados que los sitios menos conocidos.
- Asegúrate de que el texto paralelo que seleccionas no es un texto traducido. Utiliza tu competencia bilingüe para detectar las interferencias.
- No te conformes con encontrar un solo texto paralelo. Cuantos más textos paralelos consultes, más fácilmente podrás identificar las convenciones genéricas.
- Con frecuencia, los sitios más populares que aparecen a la cabeza en los buscadores de internet son también los más fidedignos.

- Los sitios web con un diseño de página más profesional también suelen cuidar más la redacción del contenido.
- Por último, no olvides que la web no es la única fuente de textos paralelos. Consulta material impreso en bibliotecas cuando sea necesario.

3.2 Tres subgéneros textuales

3.2.1 El contrato de arrendamiento

Si vas a estudiar o trabajar en un país hispano, es muy probable que te veas en la situación de tener que alquilar una vivienda, generalmente un piso. El contrato de arrendamiento es un subgénero textual del ámbito jurídico-administrativo y, como tal, emplea un registro formal que las dos actividades siguientes te ayudarán a conocer.

Actividad 2

2A

Busca en un diccionario bilingüe el significado en inglés de las palabras siguientes y anota las acepciones que te parezcan más adecuadas al género del contrato de arrendamiento:

1. contrato de alquiler
2. inmueble
3. vivienda
4. estipulación
5. renta

2B

Ahora busca en internet dos o tres ejemplos de contrato de alquiler en algún país anglosajón que actúen como textos paralelos modelo y, basándote en ellos, da la traducción más adecuada de estas palabras y expresiones:

1. contrato de arrendamiento
2. arrendador/a
3. arrendatario/a
4. las partes
5. inmueble
6. vivienda
7. estipulaciones
8. a pagar en mensualidades anticipadas el día 5 de cada mes
9. renta
10. fianza

Actividad 3

3A

Entre las siguientes palabras, busca pares de significado próximo o idéntico. Después, completa la tabla de abajo anotando la palabra o expresión que utilizarías en un email a un amigo y en un contrato legal de alquiler de vivienda.

~~dueño/-a~~
estipulaciones, cláusulas
no será posible
contrato de arrendamiento
a pagar por mensualidades anticipadas
el alquiler subirá
con domicilio en
condiciones
según lo que dice (el contrato)
se paga al mes por adelantado
la renta se verá incrementada
casa, piso
~~arrendador/-a~~
no procederá
inquilino/-a
vivienda, inmueble
contrato de alquiler
arrendatario/-a
a tenor de lo dispuesto (en el contrato)
que vive en

Email a un amigo (ámbito general)	*Contrato de arrendamiento (ámbito jurídico)*
dueño/-a	arrendador/-a

3B

Vas a pasar un año trabajando en Zaragoza y acabas de encontrar un piso que te gustaría alquilar. Basándote en la tabla del paso anterior, completa el siguiente contrato que te ha enviado la agencia inmobiliaria con las palabras que faltan (ten en cuenta que dos de las expresiones aparecen dos veces).

Contrato de arrendamiento de vivienda

En la ciudad de Zaragoza, a 12 de diciembre de 2016

REUNIDOS

De una parte como.......................(1) Dña. María Pereira Siles, mayor de edad, de estado civil soltera, con DNI. N° 22560974P, y........ ....(2) la población de Nuez de Ebro, C/ Gerardo Gracia, 9, 50173, provincia de Zaragoza, España.
Y de otra como.......................(3) D. Stuart Roberts, mayor de edad, de estado civil soltero, de nacionalidad británica con número de pasaporte 514658715 y, a efectos de notificaciones, ... (4) la.......................(5) objeto del presente contrato.

EXPONEN

PRIMERO.- Que Dña. María Pereira Siles es propietaria en pleno dominio de la.......................(6) ubicada en la C/ Jaime I, 21 de la ciudad de Zaragoza.

SEGUNDO.- Que Dña. María Pereira Siles ha convenido con D. Stuart Roberts el arrendamiento de dicha vivienda con sujeción al régimen jurídico establecido en la Ley de Arrendamientos Urbanos de 24 de abril de 2015, que llevan a cabo por medio del presente contrato y con arreglo a las siguientes:

........................(7)

PRIMERA.- DURACIÓN Y PRÓRROGAS. El arrendamiento se pacta por un plazo de dos años completos, a contar desde el día 12 de diciembre de 2016. Llegado el día del vencimiento del contrato, éste se prolongará por plazos anuales hasta cumplir un plazo máximo de tres años.

........................(8) en el artículo 11 de la Ley de Arrendamientos Urbanos, el arrendatario podrá desistir del contrato, siempre que lo comunique al arrendador con un mínimo de treinta días.

........................(9) la prórroga del contrato hasta los tres años si el arrendador comunica al arrendatario con dos meses de antelación que tiene necesidad de la vivienda arrendada para destinarla a vivienda permanente para sí o sus familiares.

SEGUNDA.- RENTA Y ACTUALIZACIÓN DE RENTA. El arrendatario abonará al arrendador, en concepto de renta, la cantidad de 4.200 euros anuales, ...(10) de 350 euros cada una dentro de los cinco primeros días de cada mes, mediante ingreso o transferencia bancaria.

Al vencimiento de cada anualidad de contrato, ...(11) en un tres por ciento.

TERCERA.- SUMISIÓN. Los contratantes se someten expresamente a los Juzgados y Tribunales de la ciudad de Zaragoza para todas aquellas cuestiones litigiosas que pudieran derivarse del presente contrato, por ser el lugar donde se encuentra el.......................(12) arrendado.

Y con el carácter expresado en la intervención, firman el presente contrato por duplicado, en el lugar y fecha indicados.

María Pereira Siles	Stuart Roberts
ARRENDADOR/A	ARRENDATARIO/A

3C

Ahora redacta un email explicándole a Lorena, una amiga tuya española que también vive en Zaragoza, las condiciones del contrato de alquiler que acabas de recibir. Antes de empezar a redactar, trata de memorizar el vocabulario de la tabla del paso 2A. Al escribir tu email, recuerda utilizar el vocabulario del ámbito general.

3.2.2 La carta de presentación

Si en algún momento deseas trabajar en un país de habla hispana, deberás ser capaz de redactar una carta de presentación (*cover letter*) en español que acompañe a tu currículum vitae. La carta de presentación es un componente fundamental de tu solicitud. Frente a la frialdad del CV, te ofrece la oportunidad de establecer un contacto más personal. Es importante, sin embargo, mantener un tono profesional ajustándote a las convenciones del género.

Tanto en inglés como en español, una carta de presentación en respuesta a una oferta de trabajo debe incluir la siguiente información:

1. El nombre de la persona a quien te diriges. Siempre que sea posible, evita las cartas sin destinatario concreto.
2. Haz referencia al empleo que estás solicitando y, si es pertinente, di cómo has sabido de la oferta.
3. Habla de tu experiencia de trabajo, cualificaciones y de las cualidades personales que hacen de ti el candidato o la candidata idóneo/a para el empleo. Conviene referirse a los requisitos publicados en el anuncio a fin de demostrar que tu perfil se ajusta a ellos.
4. Trata de informarte acerca de la empresa o institución. Menciona brevemente por qué estás interesado en trabajar con ellos.
5. Diferénciate. Recuerda que, probablemente, la compañía recibirá muchas otras solicitudes. Es importante que la tuya destaque: señala algún rasgo original y subraya lo positivo.

6. Apunta que adjuntas tu currículum y cualquier otra documentación requerida. Indica tu interés en asistir a una entrevista y di cuándo estarás disponible.
7. Asegúrate de que tu carta no contiene errores gramaticales u ortográficos.

Si bien las cartas de presentación en inglés y en español contienen los mismos elementos de contenido, hay que tener en cuenta ciertas diferencias en el tono marcadas por la cultura. Las cartas de presentación en el mundo anglosajón, especialmente en Estados Unidos, se caracterizan por un alto grado de asertividad, mientras que en el mundo hispano esto puede interpretarse como falta de modestia. Puede resultar adecuado en una carta escrita en Estados Unidos afirmar que eres el candidato ideal, mejor que cualquier otro. En el mundo hispano, generalmente se tiende a subrayar tu interés en la empresa y a no asumir de manera tan explícita que la empresa estará interesada en ti. Dicho esto, el tono también dependerá del empleo al que aspires (hay sectores más conservadores que otros).

Actividad 4

4A

A continuación aparecen algunas frases tomadas de varias cartas de presentación en español. De las tres que te proponemos para cada sección, hay una que resulta menos adecuada por ser una traducción excesivamente literal del inglés. Identifícala y justifica tu elección:

1. Introducción
   a. En respuesta a su anuncio publicado en *El Mundo* del pasado 11 de abril, me dirijo a ustedes para presentar mi solicitud para el puesto de traductor jurídico.
   b. Por favor encuentre adjunto mi currículum en aplicación del empleo anunciado en *El País* el 30 de noviembre.

c. Me es grato presentar mi candidatura para el puesto de Director de *Marketing* que ofrece su empresa y que he tenido la oportunidad de conocer a través de EmpleosFinanzas.ar

2. Experiencia y formación

a. Como un estudiante trabajador con una pasión por la educación, siento que sería un candidato destacado como interno en el Departamento de Educación. Como puede ver en mi currículum, tengo experiencia trabajando con niños y adolescentes, dándome habilidades muy relevantes para este puesto.
b. Como podrán comprobar en el currículum adjunto, soy graduado en arquitectura por la Universidad de San Sebastián y en estos momentos estoy cursando un Máster en Urbanismo en la Universidad de Santiago de Chile. Creo que mi perfil reúne los requisitos de este puesto, y trabajar como miembro de su equipo colmaría mis expectativas profesionales.
c. Soy graduada en Turismo por la Universidad Autónoma de Madrid, y poseo un posgrado en Gestión de Empresas Hoteleras. Soy bilingüe español-italiano y tengo un buen nivel de inglés hablado y escrito, además de amplios conocimientos en informática. El puesto que ustedes ofrecen encaja pues perfectamente con mi perfil y mis objetivos profesionales.

3. Cierre

a. Por todo ello, me agradaría mantener una entrevista con usted a su más temprana conveniencia y poder discutir personalmente mi perfil. Sinceramente suyo,
b. Gracias por considerar mi solicitud. En espera de su respuesta, le saluda atentamente,
c. No duden en ponerse en contacto conmigo si precisan más información; estoy a su entera disposición. Muy atentamente,

4B

En internet existen multitud de sitios que ofrecen modelos de cartas de presentación en inglés y en español, así como consejos para su redacción. Utilízalos para comparar las cartas escritas en una y otra lengua, y completa la tabla siguiente:

	Inglés	*Español*
Si no sabes el nombre de la persona a la que te diriges, la fórmula de tratamiento empleada es...		
Si sabes el nombre de la persona a la que te diriges, la fórmula de tratamiento empleada es...		
La fórmula de cierre si no nombras al destinatario de la carta es...		
La fórmula de cierre si te diriges a una persona concreta es...		
¿Hay alguna diferencia en el formato de una carta de presentación en inglés y en español?		

4C

A continuación aparecen algunas expresiones tomadas de varias cartas de presentación en inglés. Busca en el paso anterior y/o en textos paralelos la traducción que te parezca más adecuada:

1. I am interested in applying for the scientific research summer internship position that was listed through the University's Career Services Office.
2. As you will see on my CV, I have wide experience as an EFL teacher, having been employed for five years in the Language Centre at the University of Louvaine.
3. I believe that I would be an asset to your program. This internship would provide me with the ideal opportunity to contribute to your organization and to expand my research skills.

4. It is my goal to combine my range of experience with my ability to be a compassionate, enthusiastic, intelligent teacher who will make a positive contribution to your school.
5. Next May I will complete my master of science in Computer Engineering. I am interested in a software engineering position upon completion of my degree. From my research on your website, I believe there would be a good fit between my skills and interests and your needs.
6. I look forward to hearing from you, and would welcome the chance to discuss my application with you at interview.

Actividad 5

Bolivia Information Forum (BIF) es una organización con sede en el Reino Unido dedicada a informar sobre temas sociales y políticos relacionados con Bolivia. El BIF está buscando un Coordinador de Proyectos con buen dominio del español. Lee la siguiente información sobre el puesto y redacta una carta de presentación en español. Puedes recabar más información sobre el BIF en internet.

Guidelines for cover letter for BIF Coordinator position

1. Please write your cover letter as concisely as possible, limiting it to a maximum of 300 words.
2. Please address the following points in your letter:
    a. Why are you interested in the job?
    b. What is your interest/involvement in Latin America, Bolivia and/or development or human rights work?
    c. Outline how your experience fits with the following criteria from the Person Specification. Please provide examples of experience from paid or voluntary work, emphasising what your specific role was:
        i. Able to work alone with creativity and initiative.
        ii. Experience of and demonstrated skills in raising funds for projects.
        iii. Experience of working with people of other cultures and backgrounds.

iv. Excellent communication skills, both written and verbal; attention to detail in written work.
v. Native English language skills and advanced-level Spanish; competent translating and interpreting skills.
vi. Ability to work under pressure to meet deadlines.

Please send your CV and a cover letter to *enquiries@bif.co.uk* by 9 am on Wednesday 22 of March. Please note that your cover letter must be written in Spanish.

(Fuente: www.boliviainfoforum.org.uk, texto adaptado)

3.2.3 La receta de cocina

En esta sección vas a trabajar con otro género textual: la receta de cocina. Se trata de un género de tipo instructivo bien codificado, con estructuras gramaticales y léxico específicos que es preciso conocer para poder traducir adecuadamente. Otro elemento de interés al traducir recetas es la transferencia de contenidos culturales (ingredientes, métodos de preparación) que a menudo no tienen un equivalente claro en la cultura meta.

Actividad 6

En esta actividad vas a familiarizarte con las convenciones propias del género de las recetas de cocina, reflexionando al mismo tiempo sobre el procedimiento de selección de textos paralelos.

6A

Haz una búsqueda en internet con el término "recetas de cocina". Busca entre cinco y diez sitios web de recetas y selecciona cuatro sitios que consideres altamente fiables como fuentes de textos paralelos. Si te es posible, revisa también libros de cocina en español, ya que el lenguaje y el formato suelen estar más cuidados en las publicaciones en papel. Anota las razones que justifican tu elección y ponlas en común con la clase.

6B

Lee varias recetas de los cuatro sitios que has seleccionado. Después, deduce las convenciones del género respondiendo a las preguntas siguientes. Pocas veces hay una única fórmula correcta. Se trata de conocer los distintos usos correctos y saber diferenciarlos de los incorrectos.

1. ¿Cómo se dice en español *Method/Preparation method*?
2. ¿Cómo se expresa el número de raciones?
3. ¿Qué unidades de medida se emplean para los ingredientes?
4. ¿Cuál es la forma o formas verbales utilizada(s) para dar las instrucciones de preparación?
5. ¿Suele emplearse la misma forma verbal en toda la receta, o se alternan varias formas?
6. ¿Cómo describirías el estilo de redacción de las recetas? (retórico, conciso, claro, florido, directo, variado...).

6C

La siguiente receta de cocina ha sido traducida al español por dos traductores, uno experto y otro inexperto. Compara las dos versiones e identifica la más adecuada. Después, analiza en la tabla de abajo las dificultades de traducción que plantea el original y cómo se han abordado en ambas versiones. Utiliza el código de corrección de traducciones que aparece en el capítulo 2 sección 3 para señalar qué tipos de error o inadecuación se dan en la traducción inexperta. Puedes consultar textos paralelos si lo necesitas.

Aubergine melts

Cooking time	Skill level	Servings
Prep: 5 mins Cook: 25 mins	Easy	Serves 4

Ingredients

3 tbsp olive oil

2 aubergines, halved lengthways

4 tomatoes

5 oz. mozzarella, drained

handful basil leaves

Method

1. Heat oven to 200°C/fan 180°C/gas 6.
2. Drizzle the oil over the aubergine and bake in the oven for 25 mins until softened.
3. Meanwhile, slice the tomatoes and mozzarella, then arrange on top of the aubergine.
4. Return to oven for another 5 mins or until the cheese has melted.
5. Scatter over some basil leaves. Serve with couscous and green salad.

Versión 1:

Berenjenas fundidas

Tiempo de preparación	Nivel de destreza	Raciones
Preparación: 5 mins	Fácil	Sirve a 4
Cocción: 25 mins		

Ingredientes

3 cucharaditas de aceite de oliva

2 berenjenas, partidas por la mitad

4 tomates

5 onzas de mozzarella, escurrida

Un puñado de albahaca

Método

1. Hay que calentar el horno a 200°C/ ventilador 180°C/gas 6.
2. Salpique el aceite sobre la berenjena y ase en el horno durante 25 min. hasta ablandadas.
3. Entretanto, cortar los tomates y la mozzarella en rebanadas, después arreglarlas sobre la berenjena.
4. Se debe devolver a horno otros 5 min. o hasta que el queso se derrita.
5. Esparcir algunas hojas de albahaca. Sirve con couscous y ensalada verde.

Versión 2:

Berenjenas con queso fundido

Tiempo de preparación	Nivel de dificultad	Para cuatro personas
Preparación: 5 mins	Fácil	
Cocción: 25 mins		

Ingredientes

3 cucharadas de aceite de oliva

2 berenjenas cortadas a la larga

4 tomates

150 gr. de mozzarella escurrida

Un manojo de albahaca

Preparación

1. Se calienta el horno a 200°C.
2. Se rocían de aceite las berenjenas y se hornean 25 min. hasta que se ablanden.
3. Mientras, se cortan los tomates y la mozzarella en rodajas y se colocan sobre las berenjenas.
4. Se vuelven a meter en el horno otros 5 min. o hasta que se funda el queso.
5. Adornar con unas cuantas hojas de albahaca. Sírvase con cuscús y ensalada verde.

Texto original en inglés	*Traducción inexperta*	*Tipo de inadecuación*	*Traducción experta (con otras opciones correctas)*
aubergine melts			
skill level			
serves 4			
method			
3 tbsp olive oil			
2 aubergines, halved lengthways			

5 oz.
mozzarella, drained
handful basil leaves
heat
200°C/fan 180°C/gas 6
drizzle
over the aubergine
until softened
arrange
return to oven
scatter over
couscous

Actividad 7

Asocia cada medida con el ingrediente correspondiente del recuadro.

ajo	pan	arroz	perejil	pan	sal	aceite
confitura de fresa	pimentón	laurel	piña	levadura		

un manojo de ____________________
un diente de ____________________
una pizca de ____________________
una barra de ____________________
una taza de ____________________
una rodaja de ____________________
una rebanada de ____________________
dos cucharadas de ____________________
media cucharadita de ____________ / ____________
una hoja de ____________________
un chorrito de ____________________

Actividad 8

Como habrás podido comprobar en la actividad 6A, en las recetas de cocina se suelen emplear las construcciones verbales siguientes para dar instrucciones:

1. El imperativo (generalmente de "tú")
2. La construcción pasiva con "se" o pasiva refleja
3. La primera persona del plural ("nosotros")

Repasa la formación del imperativo y de la pasiva con "se" (esta última puedes consultarla en el apartado 3.2. del capítulo 5) y completa estas dos recetas con los verbos del recuadro. Emplea el imperativo de "tú" en la receta 1 y la pasiva con "se" en la receta 2. Ten en cuenta que en algún caso será necesario añadir un pronombre personal.

Receta 1

Sopa de ajo con rape

espolvorear	sazonar	regar	adornar
añadir	picar	servir	trocear

Limpia y ___________(1) los trozos de rape y ponlos en un bol. ___________(2) el ajo finamente, agrégalo al bol y ___________(3) con pimentón. ___________(4) con un chorrito de aceite de oliva virgen extra y remuévelo para que se embadurne. Deja que se macere el rape de un día a otro.

Coloca una cazuela con un buen chorro de aceite de oliva. ___________(5) el ajo laminado y un trozo de guindilla y deja que se infusione el aceite a fuego suave. ___________(6) el pan y sofríelo.

Cubre el conjunto con agua e introduce el rape en la cazuela. Deja que hierva durante 1 hora.

___________(7) en un plato hondo la sopa de ajos con rape. ___________(8) con los rabitos de cebolleta.

Adaptado de: www.hogarutil.com/cocina/recetas/sopas-cremas/201404/sopa-ajos-rape-24467.html

Receta 2

Leche frita

freír	decorar	pasar	remover	espolvorear
vertir	cortar	cocinar	agregar	rebozar

Se reserva un vaso de leche y se pone el resto a calentar en una cazuela. Después, ____________(1) la leche condensada, la rama de canela y la corteza de limón. Cuando esté caliente se cuela la leche y se reserva.

Se pone la harina de maíz refinada en un bol. ____________(2) la leche fría y se mezcla bien. Después, se agrega encima el resto de la leche caliente y ____________(3) bien todo hasta que no queden grumos.

____________(4) la mezcla a una cazuela y ____________(5) a fuego suave hasta que espese. Se pasa a una fuente y se extiende. Dejar que se enfríe. Se desmolda y ____________(6) la crema en cuadrados. ____________ (7) los cuadrados en harina y huevo batido y ____________(8) en una sartén con aceite caliente. Se escurren sobre un plato forrado con papel absorbente de cocina.

Para servirla, ____________(9) la leche frita con azúcar y canela y ____________(10) con unas hojas de menta.

Adaptado de: www.hogarutil.com/cocina/recetas/postres/201404/leche-frita-24697.html

Actividad 9

Un sitio web español de recetas internacionales os ha encargado que traduzcáis estas dos recetas de platos tradicionales ingleses. Traduce cada una de las recetas empleando fuentes de documentación. Después, intercambia tus traducciones con las de un compañero y revisad cada uno la traducción del otro (podéis emplear la tabla de corrección de errores del apartado 3 del capítulo 2 si lo deseáis). Comentad y valorad las dos traducciones y, si es necesario, corregidlas a fin de lograr un estilo uniforme.

Texto A:

Cornish pasties

Cooking time
Prep: 25 mins **Cook:** 55 mins
Plus chilling
Skill level
Moderately easy
Servings
Serves 4

Reawaken childhood memories of summer holidays with this eat-by-the-sea favourite, the humble pasty

Ingredients

For the pastry

- 125g chilled and diced butter
- 125g lard
- 500g plain flour, plus extra
- 1 egg, beaten

Method

1. Rub the butter and lard into the flour with a pinch of salt using your fingertips or a food processor, then blend in 6 tbsp cold water to make a firm dough. Cut equally into 4, then chill for 20 mins.
2. Heat oven to 220C/fan 200C/gas 7. Mix together the filling ingredients with 1 tsp salt.

For the filling

- 350g beef skirt steak, finely chopped
- 1 large onion, finely chopped
- 2 medium potatoes, peeled, thinly sliced
- 175g swedes, peeled, finely diced
- 1 tbsp freshly ground black pepper

Roll out each piece of dough on a lightly floured surface until large enough to make a round about 23cm across – use a plate to trim it to shape. Firmly pack a quarter of the filling along the centre of each round, leaving a margin at each end. Brush the pastry all the way round the edge with beaten egg, carefully draw up both sides so that they meet at the top, then pinch them together to seal. Lift onto a non-stick baking tray and brush with the remaining egg to glaze.

3. Bake for 10 mins, then lower oven to 180C/ fan 160C/gas 4 and cook for 45 mins more until golden. Great served warm.

Texto B:

Rhubarb, pear & hazelnut crumbles

Cooking time	**Skill level**	**Servings**
Prep: 15 mins **Cook:** 45 mins	Easy	Serves 4

Individual fruity puddings with a twist – try mixing chopped nuts with your crumble topping for extra crunch

Ingredients

- 25g butter
- 3 pears, cored and halved
- 500g rhubarb, cut into chunks
- 2 tbsp soft light brown sugar
- ½ tsp ground cinnamon
- ¼ tsp ground cloves
- vanilla ice cream or double cream, to serve

For the crumble topping

- 50g roasted hazelnuts
- 50g cold butter, diced
- 85g self-raising flour
- 1 tsp ground cinnamon
- 50g demerara sugar

Method

1. Melt the butter in a pan, then add the pears, rhubarb, sugar, cinnamon and cloves, and cook over a low heat for 10–12 mins or until just tender. Divide the rhubarb mix between 4 ovenproof dishes (or use 1 large dish) and set aside.
2. Heat oven to 200C/180C fan/gas 6. To make the crumble topping, tip all the ingredients into a food processor and pulse to crumbs. Sprinkle the topping over the fruit filling, then bake for 30 mins or until golden brown on top. Serve with vanilla ice cream or double cream.

Capítulo 5
El texto expositivo-argumentativo

En este capítulo vas a:

- Familiarizarte con los rasgos del texto expositivo-argumentativo en inglés y en español
- Repasar las estructuras impersonales y pasivas
- Adquirir estrategias para traducir el subgénero del artículo de opinión
- Conocer los distintos procedimientos de cohesión textual
- Utilizar marcadores del discurso para organizar las ideas en un texto
- Practicar la traducción de los adverbios en *-ly*
- Practicar la formación de los adjetivos con prefijo negativo

1 Rasgos del texto expositivo-argumentativo

El texto expositivo-argumentativo es aquel en el que el autor describe una situación o plantea un problema y adopta una postura frente a lo expuesto, es decir, defiende una tesis. Exposición y argumentación son, en rigor, dos tipologías textuales distintas, pero suelen aparecer combinadas. A menudo la exposición de un tema va acompañada de una toma de postura por parte del autor; y a la inversa, es raro que un texto presente una argumentación sin antes exponer una serie de ideas o describir una situación o concepto.

Este tipo de texto aparece con frecuencia en la prensa (el editorial, la columna, el artículo de opinión, la carta al director), por lo que en este capítulo vamos a dedicar especial atención al lenguaje periodístico. Lo encontramos también dentro del género del ensayo, sea este literario, especializado o divulgativo, así como en los artículos o tratados académicos, por citar solo alguno de los géneros más característicos de este tipo textual.

A la hora de traducir un texto expositivo-argumentativo, es importante estar familiarizado con las convenciones de estos textos en inglés y en español. Gran parte de estos rasgos son comunes a las dos lenguas, pero podemos encontrar algunas diferencias que las actividades de este capítulo te ayudarán a reconocer.

Actividad 1

1A

Los fragmentos siguientes son de tipo expositivo-argumentativo; sin embargo, no todos pertenecen al mismo género textual. Asocia cada fragmento con uno o varios de los géneros o subgéneros citados en el recuadro. Además, señala la disciplina o área de conocimiento en que se encuadra cada uno. Comenta tus respuestas con un compañero y ponedlas en común en clase.

Ten en cuenta que el objetivo de esta actividad es generar ideas y debate, más que encontrar una única respuesta correcta.

Artículo o tratado académico
Artículo de opinión
Ensayo literario
Divulgación científica

1. Se entiende por *pragmática* el estudio de los principios que regulan el uso del lenguaje en la comunicación, es decir, las condiciones que determinan el empleo de enunciados concretos emitidos por hablantes concretos en situaciones comunicativas concretas, y su interpretación por parte de los destinatarios. La pragmática es, por tanto, una disciplina que toma en consideración los factores extralingüísticos que determinan el uso del lenguaje.

2. Soy un maniático de la responsabilidad. Tanto, que rechazo de plano la definición que da la Academia: "Deuda, obligación de reparar y satisfacer a consecuencia de delito o de culpa; cargo u obligación moral que resulta para uno del posible yerro en cosa o asunto determinado". Hay muchas responsabilidades –cotidianas, vitales, inmediatas– de más limpios orígenes. La responsabilidad tiene, antes que cualquier otra acepción, un sentido positivo de consciencia activa de las propias obligaciones. A mí me escalofría que en nuestro país haya tantos políticos irresponsables.

3. Descartes creó la geometría analítica, también denominada "geometría cartesiana", en la que los problemas geométricos pueden traducirse de forma algebraica. Se trataba de un método extremadamente poderoso para resolver problemas geométricos y, a la postre, también dinámicos (el problema del movimiento de los cuerpos), un método que conservamos más de tres siglos después.

4. Con muy pocas excepciones, hasta finales del siglo XX los psicólogos y psiquiatras le prestaron más atención a la psicosis que a la cordura, al miedo que a la confianza, a la fobia que al valor, a la melancolía que al entusiasmo. Por ejemplo, en una revisión electrónica de las revistas de psicología más prestigiosas del mundo realizada entre 1967 y 1998, el profesor de psicología de Michigan David Myers encontró 101.004 artículos sobre depresión, ansiedad o violencia, pero solamente 4.407 sobre alegría, amor o felicidad. Dicho de otra forma, por cada artículo que trataba de un aspecto positivo de la persona, veintiuno lo hacía sobre una faceta negativa.

5. A medida que nos acercamos hacia la muerte, también nos inclinamos hacia la tierra. Pero no a la tierra en general sino a aquel pedazo, a aquel ínfimo pero tan querido, tan añorado pedazo de tierra en que transcurrió nuestra infancia. Y porque allí dio comienzo el duro aprendizaje, permanece amparado en la memoria.

6. Este trabajo de investigación tiene un doble propósito. En primer lugar, estudiar y analizar el papel de las Bibliotecas Universitarias en el nuevo entorno de la Educación Superior para alcanzar la definición de nuevas competencias. En segundo lugar, nos interesa aportar evidencia teórica y empírica en relación a las percepciones que los profesores universitarios tienen acerca de las competencias de los bibliotecarios, dentro del marco del papel que las bibliotecas juegan en la docencia, en el aprendizaje y en la investigación.

7. Afirmar que el sistema político surgido de los años de la Transición española no es una democracia perfecta es incurrir en la perogrullada: tal vez exista la dictadura perfecta –todas aspiran a serlo, de algún modo todas sienten que lo son–, pero no existe la democracia perfecta, porque lo que define a una democracia de verdad es su carácter flexible, abierto, maleable –es decir, permanentemente mejorable–, de forma que la única democracia perfecta es la que es perfectible hasta el infinito.

8. Bien sabemos que la seducción blanda del mercado visual busca acercarlo todo, poner todas las imágenes al alcance de la vista para su consumo fácil. ¿Cómo repolitizar la mirada del espectador? Le toca al arte crítico oponerse al facilismo de la cultura mediática a la que sólo le gusta trasladar imágenes livianas: imágenes vaciadas de todo conflicto de significación e interpretación, es decir, "imágenes sin huellas, sin sombras, sin consecuencias" (Baudrillard 1991). El arte crítico les devuelve peso y gravedad a las imágenes.

1B

Los textos expositivo-argumentativos se caracterizan por una serie de rasgos típicos. A continuación enumeramos algunos de los más destacados. Busca ejemplos de cada uno de ellos en los textos del paso anterior.

- Construcciones impersonales
- Plural de modestia (nosotros)
- Primera persona del singular (yo)
- Marcadores del discurso lógicos y de secuencia

- Términos especializados y definiciones
- Adjetivos y expresiones valorativas
- Referencias a otros autores (citas de autoridad)
- Cifras, datos y ejemplos
- Aclaraciones o paráfrasis

1C

Si bien los textos académicos suelen adoptar un tono neutro, muchos otros textos expositivo-argumentativos muestran una marcada voluntad de estilo. Como has hecho en el paso anterior, identifica ejemplos de los siguientes recursos retóricos en los textos anteriores. Después, reflexiona: ¿por qué crees que se emplea cada uno de ellos?

- Preguntas retóricas
- Sinónimos
- Contrastes o antítesis
- Expresiones metafóricas
- Enumeraciones
- Repeticiones

1D

El tipo textual expositivo tiende a la objetividad, pero argumentar es por definición defender un punto de vista. ¿Hasta qué punto te parecen objetivos los textos anteriores? Ordénalos en una escala que vaya del más objetivo al más subjetivo. ¿En qué elementos te has basado para ordenarlos? Coméntalo con un compañero.

2 Estructura del texto expositivo-argumentativo

Como hemos visto, hay textos expositivo-argumentativos de muy distinta naturaleza. Sin embargo, un texto típico suele constar de las siguientes partes:

1. **Presentación o introducción al tema**. En ella el autor centra el ámbito de estudio o de debate y, a menudo (aunque no siempre) expone la tesis que va a defender. Es frecuente que la introducción incluya una breve contextualización del tema.

2. **Desarrollo**. Exposición de las distintas teorías o posturas en torno a la cuestión. Si se trata de un texto argumentativo, se presentan los argumentos y contraargumentos. Con frecuencia el autor recurre a ejemplos o datos concretos para apoyar su tesis.
3. **Conclusión**. En ella suele hacerse una breve recapitulación de lo expuesto, extrayendo las consecuencias o conclusiones pertinentes.

Actividad 2

2A

En el texto siguiente, publicado en el periódico español *El País*, Adela Cortina (catedrática de Ética y Filosofía Política de la Universidad de Valencia) aborda el tema del futuro de las Humanidades. Realiza un análisis del texto que incluya los aspectos siguientes:

1. Tema central del texto
2. Estructura
3. Rasgos lingüísticos y retóricos

El futuro de las Humanidades

Hace medio siglo C. P. Snow, físico y novelista británico, pronunció una conferencia sobre "Las dos culturas y la revolución científica", que produjo un gran revuelo. Distinguía en ella entre dos culturas, la de los científicos y la de los intelectuales, que venían a coincidir con dos ámbitos del saber: Ciencias y Humanidades. A juicio del conferenciante, los intelectuales gozaban de un mayor aprecio por parte del público y, sin embargo, eran unos luditas irresponsables, incapaces de apreciar la revolución industrial por no preocuparles la causa de los pobres.

Hoy las cosas han cambiado radicalmente. Jerome Kagan, emérito de la Universidad de Harvard, vuelve al tema en *The Three Cultures* y, además de añadir la cultura de las Ciencias Sociales, diagnostica el declive de las Humanidades. Naturalmente, cabría discutir todo esto, porque es discutible, pero hay al menos dos afirmaciones que urge abordar: ¿es verdad que las Humanidades están en decadencia?, ¿es verdad que quienes las tienen por oficio son incapaces de interesarse por la causa de los menos aventajados y de apreciar el progreso científico? La respuesta no puede ser en ambos casos sino "sí y no".

En lo que hace a las razones del sí, serían al menos tres.

Por una parte, el harakiri practicado por sedicentes humanistas, empeñados en asegurar que cualquier ciudadano corriente puede ser historiador, filólogo, filósofo o crítico literario sin tener que pasar por un aprendizaje *ad hoc*, cuando lo cierto es que estos saberes cuentan con vocabularios específicos, con métodos propios de investigación, con un bagaje de tradiciones históricamente surgidas que es preciso conocer para dar mejores soluciones a los problemas actuales.

Una segunda razón para creer en el declive de las Humanidades procede del afán imperialista de algunos científicos, incapaces de asumir que hay formas de saber complementarias, empeñados en explicar la vida toda desde la comprobación empírica, sea desde la economía o desde las neurociencias. Los buenos científicos saben que sus explicaciones y predicciones tienen un límite.

Y, por último: las Humanidades –se dice– contribuyen muy poco a la economía de un país, de donde se sigue que invertir en ellas no parezca ser rentable. Si a ello se añade la dificultad de comprobar la calidad de la producción humanística, el futuro de las Humanidades se ennegrece.

Y, sin embargo, esto es radicalmente falso, y aquí empiezan las razones del "no". A cuento de la crisis económica distintos foros se han preguntado qué hacer y una de las medidas en las que hay un amplio acuerdo es la necesidad de incrementar la productividad formando buenos profesionales, cuidando los recursos humanos, de los que siempre se ha dicho –aunque no sé si alguien se lo cree– que forman el más importante capital de un país. ¿Qué tipo de profesionales podrían ayudarnos a salir del desastre?

Podrían ayudarnos los auténticos profesionales, que son buenos conocedores de las técnicas, pero no se reducen al "hombre masa" del que hablaba Ortega ni son unos eruditos enclaustrados, sino que tienen sentido de la historia, los valores, las metas; son ciudadanos implicados en la marcha de su sociedad, preocupados por comprender lo que nos pasa y por diseñar el futuro. A su formación pertenece de forma intrínseca ser ciudadanos preocupados por el presente y anticipadores del futuro. Pero para formar a ese tipo de gentes será preciso cultivar la cultura humanista, que sabe de narrativa y tradiciones, de patrimonio y lenguaje, de metas y no sólo medios, de valores y aspiración a cierta unidad del saber.

De todo ello resulta que la necesidad de las Humanidades no decae, sino que aumenta, y no sólo porque nos ayudan a vivir nuestra común humanidad con un sentido más pleno, sino porque incrementan esa soñada productividad que tiene su peso en euros.

Adela Cortina, *El País*, 4/4/2010 (texto adaptado).

2B

Teniendo en cuenta el análisis que has realizado, valora y comenta con tu compañero los siguientes aspectos del texto: claridad expositiva; eficacia persuasiva; estilo.

Actividad 3

3A

El siguiente artículo del historiador David Eastwood, publicado en el *Times Higher Education*, trata también del debate entre Ciencias y Humanidades. Lee el texto y resume en español la tesis del autor en un máximo de 50 palabras.

Two tribes? Science and art are more like than unalike

P1 Making the case for the humanities, and, more specifically, making the case for research funding in the humanities, matters. And too often, the case is not made as adroitly as it might be.

P2 First, scholars in the humanities often argue for conceptual, and sometimes moral, differences between research in and values ascribed to the humanities and the sciences. This, in essence, is an attempt to make the "two cultures" work in favour of the humanities.

P3 A second justification is populist. The humanities, we are told, bestride the media in a way that science can only, and does, envy. My own discipline, history, comfortably eclipses science on the television, in the book reviews, and as a popular and popularised discipline. What, then, do humanities scholars have to worry about?

The public is on their side and has a consumer preference for the kinds of knowledge that they generate, or at least impart. These defences seem to me to be as ill-advised as they are flawed.

P4 Take television history and compare it with television science. Ironically, science presents itself popularly in a more historical manner and as more provisional than history. It generally explains the evolution of understanding, one scientist standing on the shoulders of others in a shared and contested endeavour.

P5 In contrast, in most television and radio history programmes there is no sense of the way in which understanding has been developed, or challenged. No sense of the contingency of discovery, the primacy of method, or the power and centrality of theory. What is presented is history "as it really was", with the need for further research implicitly, and dangerously, denied. Too easily we allow critics, viewers and readers to conclude that problems are solved, with events, processes, texts and creative objects fully understood and contextualised.

P6 Those of us within the humanities must acknowledge responsibility for this misunderstanding. The recognition that knowledge is contestable and that understanding is provisional is central to our methodologies. We should acknowledge this precisely in order to make the case for research funding and the health of our disciplines.

P7 Seen in this way, the congruence between the humanities and the sciences is profound, and the case for research, and by extension for research funding, is of the same kind, although funding entitlements will not be of the same magnitude.

P8 Looking back at texts published in the 1960s, it is abundantly clear that humanities scholarship has attained a greater capacity for explanatory sophistication, not because its practitioners are intellectually "better" but because research has enabled them to think and write in still richer ways.

P9 The same is true of explanation and understanding in the sciences. Thus we come to funders with the same urgent imperative: to know more and to understand better.

P10 Put like that, the challenge to our funders and ultimately to the public is that reducing research funding would mean doing less of almost *everything*. It cannot and should not mean stopping all or most of *something*. It is precisely the universality of the quest to understand that defines the legacy of the Enlightenment; and it is the shared quest to know that animates universities and elevates humanity.

David Eastwood, *Times Higher Education*, 15/3/2015 (texto adaptado).

3B

Ahora fíjate en la estructura del texto. ¿En qué partes puede dividirse? Resume en una frase en español el contenido de cada una de ellas.

3C

Para completar el análisis, identifica los rasgos lingüísticos y retóricos más destacados del texto. Entre otros recursos, encontrarás ejemplos de: metáfora, contraste, repetición, conectores, pregunta retórica y paralelismo.

3 Construcciones pasivas e impersonales en inglés y en español

El empleo de la voz pasiva y de las construcciones impersonales nos permite centrar la atención en el fenómeno o proceso que queremos describir, omitiendo al agente de la acción o poniéndolo en un segundo plano. Este tipo de construcciones abundan en los textos que desean transmitir una impresión de objetividad, y por tanto son frecuentes en los textos expositivos, especialmente en el ámbito académico. En suma, solemos optar por oraciones impersonales o pasivas:

- cuando queremos centrarnos en la acción, hecho o proceso;
- cuando no conocemos o no nos interesa destacar el agente de la acción;
- para lograr un tono objetivo o científico;
- para hacer afirmaciones de validez general.

Si bien las construcciones pasivas e impersonales son típicas de los textos expositivos en ambas lenguas, a la hora de traducir conviene tener presente que el inglés tiende a emplear la voz pasiva con más frecuencia que el español. La diferencia en la frecuencia de uso de la pasiva en inglés y en español es mucho más marcada en el lenguaje coloquial. Sin embargo, es también evidente en los textos expositivos.

El español cuenta con dos tipos de construcciones pasivas: la pasiva con el verbo "ser" y la pasiva con "se" (pasiva refleja).

3.1 La pasiva con el verbo "ser"

Se trata de una construcción similar a la pasiva inglesa. Se forma con el verbo "ser" y el participio del verbo principal:

Ej. Las declaraciones del ex presidente han sido muy criticadas.

Hay tres puntos importantes a tener en cuenta:

1. En español el participio del verbo debe concordar con el sujeto en género y número (las declaraciones – criticadas).
2. Si se desea incluir un complemento agente, este va precedido de la preposición "por":

   Ej. Las declaraciones del ex presidente han sido muy criticadas por la prensa.

3. En español, el sujeto de la frase en voz pasiva siempre coincide con el objeto directo de la frase activa:

Activa:

Todos los ministros apoyaron el proyecto de ley.
sujeto objeto directo

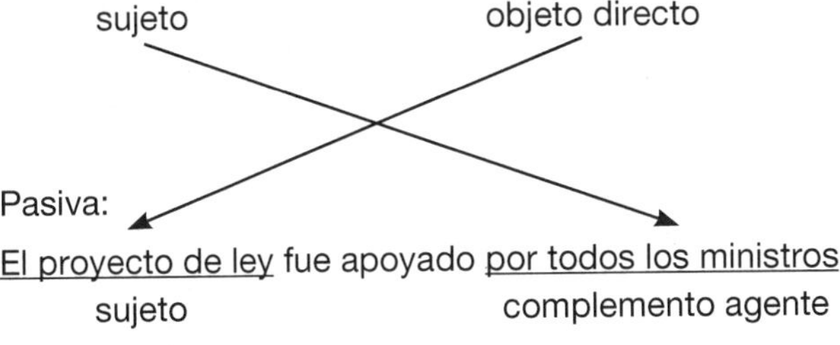

Pasiva:

El proyecto de ley fue apoyado por todos los ministros.
sujeto complemento agente

A diferencia del inglés, el español no admite oraciones pasivas en las que el sujeto corresponde al objeto indirecto de la activa:

Activa:

Los inversores pidieron a la dirección que explicara las pérdidas.
sujeto OI OD

The investors asked the management to explain the loss.
sujeto OI OD

Frase en voz pasiva:

× ~~La dirección fue pedida~~ por los inversores que explicara las pérdidas.

✓ *The management was asked by the investors to explain the loss.*

3.2 La pasiva con "se" o pasiva refleja

La pasiva refleja se forma con el pronombre "se" más el verbo principal en el tiempo que corresponda.

Hay que tener en cuenta los siguientes aspectos:

1. El verbo debe concordar en número con el sujeto pasivo:

   Ayer se debatió la propuesta de la oposición en el Parlamento.
   Se grabaron todos los interrogatorios con los acusados.

Esto ocurre también cuando se emplean verbos modales (deber, poder, tener que, etc.):

   Eso no se puede hacer.
   Se deben considerar todas las propuestas.
   Se tienen que cocinar las gambas a fuego lento.

2. El significado de ambas construcciones pasivas es equivalente, pero hay que recordar una diferencia importante: mientras que la pasiva con "ser" admite un agente introducido por la preposición "por", la pasiva con "se" no admite complemento agente. Por ejemplo:

   × Se discutió la propuesta ~~por los parlamentarios~~.
   ✓ La propuesta fue discutida por los parlamentarios.

En este sentido, puede decirse que la pasiva con "se" es *más impersonal* que la pasiva con "ser".

3. En el lenguaje informal, la pasiva con "se" suele preferirse a la pasiva con "ser":

   a. Mañana se anunciarán los resultados del referéndum.
   b. Mañana serán anunciados los resultados del referéndum.

Ambas frases son correctas, pero en una conversación coloquial la gran mayoría de hablantes optaría por a), mientras que la frase b) resultaría más adecuada en un artículo de prensa o un comunicado oficial.

En los textos expositivo-argumentativos podemos encontrar ambas construcciones, dependiendo del grado de formalidad del texto. Incluso en textos formales, está extendido el uso de la pasiva con "se".

4. En los casos de pasiva con "se" en que puede existir ambigüedad entre el sentido pasivo y reflexivo/recíproco, se emplea el verbo en singular y se antepone la preposición "a" al complemento o sujeto pasivo. Se da esta ambigüedad cuando el sujeto pasivo es un ser o seres animados:

   Se rescataron 450 refugiados.

Esta frase es ambigua, pues puede significar que los refugiados se rescataron los unos a los otros (sentido recíproco) o a sí mismos (sentido reflexivo). Si queremos dar a la frase un sentido pasivo, la construcción correcta es:

   Se rescató a 450 refugiados.

Actividad 4

La mitad de las oraciones siguientes contienen algún error. ¿Qué oraciones son correctas y cuáles no? Corrige los errores que encuentres.

1. No se conoce las causas del atentado terrorista.
2. El empresario corrupto fue puesto en libertad por falta de pruebas.
3. Las cartas habían sido repartidas por la mañana.
4. Los investigadores fueron dichos que no recibirían fondos europeos.
5. Se debe actuar según la ética de cada uno.
6. Se han presentado varias propuestas por los parlamentarios.
7. He sido recomendado una novela de Javier Cercas por unos amigos.
8. En este país se trabaja mucho y se descansa poco.

9. En el programa de radio se entrevistaron cuatro expertos en medio ambiente.
10. No se puede comprender los resultados de las últimas elecciones.
11. El caso fue estudiado detenidamente por la policía.
12. Se detuvo a los terroristas a las 6.30 de la mañana del jueves.

3.3 Construcciones alternativas

Como hemos apuntado, en español la voz pasiva con "ser" se emplea con mayor frecuencia en contextos formales. Sin embargo, en muchos casos –en especial en el lenguaje informal– el mejor modo de traducir una construcción pasiva inglesa no será una construcción pasiva con "ser" en español. Además de la pasiva refleja, contamos con una serie de construcciones alternativas para evitar la pasiva con "ser":

1. Emplear la **voz activa:**

   The children were collected from school by their father.
   → El padre recogió a sus hijos de la escuela.

Si deseamos resaltar el objeto directo, podemos colocarlo al comienzo de la frase. Al anteponer el OD, es obligatorio añadir un pronombre personal de objeto directo:

→ A los niños los recogió su padre de la escuela.
OD OD sujeto

2. Emplear las perífrasis quedar/verse + participio:

   Enrolment will open on October the 3rd.
   → El plazo de matrícula quedará abierto el 3 de octubre.

   Venezuela was affected by severe flooding.
   → Venezuela se vio afectada por graves inundaciones.

3. Uso de la tercera persona del plural: el sujeto es un "ellos" indefinido.

   It is said that the left will win the next election.
   → Dicen que la izquierda ganará las próximas elecciones.

Actividad 5

Las siguientes oraciones están todas en voz pasiva. Léelas y considera: ¿cuál es la traducción más idiomática en español? ¿Conviene mantener la pasiva con "ser" o emplear una construcción alternativa? Ten en cuenta que en muchos casos hay más de una respuesta correcta, y que la elección de una u otra construcción puede depender del grado de formalidad del registro. Puedes trabajar individualmente o en pareja.

1. *Las Meninas* was painted by Diego Velázquez in 1656.
2. The city was devastated by the bomb attack.
3. For my birthday, I was given a ticket to attend the England vs. Argentina soccer match.
4. The video footage of the accident was presented as evidence in court.
5. The borders between the two countries were closed last night.
6. The proposal was put forward by the opposition leader.
7. The fishermen were rescued after the shipwreck.
8. Children should be read to by their parents.
9. The house can be reached via an underground passage.
10. After the exam I was asked to leave the room.

Actividad 6

6A

Fíjate en las siguientes construcciones en cursiva que aparecen en el texto de Adela Cortina (actividad 2). ¿Cómo las traducirías al inglés? (no es necesario traducir las frases completas).

1. *A juicio del conferenciante*, los intelectuales gozaban de un mayor aprecio por parte del público.
2. Hay al menos dos afirmaciones *que urge abordar*.
3. *Cabría discutir todo esto*.

3. *Lo cierto es que* estos saberes cuentan con vocabularios específicos, con métodos propios de investigación, con un bagaje de tradiciones históricamente surgidas *que es preciso conocer*.
4. Las Humanidades *–se dice–* contribuyen muy poco a la economía de un país, de donde *se sigue que* invertir en ellas *no parezca* ser rentable.
5. *Si a ello se añade* la dificultad de comprobar la calidad de la producción humanística, el futuro de las Humanidades se ennegrece.
6. *Siempre se ha dicho* –aunque *no sé si alguien se lo cree*– que *hay que cuidar* los recursos humanos.

6B

Ahora fíjate en las construcciones que emplea David Eastwood para presentar sus ideas y argumentos. Relaciona cada expresión del texto con el tipo de construcción correspondiente, teniendo en cuenta que no hay ejemplos de todas ellas, y que para alguna construcción hay más de un ejemplo.

1. Making the case for the humanities matters
2. the case is not made as adroitly as it might be
3. scholars in the humanities often argue for
4. we are told
5. My own discipline
6. These defences seem to me ill-advised
7. Take television history and compare it with television science
8. the way in which understanding has been developed
9. we allow critics
10. We should acknowledge
11. it is abundantly clear

a) Uso de pronombres en primera persona del singular (*I, my, me, mine*)
b) Uso del “nosotros” como plural de modestia (*we*, referido solo a la persona que escribe)
c) Uso del “nosotros” inclusivo (*we*, referido a una pluralidad de personas)
d) Construcciones pasivas
e) Construcciones impersonales
f) Otras construcciones verbales
g) Verbos en imperativo

6C

Identifica la traducción "intrusa" de estas expresiones del paso anterior: una de las tres versiones propuestas no es adecuada. ¿Cuál es?

1. *The case for the humanities is not made as adroitly as it might be.*
   a. El caso no se hace tan hábilmente como podría hacerse.
   b. La defensa de las humanidades no ha sido tan hábil como podría haberlo sido.
   c. No se ha hecho una defensa de las humanidades tan hábil como habría sido deseable.
2. *Scholars in the humanities often argue for...*
   a. Los académicos de Humanidades con frecuencia defienden...
   b. Los académicos de Humanidades a menudo discuten por...
   c. Los académicos de Humanidades a menudo argumentan en favor de...
3. *we are told*
   a. se nos dice
   b. se dice
   c. somos dichos
4. *These defences seem to me ill-advised*
   a. Estas defensas me parecen desaconsejadas.
   b. Estos argumentos me parecen desacertados.
   c. Estas razones me parecen equivocadas.
5. *Take television history and compare it with television science*
   a. Pensemos en cómo se presenta la historia en televisión y comparémoslo con cómo se presenta la ciencia
   b. Consideremos los programas televisivos de historia y comparémoslos con los de ciencia
   c. Toma la historia de la televisión y compárala con la ciencia de la televisión
6. *the way in which understanding has been developed*
   a. el modo en que ha sido desarrollado el conocimiento.
   b. la vía en que ha sido desarrollada la comprensión.
   c. la manera en la cual se ha desarrollado el conocimiento.

7. *it is abundantly clear*

   a. es abundantemente claro
   b. está totalmente claro
   c. resulta sobradamente claro

6D

En parejas o en grupos, reflexionad: ¿hasta qué punto son objetivos los textos de Adela Cortina y de David Eastwood? ¿Cómo influyen las construcciones verbales empleadas en el grado de objetividad o subjetividad de un texto? ¿Qué otros elementos lingüísticos o retóricos contribuyen a crear un efecto de objetividad?

4 Coherencia y procedimientos de cohesión textual: los conectores

La coherencia es una cualidad del texto que permite que este sea percibido como una unidad comunicativa –es decir, como texto– y no como una sucesión de enunciados inconexos. Llamamos cohesión a la red de relaciones que existen entre los distintos elementos de un texto y que constituye la manifestación lingüística de la coherencia.

Coherencia y cohesión son propiedades de todo texto, pero en el caso de los textos expositivo-argumentativos es particularmente importante que la relación entre las ideas resulte clara. A la hora de producir –y de traducir– un texto coherente, contamos con diversos procedimientos de cohesión. Entre ellos, destacan los siguientes:

1. Deixis textual o discursiva: anáfora y catáfora

La deixis textual consiste en emplear elementos lingüísticos que remiten o se refieren a otros elementos lingüísticos que aparecen en el texto. Las unidades deícticas de uso más frecuente son: demostrativos (este, ese, aquel, etc.), posesivos (su, suyo, etc.) y pronombres personales (lo, la, le, etc.). Hablamos de **anáfora** cuando nos referimos a un elemento ya mencionado, y de **catáfora** cuando remitimos a un elemento que aparecerá más adelante en el texto. Por ejemplo:

Anáfora:

La postura de la autora es defendible. Sin embargo, yo no estoy de acuerdo con ella.

Catáfora:

El primer ministro les comunicó ayer a sus ministros su decisión de abandonar el cargo.

Además de los demostrativos y pronombres, pueden emplearse también expresiones deícticas como las siguientes:

como se ha dicho más arriba
según lo expuesto
como veremos a continuación
tal y como explicamos en los párrafos que siguen

2. Recurrencia léxica y recurrencia semántica

La recurrencia léxica consiste en repetir una palabra o palabras.

Había un *hombre* sospechoso en la puerta. El *hombre* llevaba gabardina y un sombrero calado hasta los ojos.

La recurrencia semántica consiste en emplear términos cuyo significado guarda cierta relación. Esta relación puede ser de:

- Sinonimia:

  Había algunas *pinturas* en la biblioteca. Se trataba de *cuadros* de inspiración libresca.

- Hiperonimia e hiponimia:

  La mujer llevaba unas *rosas* en la mano. Dejó las flores en un jarrón y se acercó a la verja.

"Rosas" es un hipónimo (término más concreto) con respecto a "flores". "Flores" es un hiperónimo (término más general) con respecto a "rosas".

- Antonimia:

  Hasta finales del siglo XX los psicólogos y psiquiatras le prestaron más atención a la *psicosis* que a la *cordura*.

3. Recurrencia sintáctica (paralelismo)

Consiste en la repetición de una misma construcción sintáctica:

> No voy a renunciar a mi deber. No voy a abandonar mis metas. No voy a traicionar a quienes votaron por un futuro mejor para el país.

4. Conectores o marcadores del discurso

Los conectores son elementos lingüísticos que ayudan a ordenar y estructurar el texto, estableciendo relaciones formales y de significado entre enunciados o secuencias de enunciados. Pueden ser adverbios, conjunciones o locuciones de distinto tipo (por lo tanto, en consecuencia, así pues, sin embargo, etc.).

Actividad 7

Vuelve a leer el texto de Adela Cortina (actividad 2) y busca en él al menos un ejemplo de cada uno de los siguientes procedimientos de cohesión:

- Deixis anafórica
- Recurrencia léxica
- Recurrencia semántica
- Recurrencia sintáctica

Actividad 8

8A

Los siguientes conectores aparecen casi todos en el texto de Cortina. Clasifícalos en la tabla según su función comunicativa.

Sin embargo	Para concluir
Mientras que	En suma
Además	Así pues
Pero	Aunque
En lo que respecta a	Puesto que
Por una parte/por otra parte	En consecuencia
también	Con todo
En otras palabras	En conclusión
Es decir	Por ello/Por eso
Por consiguiente	A fin de que
Ya que	Es más
Por último	No obstante
Pongamos por caso	Así que
asimismo	En definitiva
De donde se sigue que	De todo ello resulta que
Pese a todo	Porque
Debido a	Con el fin de
Aun así	No solo... sino (también)
Salvo que	Si bien

Función comunicativa	*Conectores*
Añadir palabras o ideas sin especificar la relación entre ellas	
Expresar contraste	
Expresar causa	
Expresar consecuencia	
Expresar finalidad	

Organizar la secuencia de ideas
Aclarar o reformular ideas
Expresar restricción o concesión
Ejemplificar
Recapitular, sintetizar o concluir
Expresar a qué se refiere algo

8B

A continuación verás una serie de pares de frases. Cada par está compuesto por dos frases que guardan entre sí alguna relación lógica. Tradúcelas haciendo explícita esa relación mediante un conector de los que aparecen en el paso anterior (puede haber más de una opción).

Ejemplo:

You lied to me. I won't be able to trust you again.

Me mentiste. Por lo tanto, no podré confiar nunca más en ti.

1. Rosalind Franklin contributed greatly to the discovery of the structure of DNA. Watson and Crick took all the credit.
2. My father insisted that I ought to apologise to our neighbour. I went to speak to our neighbour that evening.
3. There has been little opposition to the ban on smoking. Most people enjoy smoke-free pubs and restaurants.

4. I understand your misgivings about the negotiations. I think we must proceed with the negotiations.
5. The previous government had not put tackling gender-based violence on the agenda. The new government has made tackling gender-based violence a priority.
6. In this study I will analyse the causes that led to the economic crisis. The aim of the study is to understand whether the crisis could have been averted.

8C

Traduce las oraciones siguientes prestando especial atención a la traducción de los conectores subrayados.

1. Hundreds of schools are due to close today as teachers protest against salary cuts.
2. As Luisa reflected back on her life, she realised with some relief that she had few regrets.
3. At least four men have been gored in Pamplona as several bulls charged against them at the San Fermín festival.
4. While many parents worry about the impact of excessive screen time on their children, few are willing or able to offer their offspring alternative modes of entertainment.
5. Inasmuch as austerity measures were a necessary response to the crisis, politicians are not willing to take the blame for their impact on people.
6. Whether we like it or not, the will of the people must be respected.
7. I am happy to lend you my car, provided that you return it by 9 am on Monday.
8. I arranged the trip during the school holidays so that we could all go together.
9. The accused had been caught red-handed, so his feeble attempts at denying his involvement got him nowhere.
10. As long as we writers write about things that are relevant to people, they'll keep buying our books.

8D

Traduce las frases siguientes teniendo en cuenta que el adverbio *then* no siempre puede traducirse del mismo modo.

1. Want a healthier diet? Then don't believe all the hype about cereal bars: their main ingredient is sugar.
2. British Prime Minister resigns following EU referendum: farewell then, Mr Cameron.
3. My wife read my novel and then told me exactly what she thought of it.
4. My grandfather grew up in Birmingham, then moved to London with his parents at the age of 12.
5. If you don't remember Margaret Thatcher, then you're probably much younger than I am.
6. We spent three months sailing in the South Pacific with our then nine-month old daughter.

5 La traducción de los adverbios en *-ly*

Los textos expositivo-argumentativos suelen contener un número considerable de adverbios en *-ly*. Estos adverbios tienen su equivalente más próximo en los adverbios en -mente en español (por ejemplo, *quickly* = rápidamente). Sin embargo, la frecuencia de uso de este tipo de adverbios es mucho mayor en inglés. Por ello, a la hora de traducirlos al español, a menudo empleamos expresiones alternativas a fin de lograr un estilo más natural.

Actividad 9

9A

Completa la tabla con la traducción de los adverbios en cursiva, tomados del texto de Eastwood (no es necesario traducir la frase completa). Puedes incluir más de un adverbio en -mente si lo deseas.

Adverbio en -ly	*Adverbio en -mente*
more *specifically*	especificamente, concretamente
My own discipline, history, *comfortably* eclipses science on the television.	
Ironically	
science presents itself *popularly* in a more historical manner.	
It *generally* explains the evolution of understanding.	
What is presented is history "as it *really* was"	
with the need for further research *implicitly*, and *dangerously*, denied.	
Too easily we allow critics, viewers and readers to conclude that...	
with events, processes, texts and creative objects *fully* understood and contextualised	
We should acknowledge this *precisely* in order to make the case for research funding.	
it is *abundantly* clear that	
not because its practitioners are *intellectually* "better"	

9B

Asocia cada una de las siguientes expresiones alternativas con uno de los adverbios en -mente del paso anterior.

	Adverbio
como ocurrió en realidad/de verdad, exactamente como sucedió	realmente
en concreto	
desde un punto de vista intelectual	
con facilidad, sin esfuerzo	

la versión popular de la ciencia	
por lo general, en general	
de sobra	
de modo total, en su totalidad	
de modo implícito y peligroso, de manera implícita y peligrosa	
con demasiada/excesiva facilidad	
aunque parezca irónico	
de modo preciso, con precisión	

6 La traducción de los adjetivos con prefijo negativo

Tanto en inglés como en español existen ciertos prefijos que aportan un significado que, de modo global, podemos calificar de negativo o contrario. La siguiente tabla resume los más importantes en español:

Prefijo	*Base*	*Ejemplos*
a-/an-	adjetivos	anormal, amoral, apolítico, atípico, analfabeto
	sustantivos	amoralidad, acientifismo
i-/im-/in-	adjetivos	irreal, imposible, impensable, inimaginable
	verbos	incomunicar, incapacitar
	sustantivos	insurgente, inexperiencia
des-/dis-/de-	adjetivos	despreocupado, discapacitado, deforme
	verbos	deshacer, desvelar, disentir, decodificar
	sustantivos	desdicha, disconformidad, deformidad
anti-	adjetivos	antinatural, antideportivo
	sustantivos	antitabaco, antidisturbios
no	adjetivos	no autorizado, no comparable, no racional
	sustantivos	no agresión
contra-	adjetivos	contraproducente, contraindicado, contrarrevolucionario
	verbos	contradecir, contraponer, contrarrestar
	sustantivos	contraataque, contraespionaje

Ten en cuenta los siguientes cambios ortográficos que afectan al prefijo IN-:

Delante de "r" → **i-** (+rr)	irreal, irracional
Delante de "l" → **i-**	ilegible, ilegal
Delante de "p" y "b" → **im-**	impensable, imborrable

Actividad 10

Traduce las siguientes palabras empleando un prefijo del recuadro anterior en la correspondiente palabra en español.

an *unexceptionable* statement	____tachable, ____reprochable
intractable problems	____soluble
unable	____capaz
counterproductive	____producente
intolerable	____tolerable
disarmed	____armado
unrelated	____relacionado
unlucky	____afortunado
unpopular	____popular
unbelievable	____creíble
unemployment	____empleo
unforgettable	____olvidable
discredited	____acreditado
unauthorized	____autorizado
discarded	____cartado
illiterate	____alfabeto
unofficial	____oficial
irresponsible	____responsable
dissatisfied	____satisfecho
a *disabled* person	____capacitado

Actividad 11

Teniendo en cuenta todo lo que has aprendido en este capítulo, traduce el texto de David Eastwood sobre el debate entre Ciencias y Humanidades (actividad 3).

Encargo de traducción

Traduce el siguiente texto, publicado en la sección de opinión del periódico británico *The Guardian*, para su publicación en el periódico español *El País*. El redactor responsable te ha pedido que tu traducción reproduzca, en la medida de lo posible, tanto el contenido como el tono del original.

Am I a perfectionist? You asked Google – here's the answer

By Linda Blair

Perfectionists are those who strive for flawlessness, for a perfect creation, outcome or performance. They set excessively high standards. They're harshly critical in their evaluations both of themselves and of others, and they're highly concerned about the way others evaluate them and their work. They find it difficult to delegate, even if that means neglecting their health, relationships and wellbeing in pursuit of a "perfect" outcome. They also find it difficult to forget about a past mistake or a situation in which they feel they failed – and as a result, they're often plagued by feelings of guilt and regret.

Research, particularly studies conducted by Hewitt and Flett, have shown that socially prescribed perfectionism – that is, when your standards are dictated by others – is associated with higher rates of depression, and other-oriented perfectionism – when you impose your own standards on others – is linked to difficulty sustaining relationships. When, however, we turn to self-oriented perfectionism – when you demand only the very best of yourself –, things become less clear-cut, although some studies have found an association between this sort of perfectionism and various mental health problems, such as depression, anxiety and eating disorders.

When you consider whether or not it's a good thing to be a perfectionist, you also have to take into account your priorities. If happiness and strong positive relationships are important to you, then perfectionism is probably not going to help you lead what for you is a meaningful life.

If on the other hand, you believe you have a special talent or outstanding ability and you're determined to fulfil your potential, then it will probably help – although you may often feel lonely and unhappy as a result. In his fascinating book *Creating Minds*, Howard Gardner examined the personalities of seven creative geniuses – among them, Freud, Picasso and Einstein. He found them all to be intensely dedicated to their particular area of expertise. All made incredible demands on themselves, working long hours until they produced what they regarded as an acceptable result. They were often described as loners, so absorbed in their work that they frequently neglected other aspects of their lives, particularly their relationships.

Creative genius, it seems, comes at a high price.

The Guardian, 22 June 2016

Capítulo 6
Introducción al texto literario. La poesía

En este capítulo vas a:

- Reflexionar sobre las características que definen el texto literario y los retos que plantea su traducción
- Familiarizarte con los principales géneros y subgéneros literarios
- Contrastar los sistemas de versificación en inglés y en español
- Familiarizarte con varias estrategias para traducir un texto poético
- Analizar aspectos fónicos, sintácticos y léxicos característicos de la poesía
- Practicar y profundizar en la traducción de diferentes formas poéticas

1 El género literario: características y retos para la traducción

La traducción del texto literario conlleva retos muy específicos y diferentes de los que afectan a otros tipos de género. En esta sección, te vas a familiarizar con las principales características que definen el género literario.

Actividad 1[1]

1A

Lee con detenimiento los siguientes textos. Señala en cada caso si se trata en tu opinión de un texto original o de un texto traducido. Compara tus respuestas con las de un compañero y razonad vuestras decisiones.

1. I didn't say anything. I looked at the screen, now crammed with an array of domestic appliances; except for the pre-recorded and insistent voice of the presenter and the sounds of domestic chores coming from the corridor, the room was completely silent. Three or four armchairs away from M. the woman was still sitting, motionless, with her cheek resting on a brittle hand, which was furrowed with blue veins; for a moment I thought she was asleep.

2. Always in the house, drifting round the stairs or sitting by our puddles little beast in your head. Sleeping happy homed up your brain stem now and fingers only strumming on your bad left side. Don't you knock your brother's head. You stumble. Not that bad. And walking into doors a laugh. Is blind eye at side like in eyelid? No? Lake Water? No? Like Glass? You said it is like nothing at all. It must be something what? And words, trace stammer of.

1B

Ahora comprobad la clave.

¿Os ha sorprendido la respuesta?
¿Os ha resultado un ejercicio fácil o difícil de hacer? ¿Por qué?

De la actividad anterior podemos sacar varias conclusiones. En el caso de textos con un género muy marcado (recetas de cocina, documentos oficiales, etc.), una traducción apropiada es aquella que se ajusta a las convenciones del género, como hemos visto en capítulos anteriores. Sin embargo, la noción de género o adecuación genérica en la traducción literaria es más fluida y no hay modelos tan claramente aplicables. Los textos literarios son a menudo "anómalos" desde un punto de vista lingüístico, en el sentido de que suponen un desvío con respecto a la norma para alejar al lector del lenguaje ordinario. De hecho, el género literario se caracteriza muchas veces por romper convenciones en vez de seguirlas, por su complejidad, hibridez y ambivalencia, por la estrecha relación entre estilo y contenido, y con frecuencia por sus cambios de tono y de modo dentro de una misma obra. No suele tener una función o propósito definido (como sí lo tiene, por ejemplo, un folleto turístico que aspira a persuadir o "vender" algo). Todo ello hace que enfrentarse a un texto literario presente numerosos retos para un traductor. En palabras de Tim Parks (1998: 12):

> While it is essential for a translator to have a sense of the function of the text, its intentions, its context, this turns out to be extremely problematic with literary texts, which are famous for their complexity and ambivalence. [...] In the literary text syntax and lexis will often combine or collide with the semantic surface precisely in order to generate that richness and, frequently, ambiguity, which we associate with literature, and which indeed would seem essential if a poem or novel is to offer a satisfying vision of a phenomenon as complex and elusive as life.

Este capítulo y los tres siguientes están dedicados a la traducción de géneros literarios. La complejidad y la ambigüedad que los caracterizan, como acabamos de subrayar, junto con los retos asociados con la traducción inversa de textos que planteamos en este manual, nos va a permitir trabajar elementos contrastivos lingüísticos y estilísticos sumamente valiosos para mejorar tu uso del español y tus destrezas traductoras y, en concreto, para desarrollar tu sensibilidad hacia lo que resulta natural e idiomático en esta lengua.

1.1 El lenguaje literario

Actividad 2

Comentad en grupos la siguiente cita de Mary Snell-Hornby (1988: 4):

> The factor of style – as individual choice versus group convention – is more decisive in literary translation than with special [technical/ specialized] or general language.

¿Estáis de acuerdo? ¿Qué entendéis por "estilo" en un contexto literario?

En el lenguaje literario predomina la función poética (también llamada estética) según la clasificación de Roman Jakobson (1960: 356). Esta función está orientada a la forma del mensaje. La atención sobre la forma de expresión busca producir un efecto de "extrañamiento", alejando al lector del lenguaje ordinario y resaltando la singularidad del texto mediante el uso de figuras y recursos expresivos (Acquaroni 2007: 22). El resultado es un material textual deliberadamente elaborado en sus diferentes planos lingüísticos y estilísticos: fónico (ritmo, aliteraciones, etc.), morfosintáctico (alteración del orden habitual de los elementos de una frase, estructuras repetidas, etc.), léxicosemántico (vocabulario emotivo, términos especializados, etc.) y retórico (metáforas, comparaciones, metonimias, etc.).

La cuestión del estilo, por lo tanto, es de gran relevancia en el lenguaje literario aunque, como indican Leech y Short (2007: 9–10), se trata de un concepto difícil de definir. Podemos hablar de "estilo" para referirnos a los hábitos lingüísticos de un autor en particular, o a la manera en la que el lenguaje se usa en un género, un periodo histórico o una corriente literaria determinada, o a una combinación de estos (por ejemplo, el estilo de Hemingway, el estilo epistolar, el estilo modernista de T. S. Eliot, etc.). Leech y Short (2007: 11, 31) definen estilo como las características lingüísticas de un texto que revelan elecciones lingüísticas específicas (hechas por un autor en un género dado) para construir el sentido.

Para resumir, podríamos enunciar así las características principales del lenguaje literario:

- Énfasis en la función estética de la lengua
- Integración entre forma y contenido mayor de la habitual
- Rasgos estilísticos
- Recursos literarios
- Vocación de originalidad
- Referencias culturales
- Intertextualidad
- Plurisignificación

El texto literario existe sin duda dentro de un contexto histórico y cultural, y ciertas referencias culturales pueden suponer un desafío para el traductor. Según Snell-Hornby (1988: 41):

> the extent to which a text is translatable varies with the *degree* to which it is embedded in its own specific culture, also with the distance that separates the cultural background of source text and target audience in terms of time and place.

Asimismo, las obras literarias con frecuencia hacen referencia a otros textos, en lo que se conoce como intertextualidad. La interpretación del texto fuente, y la capacidad de reflejar su sentido en la traducción, dependerá del conocimiento que el lector-traductor tenga de esos otros textos.

Otro de los rasgos definitorios del texto literario es la plurisignificación, es decir, la multiplicidad de lecturas o interpretaciones a que puede dar lugar. Más allá de lo puramente denotativo, el texto literario es portador de una fuerte carga connotativa –marcada por valores afectivos y evocadores– a la que el lector debe dar sentido.

Todas estas características del lenguaje literario contribuyen a la relación dinámica que el lector establece con el texto y son rasgos que el traductor debe tener en cuenta al abordar su labor.

Actividad 3

3A

A continuación tienes dos traducciones al español de un mismo fragmento en inglés. Léelas con atención. En parejas, intentad escribir el texto fuente en inglés a partir de estas traducciones, utilizando diccionarios y otros recursos de documentación.

1. Me hallaba en París en el otoño de 18... Una noche, después de una tarde ventosa, gozaba del doble placer de la meditación y de una pipa de espuma de mar, en compañía de mi amigo C. Auguste Dupin, en su pequeña biblioteca o gabinete de estudios

del n° 33, rue Dunôt, du troisième, Faubourg Saint-Germain. Llevábamos más de una hora en profundo silencio, y cualquier observador casual nos hubiera creído exclusiva y profundamente dedicados a estudiar las onduladas capas de humo que llenaban la atmósfera de la sala. Por mi parte, me había entregado a la discusión mental de ciertos tópicos sobre los cuales habíamos departido al comienzo de la velada; me refiero al caso de la rue Morgue y al misterio del asesinato de Marie Rogêt. No dejé de pensar, pues, en una coincidencia, cuando vi abrirse la puerta para dejar pasar a nuestro viejo conocido G..., el prefecto de la policía de París.

2. En un desapacible anochecer del otoño de 18... me hallaba en París, gozando de la doble fruición de la meditación taciturna y del nebuloso tabaco, en la compañía de mi amigo C. Auguste Dupin, en su biblioteca, au troisième, N° 33 Rue Dunôt, Faubourg St. Germain. Hacía lo menos una hora que no pronunciábamos una palabra: parecíamos lánguidamente ocupados en los remolinos de humo que empañaban el aire. Yo, sin embargo, estaba recordando ciertos problemas que habíamos discutido esa tarde; hablo del doble asesinato de la Rue Morgue y de la desaparición de Marie Rogêt. Por eso me pareció una coincidencia que apareciera, en la puerta de la biblioteca, Monsieur G., Prefecto de la policía de París.

3B

Intercambiad el texto en inglés que habéis elaborado con el de otra pareja. ¿Son muy diferentes?

3C

En la clave encontraréis el texto fuente. Comparadlo con vuestra versión y reflexionad sobre las posibles diferencias de significado y/o estilo.

3D

Por último, evaluad las traducciones del paso 3A, ambas hechas por famosos escritores: Julio Cortázar y Jorge Luis Borges respectivamente.

- ¿Qué diferencias más notables observáis entre ambas traducciones?
- ¿Sentís preferencia por una de las dos versiones?
- ¿Hasta qué punto es evidente que los traductores son ellos mismos escritores?

1.2 Clasificación de los géneros literarios

Ya vimos en el capítulo 4 sobre tipo textual y género que la clasificación en géneros se realiza en función del contexto sociocultural y el ámbito de uso. Aunque hablamos de "género literario" (en singular) para designar en su conjunto todo el ámbito de uso literario, también es habitual hablar de "géneros literarios" (en plural) para referirnos a lo que denominamos "subgéneros" (novela, poesía, teatro, etc.) en el capítulo 4.

Es importante resaltar que la obra literaria surge dentro de una tradición histórica que se remonta a siglos atrás. Andrés Amorós (1980: 193) nos recuerda la necesidad de atender a los géneros, aun cuando el mismo concepto de género y los numerosos intentos de clasificación genérica son a menudo cuestionados en la teoría literaria:

> La obra nace y es recibida por el lector dentro de un molde determinado: el género literario escogido, y eso condiciona nuestras expectativas. Incluso cuando de modo voluntario y consciente la obra intenta romper unos moldes anteriores, como hoy sucede con frecuencia, esos moldes continúan influyéndola, al rechazarlos lo mismo que al aceptarlos. A la vez, para comprender una obra literaria es preciso poseer un cierto conocimiento de la serie genérica a que pertenece, de la evolución histórica de ese molde.

El traductor, por lo tanto, debe tener en cuenta las convenciones que caracterizan los textos literarios dentro de su contexto histórico tanto en la cultura fuente como en la cultura meta, así como las expectativas de los lectores. Como señala Gideon Toury (1980: 29), desde la teoría del polisistema, un texto traducido debe ser adecuado al texto original y aceptable en el sistema literario y genérico de la lengua a la que se ha traducido.

Para nuestros propósitos didácticos en este manual de traducción, nos vamos a centrar en la siguiente clasificación de géneros dentro del ámbito literario (adaptada de Hurtado Albir 1999: 168). Observa que las divisiones entre géneros no son rígidas ni están siempre claramente definidas, y que dentro de cada género pueden distinguirse numerosos subgéneros (por ejemplo, novela de aventuras, novela rosa, etc.). Existen géneros híbridos (por ejemplo, novela en verso) y con frecuencia una sola obra puede contener varios géneros/subgéneros. Ten en cuenta también que géneros de otros ámbitos de uso, como el periodístico por ejemplo, pueden contener rasgos característicos del lenguaje literario (reportajes, críticas, columnas, etc.).

Clasificación de géneros literarios

- Poesía (lírica, épica, dramática, etc.)
- Narrativa: novela (histórica, de aventuras, negra, psicológica, epistolar, de ciencia-ficción, (auto)biográfica, etc.), novela corta, cuento o relato
- Ensayo (histórico, filosófico, literario, biográfico, político, etc.)
- Teatro (comedia, tragedia, drama, etc.)
- Cómics; novela gráfica

El traductor debe tener en cuenta que las características principales del lenguaje literario que hemos señalado en el apartado anterior dependen del género del texto en cuestión. La poesía, por ejemplo, es más proclive a utilizar recursos fónicos, como la rima, o un lenguaje simbólico. Por otra parte, el texto teatral presenta características del lenguaje oral, puesto que normalmente está destinado a ser representado. Se deben considerar también las finalidades de la traducción en función del destinatario (todos los públicos, público culto, público infantil o juvenil, etc.) y del estatus de la obra que se traduce (obras clásicas, *best sellers*, etc.).

Como hemos apuntado al comienzo de esta sección, la traducción inversa de textos literarios supone un reto considerable y de hecho son pocos los traductores profesionales que traducen literatura a una lengua que no es la suya. Al trabajar con las actividades sobre el texto literario en este manual, ten presente que el objetivo no es en ningún caso que produzcas traducciones impecables, sino que aumentes tus conocimientos de español y enriquezcas tu estilo a la hora de escribir en español. Por motivos de espacio, solo podremos trabajar con fragmentos y textos literarios breves, pero es aconsejable documentarse sobre el contexto de las obras correspondientes en la medida de lo posible a la hora de traducirlos.

2 La poesía

La poesía se basa en combinaciones fonéticas, prosódicas y de sintaxis rítmica inherentes a una lengua específica y no pertinentes en otras. Traducir poesía, por lo tanto, es una tarea fascinante que presenta numerosos retos. Aunque no sea un ejercicio habitual en los estudios de lengua española y de traducción, se trata, sin embargo, de una actividad muy útil para reflexionar sobre el lenguaje y en particular el plano fónico, así como para enfrentarse a una variedad de problemas de traducción y pensar en soluciones creativas. De hecho, la traducción de textos poéticos es la que ha sido objeto de un mayor número de análisis dentro de los estudios de traductología de textos literarios (Hurtado 2001: 65). Las estrategias que aprenderás en este capítulo se pueden aplicar a muchos otros ámbitos de la traducción.

Actividad 4

En grupo, comentad las siguientes citas y expresad vuestro acuerdo o desacuerdo con lo que afirman:

Poetry is what gets lost in translation.
Atribuido a Robert Frost (poeta)
***

The translator of poetry *must* be himself a poet.
Burton Raffel (traductor y poeta)
***

Creo que debería presentarse siempre el texto original junto a la traducción. Es una declaración de principios. Sabe el traductor que el texto que manda es el original y el suyo siempre es un simulacro, o un intento.
Jaime Siles (poeta, traductor y crítico)
***

A brilliant translation of a bad novel remains a bad novel.
The brilliant translation of a bad poem can't help
but be a good poem.
George Szirtes (poeta y traductor)
***

No se traduce el sonido de las sílabas, pero se traduce su
vibración en el alma, que es lo que importa.
Menéndez Pelayo (escritor e historiador)
***

The clumsiest literal translation is a thousand times more
useful than the prettiest paraphrase.
Vladimir Nabokov (escritor)
***

2.1 El texto poético en inglés y en español

Actividad 5

5A

Para empezar a familiarizarte con el léxico relacionado con la poesía, empareja cada término inglés con su correspondiente español:

verse
rhyme
rhythm
stanza
couplet
sonnet
enjambment
alliteration

el ritmo	el pareado
la estrofa	
el soneto	el verso
la rima	la aliteración
el encabalgamiento	

5B

Observa el comienzo de dos famosos poemas, uno en inglés y otro en español. Léelos en voz alta y fíjate en el ritmo y la musicalidad. ¿Qué sentimientos te evoca cada poema?

En parejas o en grupo, completad la tabla que aparece a continuación con ejemplos de características formales que ambos poemas poseen.

Samuel Taylor Coleridge
Kubla Khan
(1797–98)

In Xanadu did Kubla Khan
A stately pleasure-dome decree:
Where Alph, the sacred river, ran
Through caverns measureless to man
    Down to a sunless sea.
So twice five miles of fertile ground
With walls and towers were girdled round:
And there were gardens bright with sinuous rills,
Where blossomed many an incense-bearing tree;
And here were forests ancient as the hills,
Enfolding sunny spots of greenery.

José de Espronceda
Canción del pirata
(*Canciones*, 1830)

Con diez cañones por banda,
viento en popa a toda vela,
no corta el mar, sino vuela
un velero bergantín;
bajel pirata que llaman
por su bravura el *Temido*,
en todo mar conocido
del uno al otro confín.

la popa: *stern*
la vela: *sail*
el velero bergantín: *two-masted sailing boat*
el bajel: *ship*
el confín: *edge, end*

	Ejemplos	
	Poema de Coleridge	Poema de Espronceda
Rima: repetición de sonidos a partir de la última vocal acentuada de cada verso	[-an] (Khan, ran, man)	
Aliteración: repetición de sonidos dentro del verso		b/v
Hipérbaton: inversión del orden habitual de las palabras	gardens bright	
Léxico: palabras poco usuales		el bajel

5C

¿Qué diferencia observáis respecto a las convenciones tipográficas entre un poema y otro?

5D

Comentad las posibles dificultades a la hora de traducir el poema de Coleridge al español.

2.2 El plano prosódico

La **prosodia** es el conjunto de fenómenos fónicos que afectan al discurso hablado. En el caso del español, los dos fenómenos prosódicos más relevantes son la acentuación y la entonación. Un tercer fenómeno, de gran importancia en la poesía, es el ritmo.

El término prosodia también se utiliza para referirse al estudio de los rasgos fónicos que afectan a la **métrica**, definida como el arte que trata de la medida o estructura de los versos, de sus clases y de las distintas combinaciones que con ellos pueden formarse. Los sistemas de versificación varían notablemente entre el inglés y el español; es necesario conocer sus características fundamentales a la hora de abordar la traducción de un poema.

Inglés	*Español*
Cómputo de pies poéticos: cada verso se define por la configuración de pies que contiene (pie = combinación de sílabas acentuadas y/o no acentuadas). Los pies más habituales: yambo: u x (New **York**) troqueo: x u (**Lon**don) espondeo: x x (**long day**) anapesto: u u x (inter**fere**) dáctilo: x u u (**Len**ingrad) x = sílaba acentuada u = sílaba no acentuada • El pie yámbico es el más común en inglés, estableciendo un ritmo muy característico: Whose woods/these are/I think/I know • El verso se clasifica dependiendo del número de pies, siendo los más comunes: trímetro (3 pies) tetrámetro (4 pies) pentámetro (5 pies) hexámetro (6 pies) El pentámetro yámbico es muy utilizado en la poesía inglesa: When I/do count/the clock/that tells/the time	**Cómputo silábico**: cada verso se define por el número de sílabas que contiene. Por ejemplo: caminante son tus huellas ca/mi/nan/te/ son/ tus/ hue/llas (8 sílabas) *octosílabo* • Si el verso termina en una palabra aguda (acentuada en la última sílaba), se cuenta una sílaba más: el camino y nada **más** el/ ca/mi/no y/ na/da/ más (7 + 1) *octosílabo* • Si el verso termina en una palabra esdrújula (acentuada en la antepenúltima sílaba), se cuenta una sílaba menos: rompe los muros débiles rom/pe/ los/ mu/ros/ dé/bi/les (8 – 1) *heptasílabo* • **Sinalefa**: cuando una palabra termina en vocal y la siguiente comienza por vocal (o letra "h") se computan, contándose como una sola sílaba. Es un fenómeno muy frecuente: co/m**o hu**/ra/cán/ q**ue e**m/pu/ja (7) *heptasílabo* El endecasílabo (11 sílabas) es muy común en la poesía española.
Rima perfecta: final del verso desde la última vocal acentuada: • **masculina:** última vocal acentuada está en la última sílaba (**cat/bat**; a**board**/ig**nored**)	**Rima:** final del verso desde la última vocal acentuada • **rima consonante:** riman las consonantes y las vocales (v**ida**/ desped**ida**)

• **femenina:** última vocal acentuada está en la penúltima o antepenúltima sílaba (**will**ow/**bill**ow; **rap**idly/**vap**idly) **media rima:** la vocal acentuada o los siguientes sonidos difieren (b**i**te/f**i**re; l**ust**/l**ost**)	• **rima asonante:** riman solo las vocales (c**a**s**a**/dr**a**m**a**)
Estrofas más habituales: • **pareado heroico:** 2 pentámetros yámbicos rimados • **balada:** tetrámetros/trímetros yámbicos alternos • **soneto**: 14 pentámetros yámbicos **soneto isabelino o de Shakespeare:** abab cdcd efef gg **soneto de Petrarca:** abbaabba cdecde /cdedce/cdeedc **soneto de Spenser:** abab bcbc cdcd ee	**Estrofas** más habituales: • **pareado:** 2 versos rimados (AA) • **terceto:** 3 endecasílabos rimados (ABA) • **redondilla:** 4 octosílabos rimados (abba o abab) • **octavilla:** combinación de dos redondillas con rima variable (una de las rimas se repite en la segunda) • **octava real:** 8 endecasílabos rimados (ABABABCC) • **soneto:** 14 versos endecasílabos (2 cuartetos con rima fija y 2 tercetos con rima variable): ABBA ABBA CDE CDE/CDC DCD

Ciertas estrofas se asocian con géneros específicos en cada tradición literaria, por ejemplo el soneto con la poesía amorosa. Por otro lado, el pentámetro yámbico sin rima conocido como el **verso blanco** o heroico (*blank verse*) es la forma poética más utilizada en inglés (no se divide en estrofas sino en párrafos). El **verso libre** designa poesía que no sigue pautas fijas de metro ni de rima.

Convenciones tipográficas: mientras que en inglés la letra inicial de cada verso se escribe con mayúscula, en español solo se usa mayúscula en el primer verso o tras un punto.

Actividad 6

Vuelve a los poemas de la actividad 5 (paso B) e intenta identificar la versificación de cada uno. Compara tus notas con las de tus compañeros.

2.3 Estrategias para la traducción de poesía

El traductor del texto poético siempre se encuentra ante el desafío de reproducir elementos formales recurrentes –como la rima o las aliteraciones– manteniendo al mismo tiempo el sentido del texto fuente. No existe acuerdo entre los traductores en cuanto a si aspectos tan importantes como la rima o incluso la estructura métrica deberían mantenerse en la traducción. André Lefevere (1975: 19–84) propone la siguiente lista de siete estrategias posibles:

1. Traducción fonémica: imitación de los sonidos del texto fuente.
2. Traducción literal: palabra por palabra.
3. Traducción métrica: imitación de la versificación del texto fuente.
4. Traducción en prosa: reproduce el sentido lo máximo posible perdiendo la forma poética.
5. Traducción rimada: mantiene la rima.
6. Traducción en verso libre: pierde la rima pero mantiene la estructura poética.
7. Interpretación: cambio completo de forma y/o imitación.

En la historia de la traducción y la literatura, ha habido famosos defensores de cada una de estas estrategias: Vladimir Nabokov abogaba por una traducción literal a fin de respetar la esencia del poema mientras que Ezra Pound o Robert Lowell se decantaban más bien por una interpretación libre en sus traducciones de obras poéticas.

Existe ciertamente una relación entre la estrategia elegida por un traductor y la función de su texto meta dentro de su propia tradición literaria. El traductor de poesía tiene que desempeñar el papel de un crítico literario y también el de un poeta para resolver los conflictos entre las normas y convenciones de la lengua y la tradición literaria del texto fuente y del texto meta, y a la vez crear un texto meta con sensibilidad poética.

Los enfoques son pues variados, pero en muchos casos la solución a los problemas de traducción reside en algún tipo de compromiso, ya sea encontrar una versificación comparable en español o intentar recrear en español el ritmo del poema aunque sea a costa de perder la rima.

Actividad 7

7A

Aquí tienes el comienzo del soneto LX de Shakespeare y a continuación cuatro traducciones. Léelas y decide qué estrategia utiliza cada una según la clasificación de André Lefevere. Ten en cuenta que es posible que apliquen más de una estrategia a la vez.[2]

William Shakespeare, Sonnet LX

Like as the waves make towards the pebbled shore,
So do our minutes hasten to their end;
Each changing place with that which goes before,
In sequent toil all forwards do contend.
Nativity, once in the main of light,
Crawls to maturity, wherewith being crowned,
Crooked eclipses 'gainst his glory fight,
And Time that gave doth now his gift confound.

1. Tal y como avanzan las olas hacia la pedregosa orilla,
así nuestros minutos se apresuran hacia su fin;
cada uno intercambiando sitio con aquel que va delante,
en afanosa secuela todos tienden a avanzar.
El nacimiento, una vez en el mar de la luz,
se arrastra hacia la madurez, que, apenas coronada,
es combatida por la insidia de malignos eclipses,
y el Tiempo, que dio su don, ahora lo destruye.

Traducción de Fátima Auad y Pablo Mañé (1975)

2. Cual olas hacia playa pedregosa,
nuestros minutos a su fin proceden
cambiando el puesto con los que anteceden
en su ansia de avances afanosa.
El nacer, ya en la mar esplendorosa,
repta a la madurez; cuando a ella acceden,

al torvo eclipse sus fulgores ceden,
y hurta el Tiempo su dádiva preciosa.

Traducción de José Méndez Herrera (1976)

3. Como las olas se dirigen hacia la pedregosa playa, así nuestros minutos se precipitan a su fin; cambiando cada una de sitio con la que le precede, todas tienden al avance en su trabajo sucesivo. La infancia, una vez en la inmensidad de la luz, trepa hasta la madurez, donde al recibir su corona, insidiosos eclipses luchan contra su esplendor, y el Tiempo, que la había auxiliado, destruye ahora sus dones.

Traducción de Luis Astrana Marín (1929)

4. Como en la playa al pedregal las olas,
nuestros minutos a su fin se apuran,
cada uno desplaza al que ha pasado
y avanzan todos en labor seguida.
El nacimiento, por un mar de luces,
va hacia la madurez y su corona;
combaten con su brillo eclipses pérfidos
y el Tiempo sus regalos aniquila.

Traducción de Manuel Mujica Láinez (1963)

7B

Escribe ahora tu propia traducción del siguiente poema de W. H. Davies de acuerdo con la estrategia o estrategias que te parezcan más apropiadas. Si deseas reproducir la rima, busca un diccionario en línea de rimas para facilitarte la labor.

Leisure

What is this life if, full of care,
We have no time to stand and stare?

No time to stand beneath the boughs,
And stare as long as sheep or cows.

No time to see, when woods we pass,
Where squirrels hide their nuts in grass.

No time to see, in broad daylight,
Streams full of stars, like skies at night.

No time to turn at Beauty's glance,
And watch her feet, how they can dance.

No time to wait till her mouth can
Enrich that smile her eyes began?

A poor life this is if, full of care,
We have no time to stand and stare.

W. H. Davies, *Songs of Joy and Others* (1911)

2.4 El plano fónico y léxico

Como hemos visto, la poesía se caracteriza por explotar en mayor medida que otros géneros el plano fónico del lenguaje, con figuras como onomatopeyas y aliteraciones, que contribuyen a resaltar aspectos léxicos y estilísticos del texto.

2.4.1 La onomatopeya y la aliteración

Por **onomatopeya** se entiende el uso de una palabra, o en ocasiones un grupo de palabras, cuya pronunciación imita el sonido de aquello que describe. Ejemplos típicos de onomatopeyas son "bum", "clic" o "crac".

Ej. No soporto el tictac del reloj.

Las onomatopeyas son empleadas también para describir el sonido emitido por animales (croar, cacarear).

Ej. Me despertó el quíquiriquí del gallo.

Otros ejemplos de verbos onomatopéyicos: cecear, cuchichear, refunfuñar, susurrar.

Algunas onomatopeyas son utilizadas para referirse a fenómenos visuales: un tic nervioso; moverse en zigzag.

La figura retórica de la **aliteración** consiste en el efecto sonoro producido por la repetición de forma consecutiva del mismo o de los mismos fonemas, sobre todo consonánticos, en una frase. Contribuye a la estructura o expresividad del verso, aunque también se puede dar en prosa.

Ej. En el **s**ilencio **s**ólo **s**e e**s**cuchaba
un **s**u**s**urro de abeja**s** que **s**onaba

Actividad 8

Similitudes fonéticas pueden conducir a juegos de palabras que presentan interesantes retos a los traductores. En esta actividad y la siguiente, vas a trabajar con fragmentos de la obra de Lewis Carroll. Seguramente conoces su libro *Alice's Adventures in Wonderland* (*Alicia en el país de las maravillas*) y estás familiarizado con su estilo, que se caracteriza por una notable explotación de los recursos fónicos, así como el "sinsentido" (*nonsense*) y los juegos de palabras. Son famosas sus palabras maletín (*portmanteau*), fenómeno que consiste en condensar dos o más formas léxicas en una sola unidad o palabra amalgamada.

8A

Aquí tienes el principio del poema "Jabberwocky", incluido en su obra de 1871 *Through the Looking-Glass* (*Alicia a través del espejo*). Léelo en voz alta y observa los casos de aliteraciones y onomatopeyas.

"Jabberwocky"

'Twas brillig, and the slithy toves
Did gyre and gimble in the wabe:
All mimsy were the borogoves,
And the mome raths outgrabe.

"Beware the Jabberwock, my son!
The jaws that bite, the claws that catch!
Beware the Jubjub bird, and shun
The frumious Bandersnatch!"

Ilustración de John Tenniel (1871)

8B

En grupos, intentad deducir de qué palabras inglesas derivan los siguientes términos inventados. Tened en cuenta que algunos de ellos son resultado de la combinación de dos palabras. Por ejemplo, Lewis Carroll ofrece la siguiente explicación sobre el título, "Jabberwocky": "Anglo-Saxon word 'wocer' or 'wocor' signifies 'offspring' or 'fruit'. Taking 'jabber' in its ordinary acceptation of 'excited and voluble discussion' ".

brillig:

slythy:

gyre:

mimsy:

frumious:

8C

Con la ayuda de un diccionario monolingüe, analizad las siguientes traducciones de estos versos realizadas por Ramón Buckley y Jaime de Ojeda, buscando los equivalentes a los términos de la tabla. Después sacad conclusiones sobre la aproximación de ambos autores a la traducción de palabras inventadas y sin sentido.

Trad. Ramón Buckley (1992)	*Trad. Jaime de Ojeda (1973)*
"El Fablistanón"	"El Galimatazo"
Borgotaba. Los viscoleantes toves, rijando en la solea, tadralaban... Misébiles estaban los borgoves y algo momios los verdos bratchilbaban.	Brillaba, brumeando negro, el sol; agiliscosos giroscaban los limazones banerrando por las váparas lejanas; mimosos se fruncían los borogobios mientras el momio rantas murgiflaba.
¡Cuidado, hijo, con el Fablistanón! ¡Con sus dientes y garras, muerde, apresa! ¡Cuidado con el pájaro Sonsón y rehúye el frumioso Magnapresa!	¡Cuídate del Galimatazo, hijo mío! ¡Guárdate de los dientes que trituran y de las zarpas que desgarran! ¡Cuídate del pájaro Jubo-Jubo y que no te agarre el frumioso Zamarrajo!

	Ramón Buckley	*Jaime de Ojeda*
Jabberwocky:		
brillig:		
slythy:		
gyre:		
mimsy:		
frumious:		

Actividad 9

En esta actividad vas a trabajar con un fragmento de otra obra de Lewis Carroll, *The Hunting of the Snark* (1876). Se trata de un poema dividido en ocho cantos, sin número fijo de estrofas, que describe la aventura de una curiosa y variada tripulación a bordo de un barco a la búsqueda y captura de un misterioso animal, el *Snark*. La palabra maletín *Snark* es un compuesto de *snake* (serpiente) y *shark* (tiburón), con el que se denomina a esta criatura híbrida.

Nos vamos a centrar en el comienzo del tercer acto, "The Baker's Tale". Vais a trabajar en grupo. Es muy importante que leáis en voz alta este fragmento varias veces antes de empezar a traducir.

Lewis Carroll, *The Hunting of the Snark* (1876)
Fit the Third: THE BAKER'S TALE

They roused him with muffins—they roused him with ice—
They roused him with mustard and cress—
They roused him with jam and judicious advice—
They set him conundrums to guess.

When at length he sat up and was able to speak,
His sad story he offered to tell;
And the Bellman cried "Silence! Not even a shriek!"
And excitedly tingled his bell.

There was silence supreme! Not a shriek, not a scream,
Scarcely even a howl or a groan,
As the man they called "Ho!" told his story of woe
In an antediluvian tone.

"My father and mother were honest, though poor—"
"Skip all that!" cried the Bellman in haste.
"If it once becomes dark, there's no chance of a Snark—
We have hardly a minute to waste!"

"I skip forty years," said the Baker, in tears,
"And proceed without further remark
To the day when you took me aboard of your ship
To help you in hunting the Snark.

9A

Señala en el poema las aliteraciones que encuentres y coméntalas en tu grupo.

9B

Habrás notado varias onomatopeyas. Haz el siguiente ejercicio de léxico y compara tus respuestas con las de tus compañeros.

Los siguientes sustantivos onomatopéyicos tienen el significado genérico de "grito". En la columna correspondiente, describe en inglés el sonido que indican.

	Descripción del sonido	*Traducción*
shriek		
scream		
howl		
groan		

A continuación tienes varios sustantivos en español con su definición. Busca la traducción que te parezca más apropiada para cada uno de los cuatro términos onomatopéyicos y completa la columna correspondiente de la tabla de arriba (puede haber más de una traducción acertada para cada término):

aullido: voz triste y prolongada del lobo, el perro y otros animales.

gemido: expresión con sonido y voz lastimera de pena y dolor.

alarido: grito fuerte o estridente; grito lastimero que se profiere por algún dolor, pena o conflicto.

quejido: voz lastimosa, motivada por un dolor o pena que aflige y atormenta.

chillido: sonido inarticulado de la voz, agudo y desapacible.

9C

Dividid la clase en cinco grupos y que cada grupo trabaje con una estrofa. Considerad las principales dificultades para traducir vuestra estrofa y acordad las estrategias que vais a adoptar. En particular, prestad atención a:

- la versificación, rima y ritmo
- onomatopeyas
- aliteraciones
- vocabulario, en especial palabras *portmanteau* o maletín
- sentido y significado
- finalidad traductora

Escribid una versión en común de vuestra traducción de la estrofa y presentadla al resto de la clase.

9D

Comparad vuestro trabajo con la siguiente traducción publicada y contrastad las estrategias utilizadas a la hora de abordar los puntos señalados en el paso anterior. ¿Qué aspectos consideráis más acertados en vuestra traducción de grupo que en la traducción publicada? ¿Cómo habéis traducido la palabra maletín *Snark*?

Canto tercero
LA HISTORIA DEL PANADERO

Le despertaron con bizcochos; le animaron con hielo,
le despertaron con mostaza y con berros;
le animaron con mermeladas y con juiciosos consejos,
y le pusieron acertijos para adivinar.

Cuando por fin se incorporó y pudo soltar palabra,
ofreció explicarles su triste historia.
Y el Capitán gritó: "¡Silencio! No quiero oír ni una mosca",
y agitó su campana con gran excitación.

Se hizo un supremo silencio. Ni un chillido, ni un grito,
apenas algún que otro lamento o gemido se oyó...
mientras el hombre a quien llamaban "¡Eh!" explicó
su calamitosa historia con antediluviana entonación.

"Mi padre y mi madre eran pobres, pero honrados."
"¡Ahórranos todo eso!", bramó impaciente el Capitán.
"Si se nos hace de noche ya no habrá posibilidad de ver al
Snark. No podemos perder ni un momento."

"Me saltaré cuarenta años", dijo casi llorando el Panadero,
"y seguiré adelante sin hacer más observaciones
hasta el día en que me enrolaste en tu navío
para ayudaros en la caza del Snark."

Lewis Carroll, *La caza del Snark*. Edición bilingüe de
María Eugenia Frutos y J. Javier Laborda (2000)

2.5 El plano sintáctico

En el lenguaje poético se manipula la sintaxis para lograr ciertos efectos rítmicos y métricos, así como para añadir expresividad y matices emocionales. En esta sección nos vamos a centrar primero en dos figuras retóricas usadas con frecuencia en poesía (el hipérbaton y el encabalgamiento) y después en la posición del adjetivo.

2.5.1 El hipérbaton y el encabalgamiento

El **hipérbaton** es una figura retórica que consiste en invertir el orden lógico de las palabras que constituyen una frase. Ejemplo:

> Volverán las oscuras golondrinas
> en tu balcón sus nidos a colgar
> (Gustavo Adolfo Bécquer, *Rima LIII*, 1871)
>
> Orden sintáctico habitual (sujeto + verbo + predicado): Las oscuras golondrinas volverán a colgar sus nidos en tu balcón.

El uso del hipérbaton es frecuente en poesía para mantener el ritmo del verso o modificar el valor de las palabras (enfatizando un término, por ejemplo, o creando un sentido de enigma o sorpresa).

El **encabalgamiento** consiste en distribuir en versos contiguos partes de una frase que de ordinario constituyen una unidad léxica o sintáctica (la frase va "a caballo" entre dos versos). Ejemplo:

> Una tarde parda y fría
> de invierno. Los colegiales
> estudian. Monotonía
> de la lluvia en los cristales.
> (Antonio Machado, "Recuerdo infantil", 1907)
>
> En el ejemplo tres unidades aparecen distribuidas en versos contiguos:
> Una tarde parda y fría de invierno.
> Los colegiales estudian.
> Monotonía de la lluvia en los cristales.

Los poetas utilizan el encabalgamiento para alterar el ritmo que establece la estructura gramatical. A su vez, como la pausa no coincide con la estructura sintáctica, el encabalgamiento sirve también para destacar matices emocionales que afectan al contenido del poema.

Actividad 10

10A

A continuación tienes una frase que contiene todas las palabras de cuatro famosos versos del poeta español Gustavo Adolfo Bécquer (1836–1870), pero en orden distinto. Cambia el orden de las palabras para componer una estrofa de cuatro versos.

> El arpa se veía silenciosa y cubierta de polvo, tal vez olvidada de su dueña, en el ángulo oscuro del salón.

10B

Crea ahora tus propios versos a partir de las siguientes frases experimentando, si lo deseas, con el hipérbaton y el encabalgamiento:

1. Los naranjos florecen en primavera y la ciudad entera se llena de aroma de azahar.
2. Todos necesitamos la poesía como el aire que respiramos y repetimos en voz alta las palabras como gritos en el cielo.

10C

Traduce las siguientes frases de Yoda, personaje de las películas de la saga *Star Wars* (*La guerra de las galaxias*), cuyo discurso se caracteriza por el hipérbaton. Trata de reproducir el mismo efecto en español.

1. Truly wonderful, the mind of a child is.
2. I hope right you are.
3. Much to learn, you still have.
4. When nine hundred years old you reach, look as good you will not.

2.5.2 La posición del adjetivo

La posición habitual del adjetivo en español es pospuesta, es decir, detrás del sustantivo. Sin embargo, también puede aparecer antepuesto. Se trata de un tema complejo, ya que se combinan muchos factores –estilísticos, de sentido, de convención, de sonido– para determinar si decimos, por ejemplo, "una hermosa melodía" o "una melodía hermosa".

Podemos distinguir dos tipos de adjetivos:

- **Adjetivos restrictivos** son aquellos que restringen o limitan el significado del sustantivo al que modifican, por ejemplo, "vino tinto" *(red wine)* es un tipo particular de vino.
- **Adjetivos no restrictivos** son aquellos que se refieren a la totalidad de la entidad designada por el sustantivo, por ejemplo, en "las aburridas clases del profesor", se entiende que todas sus clases son aburridas.

La regla básica de la posición del adjetivo es:

a. Los adjetivos **restrictivos** (especificativos) van **detrás** del sustantivo.
b. Los adjetivos **no restrictivos** (descriptivos) pueden ir **delante o detrás** del sustantivo. Algunos van siempre delante.

Sin embargo, las cosas no son tan fáciles: la diferencia entre adjetivo restrictivo y no restrictivo no siempre está clara y a menudo la elección se basa más en la intuición lingüística que en factores objetivos.

La razón más común para anteponer un adjetivo es subrayar su contenido emocional o subjetivo (una <u>tremenda</u> tragedia, el <u>inquietante</u> problema del cambio climático). Estos adjetivos suelen describir la valoración que el hablante hace del sustantivo y añaden un matiz subjetivo. Por ello, la anteposición de adjetivos es bastante común en el lenguaje emocional (literario, poético, publicitario, periodístico):

los <u>impresionantes</u> paisajes andinos
un escritor con una <u>amplísima</u> cultura
¡Aprovéchese de esta <u>sensacional</u> oferta!

Dentro de los adjetivos no restrictivos se encuentran los **adjetivos epítetos**. En retórica se usa el término "epíteto" para designar un tipo especial de adjetivo que destaca una cualidad contenida implícitamente en el sustantivo. Por ejemplo, los siguientes versos hacen uso del epíteto:

Volverán las <u>oscuras</u> golondrinas
(Bécquer, Rima LIII, 1871)

Allá muevan feroz guerra
(Espronceda, "Canción del pirata", 1830)

El epíteto reúne las siguientes características:

- es un adjetivo atributivo (el ancho mar) frente al adjetivo predicativo (el mar es ancho), que no es un epíteto;
- tiene una función predominantemente expresiva, por lo que no es necesario para el significado de la frase: la blanca nieve, el alto cielo, la roja sangre;
- en español generalmente antecede al nombre: el ardiente sol nos deslumbra;
- se utiliza sobre todo en el lenguaje literario, en particular en la poesía.

En el próximo capítulo estudiaremos con más detalle la posición del adjetivo y cómo esta puede afectar el significado de ciertos adjetivos.

Actividad 11

Subraya los epítetos que aparecen en los siguientes versos:

1. Por ti la verde hierba, el fresco viento
el blanco lirio y colorada rosa
y dulce primavera deseaba.

(Garcilaso de la Vega, *Égloga I*, 1534)

2. casóse mi linda amiga

(Romance "Compañero, compañero", S. XVI)

3. La fina seda se rompe

(Romance "El enamorado y la muerte", S. XVI)

4. mira tu blanca frente el lilio bello

   (Góngora, "Mientras por competir...", 1582)

5. Dos rojas lenguas de fuego

   (Bécquer, *Rima XXIV*, 1871)

6. y la carne que tienta con sus frescos racimos,
   y la tumba que aguarda con sus fúnebres ramos

   (Rubén Darío, "Lo fatal", 1905)

Actividad 12

12A

En esta actividad vas a trabajar con una forma poética breve de origen japonés llamada haiku, que usa lenguaje sensorial para expresar un sentimiento o reflejar un instante de manera concisa, como una pincelada en el tiempo. Tradicionalmente, los haikus se escriben en tres versos de 5, 7 y 5 sílabas, respectivamente, sin rima. Suelen hacer referencia a escenas de la naturaleza o de la vida cotidiana.

Aquí tienes un haiku del famoso poeta japonés Matsuo Bashō (1644–1694), traducido al inglés y al español:

'Tis the first snow—
Just enough to bend
The narcissus leaves!
(traducido por W.G. Aston, 1899)

Primera nieve:
las hojas del narciso
casi curvadas
(traducido por José María Bermejo, 1997)

Elige una de las siguientes imágenes (en la Plataforma Digital puedes verlas más grandes y en color). Obsérvala y anota en español palabras que te sugiere. Intenta incluir adjetivos epítetos. A partir de esas palabras, elabora un haiku. Ten en cuenta que el hipérbaton y el encabalgamiento te pueden ayudar a reflejar el instante.

1.

2.

3.

4.

12B

Podéis poner los haikus que habéis creado por las paredes de vuestra clase o intercambiarlos en grupo. Intentad identificar a qué fotos corresponden los haikus de vuestros compañeros. También podéis publicarlos en línea, en páginas que recogen haikus en todos los idiomas.

Actividad 13

En esta actividad vas a trabajar con dos estrofas de una novela en verso, *The Golden Gate* (1986), de Vikram Seth. Esta obra retrata la vida de un grupo de jóvenes profesionales en San Francisco en los años 80 y aborda numerosos temas de actualidad. En esta escena, Liz y John se acaban de conocer y quedan para cenar juntos.

13A

Dividid la clase en dos grupos y asignad una estrofa a cada grupo. En parejas, traducid la estrofa que os corresponda prestando especial atención a aspectos sintácticos tales como la posición de los adjetivos y las figuras de hipérbaton y encabalgamiento. Antes de empezar, es aconsejable que os documentéis en general sobre la obra y reflexionéis sobre el estilo de la estrofa.

2.48
But talk turns, as the meal progresses,
To (heart-unsettling) movie stars,
The chef's (mouth-watering) successes,
The ills (mind-boggling) of their cars,
To cats, to microchips, flotation
Of corporate bonds, sunsets, inflation,
Their childhoods... while, along the way,
A bountiful, rich cabernet
Bestows its warm, full-bodied flavor

On everything they touch upon,
But most of all on Liz and John
Who, fluent as the draught they savor,
In phrase both fulsome and condign
Sing praise of Californian wine.

2.55
The loving pair has bit the apple
Of mortal knowledge. As we see
The rosy half-light of love's chapel
Halo their ardents heads, should we
Hymn them in accents hushed and holy?
Forbear, O Gentle Reader. Slowly,
Ah, slowly, from their whim-swept height
Of rash delirium and delight
All sober inklings of perspective
Sink in the Wash of tenderness...
Far better, since my life's a mess,
To spray the mooncalfs with invective.
Why do they look so pleased, when I
Am loverless and pine, and sigh?

13B

Ahora trabajad con una pareja de compañeros que haya traducido la otra estrofa. Leed en voz alta vuestras respectivas traducciones. Comentad juntos cómo habéis abordado las cuestiones sintácticas de las estrofas. Podéis consultar un ejemplo de traducción en la clave.

Encargo de traducción

Estás preparando una edición bilingüe de una selección de poemas de William Butler Yeats (1865–1939) para una revista literaria en línea, publicada por estudiantes universitarios y dirigida al público general. Traduce el siguiente poema de 1892.

When You Are Old

When you are old and grey and full of sleep,
And nodding by the fire, take down this book,
And slowly read, and dream of the soft look
Your eyes had once, and of their shadows deep;

How many loved your moments of glad grace,
And loved your beauty with love false or true,
But one man loved the pilgrim soul in you,
And loved the sorrows of your changing face;

And bending down beside the glowing bars,
Murmur, a little sadly, how Love fled
And paced upon the mountains overhead
And hid his face amid a crowd of stars.

W. B. Yeats, *The Collected Poems of W. B. Yeats*, edición de R. J. Finneran. New York: Macmillan,1989.

Notas

1 Las autoras desean agradecer la idea y la selección de textos de esta actividad a la traductora Lucy Greaves, que a su vez se inspiró en ideas de las traductoras Anne McLean y Katy Derbyshire.

2 Traducciones tomadas del artículo: Miguel Martínez López (1998) "Dos traducciones españolas del soneto LX de William Shakespeare. Análisis y una nueva versión", en *Traducir poesía: Luis Cernuda, traductor,* coord. por Emilio Barón, Almería: Universidad de Almería, págs. 25–38.

Capítulo 7
La narrativa literaria: sintaxis y puntuación

En este capítulo vas a:

- Reflexionar sobre las características que definen la narrativa literaria y los retos que plantea su traducción
- Conocer los principales subgéneros narrativos
- Practicar el análisis lingüístico y estilístico aplicado a la traducción de narrativa
- Familiarizarte con los rasgos sintácticos del español desde una perspectiva contrastiva
- Conocer las convenciones tipográficas de la narrativa en español y practicar la puntuación

1 La narrativa literaria y su traducción

En este capítulo nos centraremos en la narrativa literaria, un género constituido primariamente por la novela, la novela corta y el cuento o relato corto. Por extensión, la narrativa también engloba las novelas gráficas y los cómics, y ciertos subgéneros audiovisuales (como las películas de cine y las series de televisión o radio), que trataremos en otros capítulos. Asimismo, las (auto)biografías y los ensayos literarios e históricos comparten características de la narrativa literaria.

1.1 Tipología textual

A grandes rasgos, una obra literaria narrativa se caracteriza por la presencia de un narrador, personajes, un contexto espacial y temporal, y un argumento (acontecimientos, acciones). La gran diversidad dentro de la narrativa hace difícil establecer paradigmas de análisis que sean aplicables a todas las obras, pero en general podemos decir que en la narrativa literaria se usan principalmente textos descriptivos y textos narrativos (que pueden incluir diálogos entre personajes). Ambos tipos de textos aparecen habitualmente combinados dentro de la obra y se caracterizan por determinados rasgos lingüísticos y estilísticos que ya mencionamos en el capítulo 4 y que vamos a estudiar más a fondo a continuación.

Actividad 1

Clasifica estos fragmentos en las siguientes categorías según la función textual que predomine: texto narrativo, texto descriptivo, texto narrativo con diálogo. Completa la tabla de abajo señalando los rasgos gramaticales y léxicos y las figuras retóricas más notables que observes en cada texto, proporcionando algunos ejemplos.

Texto 1

La heroica ciudad dormía la siesta. El viento Sur, caliente y perezoso, empujaba las nubes blanquecinas que se rasgaban al correr hacia el Norte. En las calles no había más ruido que el rumor estridente de los remolinos de polvo, trapos, pajas y papeles que iban de arroyo en arroyo, de acera en acera, de esquina en esquina revolando y persiguiéndose, como mariposas que se buscan y huyen y que el aire envuelve en sus pliegues invisibles. Cual turbas de pilluelos, aquellas migajas de la basura, aquellas sobras de todo se juntaban en un montón, parábanse como dormidas un momento y brincaban de nuevo sobresaltadas, dispersándose, trepando unas por las paredes hasta los cristales temblorosos de los faroles, otras hasta los carteles de papel mal pegado a las esquinas, y había pluma que llegaba a un tercer piso, y arenilla que se incrustaba para días, o para años, en la vidriera de un escaparate, agarrada a un plomo.

Leopoldo Alas "Clarín", *La Regenta* (1884–85)

Texto 2

Al fin sucedió. Yo estaba en el café, sentado junto a la ventana. Esta vez no esperaba nada, no estaba vigilando. Me parece que hacía números, en el vano intento de equilibrar los gastos con los ingresos de este mayo tranquilo, verdaderamente otoñal, pletórico de deudas. Levanté los ojos y ella estaba allí. Como una aparición o un fantasma o sencillamente –y cuánto mejor– como Avellaneda. Me puse de pie, tropecé con la silla, mi cucharita de café resbaló de la mesa con un escándalo que más bien parecía provenir de un cucharón. Los mozos miraron. Ella se sentó. Yo recogí la cucharita, pero antes de poderme sentar me enganché el saco en ese maldito reborde que cada silla tiene en el respaldo. En mi ensayo general de esta deseada entrevista, yo no había tenido en cuenta una puesta en escena tan movida.

Mario Benedetti, *La tregua* (1960) (adaptado)

Texto 3

Platero es pequeño, peludo, suave; tan blando por fuera, que se diría todo de algodón, que no lleva huesos. Sólo los espejos de azabache de sus ojos son duros cual dos escarabajos de cristal negro. Lo dejo suelto y se va al prado, y acaricia tibiamente con su hocico, rozándolas apenas, las florecillas rosas, celestes y gualdas... Lo llamo dulcemente: "¿Platero?", y viene a mí con un trotecillo alegre que parece que se ríe, en no sé qué cascabeleo ideal... Come cuanto le doy. Le gustan las naranjas mandarinas, las uvas moscateles, todas de ámbar; los higos morados, con su cristalina gotita de miel... Es tierno y mimoso igual que un niño, que una niña... ; pero fuerte y seco por dentro, como de piedra.

Juan Ramón Jiménez, *Platero y yo* (1914)

Texto 4

Doña Nico, la mujer que se encargaba de los refrescos y la limpieza, entró llevándole el jugo de zanahoria con naranja que Lavinia acostumbraba a tomar a media mañana. Al poner el vaso sobre la mesa, miró de reojo los periódicos.

–Pobres muchachos –dijo, en voz muy baja, casi inaudible–. Fue en mi barrio –añadió como justificando el comentario.

–¿Y cómo fue? –preguntó Lavinia, sin saber muy bien cómo abordarla.

–No sé –dijo la mujer, nerviosa, pasando las manos por el delantal–. No sé cómo fue. Yo estaba tranquila en mi casa lavando una ropa cuando oí los tiros. Fue una balacera horrible. Eso es todo lo que yo sé...

Eso era la dictadura, pensó Lavinia, el miedo; la mujer diciendo que no sabía nada.

Gioconda Belli, *La mujer habitada* (1992) (adaptado).

	Texto 1	**Texto 2**	**Texto 3**	**Texto 4**
TIPO DE TEXTO				
Rasgos gramaticales/léxicos				
Presente de indicativo				
Pretérito imperfecto	✓ dormía, empujaba...			
Pretérito perfecto simple				
Adjetivos	✓ heroica, caliente...			
Adverbios				
Otros				
Figuras retóricas				
Metáfora				
Símil o comparación				
Personificación	✓ la heroica ciudad dormía la siesta			
Enumeración				
Otros				

Como habrás observado, el **texto descriptivo** se caracteriza por utilizar:

- el tiempo presente o el pretérito imperfecto para presentar las características de un lugar, una persona, un animal o un objeto;
- numerosos adjetivos para calificar sus cualidades, aspecto, funciones, etc.;
- estructuras sintácticas sin conectores (yuxtaposición);
- figuras retóricas como la metáfora, el símil o comparación, la personificación, la enumeración y el paralelismo. También se pueden encontrar casos de sinestesia (mezcla de sensaciones que se perciben con sentidos diferentes: verde chillón), aliteración (repetición de sonidos en una frase), hipérbole o exageración, e ironía (p. ej. en las caricaturas).

Es difícil encontrar textos prolongados que sean puramente descriptivos, pues habitualmente aparecen pasajes descriptivos dentro de textos narrativos para retratar personajes y ambientes.

El **texto narrativo** tiene una serie de elementos constituyentes (Muñoz-Basols *et al.* 2012: 21):

- el espacio donde tiene lugar la historia;
- el tiempo;
- la acción;
- los personajes que participan en la historia;
- el punto de vista desde el que se narra.

Desde una perspectiva lingüística y retórica, el texto narrativo se caracteriza por:

- el uso frecuente de los tiempos de pasado, junto con conectores temporales y de secuencia;
- el empleo del diálogo entre personajes, así como del monólogo, del discurso indirecto y del discurso indirecto libre;
- unos recursos literarios muy variados, que pueden incluir desde figuras retóricas como metáforas o símiles, a usos de ironía, cambios de tono o referencias intertextuales.

1.2 Análisis textual: elementos lingüísticos y recursos característicos de la narrativa

Como ya vimos en los capítulos 1 y 2, cuando nos enfrentamos a un texto tenemos que tomar una serie de decisiones estratégicas considerando su contexto histórico-cultural, género, audiencia del texto fuente y del texto meta, y la finalidad de la traducción. Una vez establecida nuestra estrategia global, prestaremos atención a cuestiones de detalle –dificultades específicas de gramática, sintaxis, vocabulario y estilo que afrontamos al traducir el fragmento en concreto– y buscaremos las técnicas más apropiadas.

En su libro *Style in Fiction*, Leech y Short (1981 1ª ed.; 2007 2ª ed: 61–64) presentan un conocido método de análisis textual (revisado y adaptado por Short en 1996: 350–353). Se trata de una lista de aspectos lingüísticos y estilísticos clasificados en cuatro categorías principales (*Lexical categories; Grammatical categories; Figures of speech; Context and cohesion*) que sirven para mostrar cómo la descripción lingüística se puede aplicar al análisis del estilo de la narrativa. Dicho análisis puede resultar muy útil también para facilitar la reflexión sobre cuestiones de detalle con vistas a la traducción de un texto.

Ofrecemos a continuación nuestra propia lista adaptada del modelo de Leech y Short. Es semejante a la tabla para el análisis textual que te proporcionamos en la sección 1 del capítulo 2, pero es más específica a la narrativa literaria. Ten en cuenta que todos los rasgos incluidos aquí no estarán necesariamente presentes en todos los textos; tampoco será preciso que hagamos un análisis de todos ellos en cada traducción. Constituye simplemente una guía que nos puede ayudar a identificar los aspectos lingüísticos y estilísticos más destacados del texto fuente. La lista no es ni mucho menos exhaustiva y algunos rasgos pueden encajar en varias categorías a la vez. También hay que considerarla en el marco de la estrategia traductora adoptada.

A. Sintaxis	**1. Tipos de oraciones:** afirmaciones/preguntas directas o indirectas/exclamaciones/órdenes; oraciones sin verbo. **2. Complejidad de la oración:** estructura simple/compleja; longitud; cláusulas coordinadas/subordinadas. **3. Tipos de cláusulas subordinadas:** de relativo/nominales/ adverbiales. **4. Cohesión:** conectores entre oraciones (conjunciones, adverbios); uso de pronombres.
B. Morfología y léxico	**1. Vocabulario:** simple/complejo; formal/coloquial; descriptivo/emotivo; con expresiones idiomáticas; con términos especializados/poco usados. **2. Sustantivos:** abstractos/concretos; propios (p. ej. nombres de personas o lugares). **3. Adjetivos:** explicativos/especificativos; posición y secuencia; comparativos/superlativos. **4. Adverbios:** frecuencia; función semántica (modo, lugar, tiempo, etc.). **5. Tiempos verbales:** uso de presente/pasado/otros tiempos; aspecto progresivo; verbos modales; estructuras que requieren indicativo/subjuntivo.

C. Figuras retóricas	1. **Plano sintáctico:** anáfora, paralelismo, etc. 2. **Plano fónico:** aliteración, asonancia, etc. 3. **Plano semántico (tropos):** metáfora, metonimia, etc.
D. Técnicas narrativas	1. **Punto de vista y narrador:** narración en primera/tercera persona; presencia del autor. 2. **Personajes:** monólogos/diálogos; uso de discurso directo/indirecto/indirecto libre; cambios de estilo según quién habla/piensa. 3. **Tono:** formal, informal, irónico, íntimo, cómico, etc.

En la Plataforma Digital podrás descargar un documento con estos elementos en forma de tabla, para que lo puedas imprimir y tener a mano cada vez que analices un texto narrativo literario para traducir.

Actividad 2

2A

Siguiendo las categorías de la tabla que acabamos de ver, haz un análisis textual del siguiente pasaje, tomado de la famosa novela *The Great Gatsby* de Scott Fitzgerald. Primero reflexiona sobre el contexto (puedes documentarte sobre el autor y la obra) y después identifica los rasgos lingüísticos más notables, así como las figuras retóricas y técnicas narrativas. Esta actividad es una práctica muy útil a la hora de abordar la traducción literaria y te recomendamos que realices este tipo de análisis estilístico antes de empezar a traducir un texto.

There was music from my neighbor's house through the summer nights. In his blue gardens men and girls came and went like moths among the whisperings and the champagne and the stars. On week-ends his Rolls-Royce became an omnibus, bearing parties to and

from the city, between nine in the morning and long past midnight, while his station wagon scampered like a brisk yellow bug to meet all trains.

At least once a fortnight a corps of caterers came down with several hundred feet of canvas and enough colored lights to make a Christmas tree of Gatsby's enormous garden. On buffet tables, garnished with glistening hors-d'oeuvre, spiced baked hams crowded against salads of harlequin designs and pastry pigs and turkeys bewitched to a dark gold.

By seven o'clock the orchestra has arrived – no thin five-piece affair but a whole pitful of oboes and trombones and saxophones and viols and cornets and piccolos and low and high drums. The bar is in full swing and floating rounds of cocktails permeate the garden outside until the air is alive with chatter and laughter and casual innuendo and introductions forgotten on the spot and enthusiastic meetings between women who never knew each other's names.
The lights grow brighter as the earth lurches away from the sun and now the orchestra is playing yellow cocktail music and the opera of voices pitches a key higher.

F. Scott Fitzgerald, *The Great Gatsby*, 1925 (adaptado).

2B

Ahora traduce el texto al español. De momento no te vamos a ofrecer una clave para corregirlo. Te recomendamos que completes el resto de este capítulo y el siguiente, y que entonces traduzcas de nuevo este fragmento, para poder comparar tus dos versiones y observar, con ayuda de la clave, si tu uso del lenguaje y la calidad de tu traducción han mejorado.

2 Los rasgos sintácticos desde una perspectiva contrastiva

En esta sección y en el próximo capítulo vamos a abordar desde una perspectiva contrastiva una serie de rasgos morfosintácticos que son particularmente relevantes a la hora de traducir del inglés al español. Los hemos dividido en estructuras sintácticas y elementos morfológicos para organizar su presentación, pero ten en cuenta que en muchos casos ambas categorías pueden coincidir (por ejemplo, al tratar las oraciones de relativo deberemos considerar tanto cuestiones de sintaxis como de morfología). Cubriremos también aspectos de puntuación y diferentes convenciones tipográficas en ambos idiomas. Hemos basado parte de nuestro análisis contrastivo en el trabajo realizado por Vázquez-Ayora (1977) y López Guix y Minett Wilkinson (1997).

2.1 La extensión y la articulación del periodo oracional

Las distintas cláusulas de la oración se pueden articular de tres formas:

- **Yuxtaposición**: las cláusulas están relacionadas sin palabras de enlace.

  Ej. Llueve mucho; no salgas.

- **Coordinación**: las cláusulas están vinculadas por conjunciones coordinantes (y, o, ni, pero, sino, etc.).

  Ej. Llueve mucho pero voy a salir.

- **Subordinación**: las cláusulas están relacionadas por conjunciones subordinantes con valor temporal, comparativo, condicional, causal, final, etc. (cuando, como, si, porque, para que, etc.).

  Ej. No salgas porque llueve mucho.

El inglés muestra una marcada preferencia por la yuxtaposición y la coordinación, mientras que el castellano hace un uso más amplio de la subordinación. En general, el inglés tiende a utilizar frases breves para facilitar la claridad expositiva. En contraste, el español suele enlazar los elementos que el inglés separa, dando como resultado un periodo más largo. Por ello, siempre que la sucesión de frases breves no cumpla un propósito retórico, a menudo puede conseguirse un estilo más natural en la traducción al español si se unen diferentes oraciones en un solo periodo. Por ejemplo:

For a little while Doris did not speak. She was surprised at her husband's tone. He spoke tersely. He spoke as though all this were no concern of hers. She thought him a little unkind. He was nervous and irritable.	Doris se quedó callada durante un rato. El duro tono de su marido la había sorprendido, pues él le habló como si nada de aquello fuera asunto suyo. Se mostró nervioso e irascible, de modo que a Doris le resultó un tanto desagradable.

Con frecuencia los traductores al castellano de prosa inglesa suelen cambiar acertadamente la yuxtaposición y la coordinación por la subordinación, pero no debemos olvidar que al manipular la sintaxis, hay que considerar y respetar el estilo del autor del texto fuente, pues se podría perder la concisión estilística utilizada con fines expresivos.

Por otra parte, es interesante señalar que mientras el inglés utiliza la repetición como forma de unir ideas, proporcionar cohesión al discurso y prevenir la ambigüedad, el español evita la repetición y favorece la variación (López Guix y Minett Wilkinson 1997: 77–78). Por ejemplo:

Barcelona is one of the world's leading tourist, economic and cultural centres. Barcelona is particularly renowned for the architectural works of Gaudí. In 1992 Barcelona hosted the Summer Olympics with great success.	Barcelona es uno de los principales centros turísticos, económicos y culturales del mundo. La Ciudad Condal es conocida en especial por la obra arquitectónica de Gaudí. En 1992 se celebraron con gran éxito los Juegos Olímpicos de verano en la capital catalana.

Actividad 3

En esta actividad vais a trabajar con un fragmento de la novela *As I Lay Dying* (1935) de William Faulkner, que presenta la acción mediante quince narradores diferentes. A través de sus monólogos se reconstruye la muerte de Addie Bundren y el viaje que su familia hace para enterrarla en su pueblo de origen.

3A

Aquí tenéis dos traducciones de un pasaje de la novela. En grupos, analizad la sintaxis de los dos textos:

- ¿Qué tipo de frases se utilizan?
- ¿Cómo se articulan las cláusulas?
- ¿Sentís preferencia por una de las dos versiones?

1. Y entonces empiezo a correr hacia la parte trasera y cuando llego junto al porche, me paro. En ese momento me echo a llorar porque puedo apreciar el lugar que ocupaba el pez en el polvo. Pero está cortado en trozos y ya no es un pez, y no tengo sangre ni en las manos ni en mi mono. Antes no era así porque aún no había pasado nada. Sin embargo ahora se está adelantando tanto que ni siquiera la puedo alcanzar. [...] No lo encuentro ni en la oscuridad, ni en el polvo, ni en las paredes. Ojalá el llanto fuera silencioso porque hace demasiado ruido.

2. Y entonces echo a correr. Corro hacia la parte trasera, y cuando llego al filo del porche, me paro. Y entonces me pongo a llorar. Puedo sentir dónde ha estado el pez, en el polvo. Está cortado en pedazos y ya no es un pez, y ni sangre tengo ni en las manos ni en mi mono. Aún no había pasado nada. Hasta entonces no había ocurrido. Pero ahora me ha tomado tanta delantera que no la puedo alcanzar. [...] No lo encuentro. Ni en lo oscuro, ni en el suelo, ni en las paredes; no lo encuentro. Los gemidos hacen mucho ruido. No quiero que hagan tanto ruido.

3B

Aquí tenéis el texto fuente, que corresponde a un monólogo de Vardaman, el hijo menor de Addie. ¿Cómo es su sintaxis? ¿Cómo refleja la sintaxis el estado mental del narrador?

Volved a considerar las dos traducciones presentadas en el paso A y decidid cuál de las dos traducciones reproduce mejor el estilo del original. Razonad vuestra respuesta y reflexionad sobre cómo las decisiones traductoras afectan vuestra reacción como lectores.

> Then I begin to run. I run toward the back and come to the edge of the porch and stop. Then I begin to cry. I can feel where the fish was in the dust. It is cut up into pieces of not-fish now, not-blood on my hands and overalls. Then it wasn't so. It hadn't happened then. And now she is getting so far ahead I cannot catch her. [...] I cannot find it. In the dark, along the dust, the walls I cannot find it. The crying makes a lot of noise. I wish it wouldn't make so much noise.
>
> William Faulkner, *As I Lay Dying* (1935)

2.2 El orden de las palabras

Tanto el inglés como el español siguen un orden SVO (sujeto-verbo-objeto/complemento). El español, sin embargo, presenta una mayor flexibilidad en el orden de las palabras. Algunos aspectos a considerar:

- En inglés es necesario indicar el sujeto del verbo para saber quién realiza la acción (*I/you/we work*). En español, sin embargo, el sistema verbal ha mantenido sus desinencias personales (las terminaciones que indican persona: trabaj*o*, *-as, -a, -amos, -áis, -an*). Así pues, no es necesario que el sujeto quede explícito para saber quién realiza la acción verbal. La práctica habitual al traducir del inglés al español es omitir los pronombres de sujeto, a no ser que haya casos de ambigüedad o razones estilísticas para usarlos.

- Mientras que en inglés el sujeto va prácticamente siempre delante del verbo, el castellano permite colocar el sujeto detrás del verbo para expresar énfasis, contradicción o contraste:

*Tonight **you** make dinner.*	Esta noche la cena la haces **tú**.

- En inglés es posible colocar el verbo al final de la oración, posición que la traducción castellana evita normalmente:

When love disappears, only nostalgia remains.	Cuando **desaparece** el amor, solo **queda** la nostalgia.

- En inglés se puede terminar una cláusula u oración con una preposición, mientras que esto no es posible en español, donde la preposición siempre debe ir seguida por un artículo, sustantivo o pronombre:

This is the friend I talked to you about.	Este es el amigo del que te hablé.
You have to tell me when you need it for.	Me tienes que decir para cuándo lo necesitas.

- Otro rasgo prácticamente fijo del inglés es la anteposición del adjetivo, que estudiaremos con detalle en el siguiente apartado.

- En el caso de frases hechas, proverbios y refranes, el orden de palabras en ambos idiomas es muy estricto. En ciertas expresiones fijas, no hay correspondencia de orden, por ejemplo: a black and white *television* = una televisión en blanco y negro. También hay que prestar atención a aquellos refranes que léxicamente son similares en ambas lenguas pero que cambian la sintaxis:

All that glitters is not gold	No es oro todo lo que reluce

Actividad 4

En parejas, asociad los siguientes refranes con su equivalente acuñado en español.

1. All's well that ends well ____
2. Better late than never ____
3. A bird in the hand is worth two in the bush ____
4. Call a spade a spade ____
5. Better safe than sorry ____
6. Brain is worth more than brawn ____
7. The King is dead. Long live the King! ____

a. Más vale maña que fuerza
b. Aprendiz de mucho, maestro de nada
c. Mal de muchos, consuelo de tontos
d. A quien madruga, Dios le ayuda
e. A rey muerto, rey puesto
f. Al pan, pan, y al vino, vino
g. Más vale pájaro en mano que ciento volando

8. The early bird catches the worm ____
9. Two in distress, make sorrow less ____
10. Jack of all trades, master of none ____

h. Más vale prevenir que curar
i. Más vale tarde que nunca
j. Bien está lo que bien acaba

2.3 La posición del adjetivo

Mientras que en inglés la posición habitual del adjetivo es antepuesta al sustantivo (muy raras veces va detrás), en español el adjetivo puede anteponerse o posponerse al sustantivo, y su valor puede variar según su posición. Como ya vimos en la sección sobre poesía del capítulo 6, en general, se considera que el adjetivo pospuesto especifica y limita el significado del sustantivo, mientras que el antepuesto lo suplementa, hace que tienda a valorarse más la cualidad expresada por el adjetivo y es más habitual en textos literarios. Por ejemplo, en "la blanca nieve" no se designa a ningún tipo especial de nieve opuesto a otro que no sea blanco, sino que simplemente se subraya una cualidad inherente a la nieve, a saber, su blancura. En cambio, en "la pared blanca" denotamos una realidad particular opuesta a otras posibles (pared amarilla, pared azul), especificando, restringiendo así su significado.

En la práctica, las normas semánticas, sintácticas y pragmáticas que rigen la colocación del adjetivo resultan difíciles de determinar y describir. Rodríguez (2003: 57–58) señala estos tipos principales de adjetivos que, por su naturaleza, tienden a colocarse siempre en una posición fija:

- Aquellos que guardan con el sustantivo la relación lógica del género a la especie: máquina calculadora, arquitectura civil.
- Aquellos que forman con el sustantivo lexías complejas, es decir, se unen en un orden determinado e invariable para formar unidades léxicas, como si fuesen sustantivos compuestos: idea fija, alta mar, libre albedrío, sentido común.
- Aquellos que pertenecen a secuencias que, sin llegar a lexicalizarse por entero, tienden a fijarse en un orden determinado: mala suerte, rara vez, la mera mención.
- Aquellos que tienen significado diferente según se antepongan o se pospongan: pobre, cierto, simple, etc.

En ciertos casos, por lo tanto, la colocación del adjetivo es significativa, pues su valor expresivo cambia según vaya antepuesto o pospuesto. La elección de la posición y secuencia de los adjetivos es uno de los puntos que más pone a prueba la sensibilidad del traductor. López Guix y Minett Wilkinson (1997: 101–111) y Vázquez-Ayora (1977: 122–129) ofrecen varios consejos al respecto:

- En construcciones en las que el adjetivo califica a varios sustantivos, hay que evitar el peligro de traducir el adjetivo calificando únicamente al primero de ellos:

She was a German opera singer, a pianist, and a well-loved teacher.	Era una cantante de ópera, pianista y muy querida profesora **alemana**.

- El inglés presenta gran facilidad para la adjetivación de sustantivos. Al traducirlos se puede recurrir a la transposición o la modulación (ambas técnicas se explican en el capítulo 2, sección 2):

*The **city** lights are yellow.*	La iluminación **urbana** es de color amarillo.
*He went down to the **hotel** desk to return his **room** key.*	Bajó a la **recepción** a devolver la llave **de** su habitación.

- En muchos casos, hay que recurrir a un sintagma preposicional con "de":

Translation theory	Teoría **de** la traducción

- El inglés es muy propenso a componer secuencias unidas por guiones con función adjetiva: ya sean varios sustantivos o una combinación adjetivo-sustantivo, adjetivo-adverbio o gerundio-adjetivo/sustantivo. Con frecuencia son traducidos por una unidad fraseológica o por elementos separados:

A twenty-four-hour-a-day seven-day-a-week job	Un trabajo ininterrumpido./Un trabajo de veinticuatro horas al día los siete días de la semana./ Un empleo de veinticuatro horas al día y siete días a la semana.
A long-term commitment.	Un compromiso a largo plazo.
Philip is a far-too-chatty individual.	Philip es un tipo demasiado charlatán.
A cutting-edge technology	Una tecnología punta/puntera./ Una tecnología de última generación.

- Destaca en particular la facilidad del inglés para yuxtaponer adjetivos. Normalmente el adjetivo más cercano al sustantivo está ligado a él con más fuerza y se suele traducir junto a él. Cuando aparecen varios adjetivos yuxtapuestos, a menudo conviene adoptar soluciones mixtas: adjetivos apreciativos antepuestos y adjetivos objetivos pospuestos, oraciones de relativo, transposición:

When Khubchand, his beloved, blind, bald, incontinent seventeen-year-old mongrel, decided to stage a miserable, long-drawn-out death, Estha nursed him through his final ordeal.	Cuando Khubchand, su adorado chucho de diecisiete años, ciego, pelón e incontinente, decidió representar la escena final de una miserable muerte interminable, Estha lo cuidó durante todo aquel suplicio.

- En este caso, cuando colocamos un adjetivo a uno y otro lado del sustantivo, Vázquez-Ayora (1977: 124–125) aconseja posponer los adjetivos de color y nacionalidad:

big blue eyes	grandes ojos azules
a brave Portuguese knight	un valiente caballero portugués

- Los adjetivos que indican edad pueden anteponerse o posponerse, o en algunos casos (*man*, *woman*) fundirse con el sustantivo. Si se trata de una expresión numérica de la edad, se suele posponer:

a young teacher	un joven profesor, un profesor joven
a young woman	una joven
an old man	un anciano
a friendly forty-year-old neighbour	un simpático vecino de cuarenta años

- Vázquez-Ayora (1977: 125) también señala que cuando el inglés emplea dos adjetivos separados por una coma, el español prefiere normalmente intercalar la conjunción “y”:

May in Ayemenen is a hot, brooding month.	En Ayemenen, mayo es un mes caluroso y de ansiosa espera.
The confusion lay in a deeper, more secret place.	La confusión residía en un lugar más profundo y secreto.

Actividad 5

5A

Elige la opción que te parezca más apropiada para traducir estas expresiones:

1. over-the-top characters	a) personajes exagerados b) personajes superiores
2. well-known artists	a) artistas bien-conocidos b) artistas famosos
3. the so-called Third World	a) el así llamado Tercer Mundo b) el Tercer Mundo llamado así
4. by-the-hour room rental	a) alquiler de habitación por horas b) alquiler por horario de una habitación
5. free-range eggs	a) huevos de serie libre b) huevos camperos
6. a fast-growing economy	a) economía de rápido crecimiento b) economía emergente
7. a forward-looking plan	a) un plan previsor b) un plan con visión de futuro
8. high-quality design	a) diseño de alta calidad b) diseño de cualidad alta

5B

Traduce las siguientes expresiones. Después compara tu traducción con la de un compañero y comentad juntos el orden de los adjetivos.

1. his red plastic shopping basket
2. some delicious Thai food

3. a beautiful old Italian car
4. an expensive antique silver mirror
5. four gorgeous long-stemmed red silk roses
6. her short black hair
7. our big old English sheepdog
8. those square wooden hatboxes
9. that dilapidated little hunting cabin
10. several enormous young American basketball players

Actividad 6

En esta actividad vas a trabajar con adjetivos que cambian de significado según su posición delante o detrás del sustantivo. Traduce al español las expresiones siguientes, y decide si debes poner el adjetivo que proponemos delante o detrás del sustantivo, según el significado que quieras transmitir. Después escribe una frase completa en español con cada ejemplo.

	Adjetivo	*Traducción al español*	*Frase completa*
My former student	**antiguo/a**	Mi antiguo estudiante	Todavía sigo en contacto con varios de mis antiguos estudiantes.
An old house		Una casa antigua	Se han comprado una casa antigua en el centro.
A true story	**cierto/a**		
Certain people			
Half a kilo	**medio/a**		
The average salary			
A brand-new car	**nuevo/a**		
My latest/new car (not necessarily brand new)			
A poor man	**pobre**		
Poor man! (unfortunate)			

Pure/sheer chance	**puro/a**
Pure, clean air	
A delicious ice-cream	**rico/a**
A rich man	
A simple-minded man	**simple**
An ordinary worker	
Of various colours	**varios/as**
Assorted ice-cream	

Puedes encontrar más información sobre la posición del adjetivo, con numerosos ejemplos y actividades, en Muñoz-Basols, J., Y. Pérez Sinusía y M. David (2012) *Developing Writing Skills in Spanish*, London: Routledge, pp. 53–65.

Actividad 7

En grupos, traducid las siguientes oraciones prestando especial atención a la posición de los adjetivos.

1. He had a large, pink face, not much neck, small, watery blue eyes and thick blond hair that lay smoothly on his thick, fat head.

   J. K. Rowling, *Harry Potter and the Philosopher's Stone* (1997)

2. The only other thing I remember was that he had been wearing evening dress of an old-fashioned kind. He looked uncomfortable in this slightly ill-fitting suit.

   Paul Theroux, *The London Embassy* (1983)

3. TESOL-Spain (Teachers of English to Speakers of Other Languages – Spain) is an independent, philanthropic, non-profit, Spanish association of English Language teachers.

   TESOL-Spain Newsletter (1994)

4. Since dinner (Mrs. Reed, when there was no company, dined early) the cold winter wind had brought with it clouds so sombre, and a rain so penetrating, that further outdoor exercise was now out of the question.

   Charlotte Brontë, *Jane Eyre* (1847)

5. They never did look much like each other, Estha and Rahel, and even when they were thin-armed children, flat-chested, worm-ridden and Elvis Presley-puffed, there was none of the usual 'Who is who?' and 'Which is which' from oversmiling relatives.

Arundhati Roy, *The God of Small Things* (1997)

Actividad 8

En esta actividad repasaremos los adjetivos comparativos, los superlativos y las estructuras comparativas. Vais a trabajar en grupos de tres: un estudiante lee una frase en inglés, el segundo estudiante la traduce oralmente y el tercer estudiante escribe esa traducción dada por su compañero. Haced turnos hasta completar todas las frases. Después comentad juntos las traducciones escritas y comparadlas con la clave.

1. My favourite soccer team is better than yours.
2. My favourite soccer team is the best!
3. Juan's brother is older than him.
4. Travelling by train is more relaxing than travelling by plane.
5. He is less honest than his brother.
6. He is the worst student in the class.
7. Today is the hottest day of the summer.
8. These are the most beautiful flowers in the whole garden.
9. I love you more than words can say.
10. It is less expensive than I thought.
11. That building is more than 500 years old.
12. The question was as long as the answer.

2.4 Las oraciones de relativo

La oración subordinada de relativo complementa a un sustantivo o a un sintagma nominal, desempeñando una función similar a la del adjetivo. Por ejemplo:

El alumno <u>**que** estudia</u> aprobará. El alumno estudioso aprobará.

El sustantivo al que se refiere la oración relativa se denomina antecedente ("el alumno" en la primera frase del ejemplo). El pronombre relativo nunca se puede omitir en español, aunque sí es posible hacerlo en inglés: *the book I read* = el libro **que** leí.

Hay varias consideraciones sintácticas y morfológicas a tener en cuenta cuando traducimos oraciones de relativo que veremos a continuación. Si tienes dudas sobre la formación y el uso de oraciones de relativo, es aconsejable que consultes también un libro de gramática.

2.4.1 Oración de relativo especificativa y explicativa

Reflexiona sobre las diferencias de significado entre estas dos oraciones:

1. Los alumnos que estudiaron mucho aprobaron.
2. Los alumnos, que estudiaron mucho, aprobaron.

En el primer caso, la oración de relativo especifica que solo aquellos alumnos que estudiaron mucho fueron los que aprobaron. El antecedente queda por tanto restringido, limitado. Este tipo de oración de relativo se denomina **especificativa** o **restrictiva** y es esencial para el sentido de la oración principal. No admite los pronombres "quien" o "el cual": Los alumnos ~~quienes~~ estudiaron mucho aprobaron. Los alumnos ~~los cuales~~ estudiaron mucho aprobaron.

En la segunda frase la oración de relativo explica, proporciona información adicional que no limita la amplitud del antecedente: todos los alumnos aprobaron y todos los alumnos estudiaron mucho. Se denomina oración de relativo **explicativa** o **no restrictiva**. Aparece entre comas y se puede suprimir sin que varíe esencialmente el sentido de la oración.

Aquí tienes un resumen de los pronombres de relativo utilizados en ambos tipos de oración:

	Pronombre	*TRAS PREPOSICIÓN*
Oración de relativo especificativa	QUE La mujer que acaba de entrar es mi tía.	EL QUE QUIEN EL CUAL El amigo con el que/con quien/con el cual siempre juego a las cartas está enfermo.

Oración de relativo explicativa	QUE QUIEN (persona, menos frecuente) (EL CUAL) (poco frecuente, más formal) Tu hermano, que/quien/ el cual suele estar muy callado, esta vez habló.	EL QUE QUIEN EL CUAL La casa, desde la que/ desde la cual se divisa el mar, es de alquiler.

Se prefiere usar "el cual" cuando la preposición tiene dos sílabas o más (para, mediante, etc.) y con locuciones preposicionales (debajo de, etc.). Es obligatorio en el caso de la preposición "según" (= *according to*):

the trees, behind which they were hiding...	los árboles, detrás de los cuales se ocultaban...
the argument according to which...	el argumento según el cual...

El inglés permite separar la preposición del pronombre de relativo, algo que no es posible en español:

The guy that I shared the house ***with*** *was Bolivian.*	El chico **con el que** compartía la casa era boliviano.

Algunos adjetivos y adverbios también pueden introducir una oración de relativo:

- **cuyo/a/os/as** (*whose*): adjetivo relativo que indica posesión y concuerda en género y número con el sustantivo que lo sigue:

  Hemingway, **cuyas** obras son conocidas en todo el mundo, era un apasionado de España.

- **donde** (*where*) adverbio relativo de lugar:

  Esta es la casa **donde** nació. [= en la que nació]

- **cuando** (*when*) adverbio relativo de tiempo. Se usa en oraciones explicativas:

  El mes pasado, **cuando** cumplió cincuenta años, le hicieron una fiesta. PERO: Celebran el día en que nació el presidente (el día ~~cuando~~ nació) [especificativa]

- **como** (*how*) Se usa con un antecedente que expresa modo o manera:

  Ese es el modo **como** hay que hacerlo. [= según el cual hay que hacerlo]

- **cuanto** (*whatever*) Indica generalización y equivale a "todo lo que":

  Confesó **cuanto** sabía. [= todo lo que sabía]

Actividad 9

En parejas, decidid si las siguientes oraciones son correctas o no y corregid las incorrectas:

1. Ha venido un vecino que quería hablar contigo.
2. Los empleados quienes han vendido más este mes recibirán una bonificación.
3. Busca tres personas que compartir los gastos del viaje con.
4. Mi primo, al cual no le gustaba vivir en el campo, se ha mudado a la ciudad.
5. El libro, cuyo introducción acabo de leer, va a resultarme muy útil para comprender el uso del subjuntivo.
6. La empresa para que trabaja es una multinacional.
7. El hotel donde se hospedaba era muy ruidoso.
8. Ese autor utiliza recursos estilísticos los cuales resultan muy efectivos.

2.4.2 Oración de relativo con indicativo o subjuntivo

Actividad 10

En parejas, comentad por qué se usa el indicativo o el subjuntivo en las siguientes oraciones:

1. Voy a comprarle el regalo en la tienda que **vende** artesanía mexicana.
2. Voy a comprarle el regalo en una tienda que **venda** artesanía mexicana.
3. El hombre con el que **me case** tendrá buen sentido del humor.
4. Me casé con un hombre que **tenía** buen sentido del humor.
5. No hay nadie en clase que **sepa** japonés.

Aquí tienes un resumen del uso del indicativo y del subjuntivo con oraciones de relativo:

INDICATIVO:

- Cuando el antecedente es conocido:

  Tenemos una secretaria que **habla** francés perfectamente.

- Cuando la acción descrita es real y, en el caso de acción pasada, ya ha sucedido:

  Aprendimos mucho en el curso que **hicimos**.

SUBJUNTIVO:

- Cuando el antecedente es desconocido, no identificado:

  Buscamos una secretaria que **sepa** francés.

- Cuando se hace referencia a algo que no existe:

  Aquí no hay nadie que **sepa** *tocar el tambor*.

- Cuando la acción descrita todavía no ha sucedido, aunque es considerada posible, o cuando es hipotética (con el verbo principal en futuro):

  En el curso que **hagáis** en verano, aprenderéis mucho.
  La casa donde yo **viva** será antigua y llena de plantas.

Actividad 11

Escoge el tiempo y modo verbal apropiado para completar las oraciones de relativo:

1. Quiero una bicicleta que me (permitir) __________ hacer 20km al día sin cansarme demasiado.
2. El alumno que (terminar) __________ los ejercicios puede salir al recreo.
3. Eran libros que (despertar) __________ la imaginación de los niños.

4. ¿Tienes algo que me (servir) ________ para tapar el agujero de la pared?
5. ¿No te gustaría encontrar a alguien que te (dar) ________ un poco de cariño?
6. Quiero esa manzana que (estar) ________ encima de la mesa.
7. El profesor que (conseguir) ________ transmitir su pasión será muy popular entre los estudiantes.
8. Cuéntame algo que me (hacer) ________ reír.
9. Necesitábamos a alguien que (poder) ________ trabajar por las noches.
10. No hay nadie que (tener) ________ una solución a ese problema.

2.4.3 *Oración de relativo hendida* (cleft sentence)

El hablante puede alterar el patrón sintáctico de una oración para añadir énfasis, como en el caso de las oraciones hendidas, en las que se resalta un elemento por medio del verbo "ser":

Ana rang. > It was Ana who rang (cleft).	Ana llamó. > Fue Ana **la que** llamó (hendida).
It's this car that I bought.	Es este coche **el que** compré.
It was you who lied.	Eras tú **quien** mentía.
It was by the river that they first met.	Fue junto al río **donde** se conocieron.

Las oraciones hendidas son más habituales en inglés que en español. Cuando se utilizan en español hay que tener algunos aspectos en cuenta:

- El pronombre "que" debe emplearse precedido del artículo:

  Fueron esas mentiras **las que** le perjudicaron.

- El tiempo de los dos verbos suele ser el mismo:

  Fue Pedro quien me lo dijo.

- Cuando **ser** está en tiempo futuro, el otro verbo debe ir en presente de subjuntivo:

  Seré yo quien tenga que solucionarlo.

- Si la primera mitad de la oración contiene una preposición, la preposición se repite en la segunda mitad:

Es <u>con</u> ella **con la que/con quien** tienes que hablar.
Fue <u>por</u> tu hijo **por el que/por quien** me enteré del accidente.
Es <u>desde</u> esta ventana **desde donde** se ve el mar.

En América Latina, en un registro informal, se utiliza solamente **que** (sin repetir la preposición):

Es con ella **que** tienes que hablar.
Fue por tu hijo **que** me enteré del accidente.
Es desde esta ventana **que** se ve el mar.

Actividad 12

12A

Lee con detenimiento el siguiente fragmento de una novela de John Mortimer. Subraya las oraciones de relativo que encuentres, incluidas las oraciones de relativo hendidas, y tradúcelas.

1) It was not only the prospect of Tuscany that had captivated Molly, it was the strange provision about three children, females preferred. Her husband had found this fishy, and perhaps for that reason it filled her with intense curiosity. Her life had not been particularly adventurous and at school, where her friend Rosie Fortinbras courted adventure, she had been regarded as a dull girl and a plodding worker.

2) At night, however, or during the long school holidays, she read detective stories, earning the contempt of her father, who told her that his answer to the question 'Who dunnit?' was invariably 'Who cares?' But, indulging a passion more secret than her love for Italian painting, Molly had early gone off with Holmes and Watson in a cab through the pea-souper, or sat on the edge of her chair while Poirot summoned the guests to assemble in the library after tea.

3) She read with great attention, few clues escaped her, and it was with a suppressed little scream of excitement and fear that this

large, lonely girl would guess the murderer three or four chapters before the end. She disposed quickly of red herrings, usually sought out the least probable suspect and rarely failed.

4) So why should anyone advertise their house as being specially suitable for a couple in their 'early forties, with three children (females preferred)'? The fact that she and Hugh happened to fit the bill seemed to give her every opportunity for finding out.

5) Accumulating the evidence would be an occupation to keep her going whilst she organized her children's lives with Mrs O'Keefe, who came in each day to look after them. Some of it arrived about two weeks after she had written to the box number, in the shape of three typewritten pages. There were also several coloured photographs of the villa 'La Felicità'.

John Mortimer, *Summer's Lease* (1988)

12B

Dividid la clase en cinco grupos y asignad una sección diferente del pasaje a cada grupo. Primero comentad si habéis identificado alguna oración de relativo en vuestra sección y si observáis otras dificultades lingüísticas, y reflexionad sobre posibles soluciones de traducción. Después preparad una traducción de grupo de vuestra sección y un breve comentario sobre las estrategias traductoras que habéis aplicado y las decisiones más problemáticas.

12C

Presentad de manera oral al resto de la clase vuestro comentario y vuestra traducción. Contestad a las preguntas que tengan otros compañeros sobre vuestra versión.

12D

Si lo deseas, traduce individualmente el texto completo. Encontrarás un ejemplo de traducción en la clave.

3 La puntuación y las convenciones tipográficas

En inglés se observa una tendencia hacia una forma de puntuar más relajada que en español. No se exige una puntuación estrictamente gramatical y se tiende a puntuar solo lo necesario para evitar ambigüedad o lecturas erróneas. En el capítulo 3 (sección 7) ofrecimos referencias a diccionarios y manuales de estilo que incluyen reglas detalladas sobre puntuación en español, y que te animamos a consultar. Aquí nos vamos a centrar únicamente en aquellas áreas de mayor divergencia entre el inglés y el español.

Primero te proponemos una actividad de reflexión sobre dichas diferencias y a continuación encontrarás un resumen teórico de los aspectos de puntuación más relevantes para la traducción.

Actividad 13

Aquí tienes un pasaje de la novela *North and South* de Elizabeth Gaskell junto a su traducción al español. Identifica las diferencias ortotipográficas entre ambos textos, prestando especial atención a la presentación del diálogo:

Margaret heard her aunt's voice again, but this time it was as if she had raised herself up from her half-recumbent position, and were looking into the more dimly lighted back drawing-room. 'Edith! Edith!' cried she; and then she sank as if wearied by the exertion. Margaret stepped forward.	Margaret oyó la voz de su tía de nuevo, pero esta vez parecía que había dejado su postura medio recostada y miraba hacia la poco alumbrada salita posterior.
	–¡Edith! ¡Edith! –gritó, y se reclinó como cansada del esfuerzo. Margaret se le acercó.
'Edith is asleep, Aunt Shaw. Is it anything I can do?'	–Edith duerme, tía Shaw. ¿Puedo yo hacer algo?
All the ladies said 'Poor child!' on receiving this distressing intelligence about Edith; and the minute lap-dog in Mrs. Shaw's arms began to bark, as if excited by the burst of pity.	Todas las damas dijeron «¡Pobrecita!», al oír esta inquietante noticia sobre Edith; y el minúsculo perrito de compañía que estaba en brazos de la señora Shaw se puso a ladrar, como alterado por esta profusión de compasión.

'Hush, Tiny! you naughty little girl!' said she. 'You will waken your mistress.'	–¡Calla, Tiny, pequeña traviesa! –dijo–. Vas a despertar a tu ama.
Elizabeth Gaskell, *North and South* (1855)	Elizabeth Gaskell, *Norte y Sur*, ed. María José Coperías, trad. Elizabeth Power (2015)

Coma

- En enumeraciones compuestas de tres o más elementos, en inglés suele emplearse una coma delante de la conjunción que separa los dos últimos términos ("and"/"or"), en especial si el último es más extenso. En castellano esta coma no se usa.

Do you want tea, coffee, or a herbal tea?	¿Quieres té, café o una infusión?

- En inglés es mucho más frecuente el uso de coma entre dos o más adjetivos que modifican al mismo sustantivo. En castellano, se tiende a recurrir a la conjunción "y/e" o la anteposición y proposición de los adjetivos, como hemos visto antes.

She was regarded as an attractive, stylish woman.	Se la consideraba una mujer atractiva y elegante.

Raya (–)

- Es un signo relativamente raro en español. Se emplean dos rayas para encerrar aclaraciones o incisos. Para esto pueden utilizarse también las comas o los paréntesis. Los incisos entre rayas suponen un aislamiento mayor con respecto al texto en el que se insertan que los que se escriben entre comas, pero menor que los que se escriben entre paréntesis. Como se observa en el ejemplo, no se deja espacio entre las rayas y las palabras que inician y terminan la frase parentética:

  Para él la fidelidad –cualidad que valoraba por encima de cualquier otra– era algo sagrado.

- En inglés también se utiliza este signo para acotar incisos, pero aparece con mucha frecuencia una sola raya para indicar una pausa, como forma de explicación, recapitulación o énfasis donde el castellano emplea otras marcas de puntuación (los dos puntos, la coma, el punto y coma o el punto). De hecho, en español se considera incorrecto utilizar una sola raya para indicar una pausa, aunque actualmente existe una tendencia hacia este uso debido a la influencia del inglés.

Literary translation is a branch of literature – anything but a mechanical task.	La traducción literaria es una rama de la literatura; en modo alguno una tarea mecánica.
We were about an hour getting to the Home – wired windows, asphalt yard, great gloom.	Tardamos como una hora en llegar al Hogar: ventanas con alambres de espino, patio asfaltado y una gran melancolía.

- Como hemos visto en la actividad anterior, en la reproducción escrita de un diálogo en castellano, la raya precede a la intervención de cada uno de los interlocutores (marcada normalmente por una comilla en inglés). En las novelas y otros textos de carácter narrativo, las intervenciones de cada uno de los personajes se escriben en líneas distintas. No debe dejarse espacio de separación entre la raya y el comienzo de cada una de las intervenciones.

Comillas

- La principal función de las comillas es la señalización de citas textuales. El inglés británico emplea las comillas altas simples (' ') y, en caso de ser necesario dentro de ellas, las comillas altas dobles (" "); en el inglés norteamericano la convención es la inversa.
- En español se usan diferentes tipos: las comillas angulares, también llamadas latinas o españolas (« »), las inglesas (" ") y las simples (' '). En los textos impresos, se aconseja utilizar en primera instancia las comillas angulares, reservando los otros tipos para cuando deban entrecomillarse partes de un texto ya entrecomillado: «Antonio me dijo: "Vaya 'cacharro' que se ha comprado Julián"».

  La Real Academia Española recomienda el uso de las comillas angulares. No obstante, hay que subrayar la creciente tendencia a utilizar las comillas inglesas (" ") en lugar de las latinas (« ») (como hemos hecho en este manual, por ejemplo).

- Las comillas se usan en español para encerrar, en las obras literarias de carácter narrativo, los textos que reproducen de forma directa los pensamientos de los personajes: «¡Oh, a él, a don Álvaro Mesía le pasaba aquello! ¡Qué diría el mundo entero!».

Mayúsculas

En inglés se usan y en español no:

- en un poema, al principio de cada verso;
- en títulos de obras literarias, solo la primera palabra lleva mayúscula en español (*To Kill a Mockingbird; Matar un ruiseñor*);
- en tratamientos, títulos y cargos (*Prince Charles*; el príncipe Carlos);
- lenguas, gentilicios (*Spanish*; español);
- meses, días de la semana (*November*; noviembre) (*Monday*; lunes);
- en nombres que indican parentesco (*Mum*; mamá);
- tendencias religiosas, políticas, artísticas, etc. (*Cubism*; cubismo);
- guerras, batallas, tratados (*the Vietnam War*; la guerra de Vietnam);
- accidentes geográficos (*Key West*; cayo Hueso);
- calles, avenidas, edificios (High Street; calle Mayor) (*the Statue of Liberty*; la estatua de la Libertad).

Actividad 14

14A

Busca en el *Diccionario panhispánico de dudas* en línea la información disponible sobre "Números" y responde a estas preguntas:

- ¿Cómo se escriben las cifras en español?
- ¿Cómo se expresan los porcentajes?

14B

Habrás observado que existen diferentes convenciones para indicar cifras en inglés y en español. Aquí tienes algunos números expresados según las convenciones inglesas. Escríbelos en español en cifras y en palabras:

a) 2,527
b) 15,892
c) 3.05
d) 4%
e) 100%

Actividad 15

Añade la puntuación al siguiente pasaje de la famosa obra de Gabriel García Márquez *Cien años de soledad* (1967). Presta especial atención a la presentación de las intervenciones directas de los personajes y recuerda que tendrás que utilizar mayúsculas después de punto.

Fernanda quiso doblar en el jardín sus sábanas de bramante y pidió ayuda a las mujeres de la casa apenas habían empezado cuando Amaranta advirtió que Remedios la bella estaba transparentada por una palidez intensa

Te sientes mal le preguntó

Remedios la bella que tenía agarrada la sábana por el otro extremo hizo una sonrisa de lástima

Al contrario dijo nunca me he sentido mejor

Acabó de decirlo cuando Fernanda sintió que un delicado viento de luz le arrancó las sábanas de las manos y las desplegó en toda su amplitud Amaranta sintió un temblor misterioso en los encajes de sus pollerinas y trató de agarrarse de la sábana para no caer en el instante en que Remedios la bella empezaba a elevarse Úrsula ya casi ciega fue la única que tuvo serenidad para identificar la naturaleza de aquel viento irreparable y dejó las sábanas a merced de la luz viendo a Remedios la bella que le decía adiós con la mano entre el deslumbrante aleteo de las sábanas que subían con ella que abandonaban con ella el aire de los escarabajos y las dalias y pasaban con ella a través del aire donde terminaban las cuatro de la tarde y se perdieron con ella para siempre en los altos aires donde no podían alcanzarla ni los más altos pájaros de la memoria

Encargo de traducción

Te interesa trabajar como traductor autónomo y una editorial española te ha pedido que hagas la siguiente prueba de traducción al español con un pasaje de una obra literaria de Alan Bennett. Hazla lo mejor que puedas para ver si te contratan. Recuerda que es especialmente importante prestar atención a las convenciones tipográficas y presentación del texto para causar una buena impresión.

Mr Hutchings smiled helpfully.

'Is there anything you would recommend?'

'What does Your Majesty like?'

The Queen hesitated, because to tell the truth she wasn't sure. She'd never taken much interest in reading. She read, of course, as one did, but liking books was something she left to other people. It was a hobby and it was in the nature of her job that she didn't have hobbies. Jogging, growing roses, chess or rock-climbing, cake decoration, model aeroplanes. No. Hobbies involved preferences and preferences had to be avoided; preferences excluded people. One had no preferences. Her job was to take an interest, not to be interested herself. And besides, reading wasn't doing. She was a doer. So she gazed round the book-lined van and played for time. 'Is one allowed to borrow a book? One doesn't have a ticket?'

'No problem,' said Mr Hutchings.

'One is a pensioner,' said the Queen, not that she was sure that made any difference.

'Ma'am can borrow up to six books.'

'Six? Heavens!'

Meanwhile the ginger-haired young man had made his choice and given his book to the librarian to stamp. Still playing for time, the Queen picked it up.

Alan Bennett, *The Uncommon Reader* (2007)

Capítulo 8
La narrativa literaria: morfología y retórica

En este capítulo vas a:

- Trabajar con una serie de elementos contrastivos para conocer más a fondo las diferencias morfológicas y léxicas entre el inglés y el español
- Repasar diversos aspectos gramaticales que son particularmente relevantes a la hora de traducir
- Practicar el análisis y corrección de errores
- Profundizar en la traducción de figuras retóricas y recursos literarios

1 Los elementos morfológicos desde una perspectiva contrastiva

En este capítulo nos centraremos en varios temas gramaticales que suelen plantear dificultades al traducir del inglés al español. Trataremos también diferentes aspectos léxicos que te ayudarán a enriquecer tu vocabulario y algunas figuras retóricas características de la narrativa literaria.

1.1 El artículo

En el uso del artículo se producen notables discrepancias entre el inglés y el español, que veremos brevemente a continuación.[1] Existen variaciones según la zona geográfica y en ocasiones es difícil delimitar las reglas de uso, pero podemos hacer una generalización útil: si usamos el artículo determinado en inglés, también lo usaremos en español. Hay dos excepciones: números ordinales que siguen a los nombres de reyes, papas, etc. (*Ferdinand the Seventh*: Fernando séptimo) y algunas frases hechas (*in the long term*: a largo plazo).

Antes de presentar la teoría, te proponemos la siguiente actividad.

Actividad 1

1A

Vamos a practicar el uso del artículo con un ejercicio de traducción consecutiva.[2] En parejas (uno es el estudiante A y el otro el estudiante B), tomad turnos para dictar cada frase a vuestro compañero, que la tiene que escribir directamente traducida al español.

Estudiante A

1 Princess Kate opened a hospital.
2 Children fear darkness.
3 I love vanilla ice cream.
4 The shops in my street close on Sundays.
5 Is gold more expensive than platinum?
6 Colombians are the happiest people in the world.

Estudiante B

7 She became a detective in 1995.
8 Lizzards eat flies.
9 On Tuesday morning I'll go to see Dr Serrano.
10 French and Spanish are Romance languages.
11 History proved him right.
12 She took her hand out of her pocket to open the door.

1B

Comparad vuestras respuestas con la clave y haced una puesta en común plenaria. ¿Qué conclusiones podéis sacar respecto al uso del artículo en inglés y en español?

Después leed el siguiente resumen teórico para corroborar vuestras conclusiones.

Artículo indeterminado en inglés ↔ omitido en español

- Ante un predicado genérico o una aposición:

He's ***a*** *teacher.*	Es maestro.
As ***a*** *young girl, I used to play the piano.*	De niña tocaba el piano.

- Pero si se califica y particulariza sí se pone el artículo:

She is ***a*** *wonderful actress.*	Es **una** actriz maravillosa.

- Otros casos (números, expresiones fijas):

a *hundred,* ***a*** *thousand*	cien, mil
a *certain*	cierto
he disguised himself as ***a*** *clown*	se disfrazó de payaso
an *eye for* ***an*** *eye*	ojo por ojo
to take ***an*** *oath*	prestar juramento

Omisión del artículo en inglés ↔ artículo determinado en español

- Tratamientos, cargos y profesiones:

Mrs Dalloway	**La** señora Dalloway
President Kennedy	**El** presidente Kennedy

OBSERVA: Se usa el artículo delante del título de una persona de la que estamos hablando, pero no cuando nos dirigimos directamente a ella. P. ej.: ¡Señora López, espéreme por favor!

- Nombres de personas y ciudades/países con adjetivos o una frase descriptiva llevan artículo en español:

Old McDonald	**El** viejo McDonald
Francoist Spain	**La** España franquista
1920s Paris	**El** París de los años 20

- Sustantivos abstractos que se refieren a un concepto en general, incluyendo los nombres de colores o enfermedades:

Equality is the basis of democracy.	**La** igualdad es la base de **la** democracia.
I don't like pink.	No me gusta **el** rosa.
What is cancer?	¿Qué es **el** cáncer?

- Sustancias y materiales en general:

Stainless steel is widely used.	**El** acero inoxidable se usa mucho.
Wood is often used in construction.	**La** madera se usa a menudo en la construcción.

- Sustantivos contables que se refieren a todos los miembros de su clase:

Siberian tigers are endangered.	**Los** tigres siberianos están en peligro de extinción.
I dislike science fiction novels.	No me gustan **las** novelas de ciencia ficción.

Notas importantes:

- Estas reglas se aplican estrictamente cuando el sustantivo está en función de sujeto en español. Cuando el sustantivo genérico es objeto o sigue a una preposición, a veces se omite el artículo:

Wine is made with fermented grapes.	**El** vino se hace con uva fermentada. [función de sujeto]
I don't drink wine.	No bebo vino. [función de objeto]
Politics was her passion.	**La** política era su pasión. [función de sujeto]
You are always talking about politics.	Siempre estás hablando de política. [tras preposición]

- Otras veces, la excepción es solo aparente: sustantivos que a primera vista parecen genéricos son a veces partitivos (es decir, se refieren a una parte y no a todos los individuos denotados por el sustantivo) y por lo tanto no llevan artículo. Ciertos verbos (de consumo, deseo, producción, etc.) a menudo van seguidos de sustantivos partitivos:

He likes chatting with German people.	Le gusta charlar con alemanes. (con algunos alemanes)
I used water to clean it.	Usé agua para limpiarlo. (un poco de agua)

- Con el nombre de lenguas:

  a. No hay artículo después de la preposición "en", ni generalmente después de "saber, aprender, hablar":

in Spanish, in English	en español, en inglés
I'm learning German; he speaks Greek.	Aprendo alemán; habla griego.

Pero cuando el verbo viene modificado por un adverbio, puede utilizarse el artículo:

He/She speaks French fluently.	Habla perfectamente (el) francés.

  b. El artículo es opcional después de "entender, escribir, estudiar":

I understand/write/study Japanese.	Entiendo/Escribo/Estudio (el) japonés.

  c. Se usa el artículo después de la preposición "de" (*from*) y de otras preposiciones:

I translate from Catalan into English.	Traduzco del catalán al inglés.
Compared with Russian, Spanish is not difficult.	Comparado con el ruso, el español no es difícil.

- Con los días de la semana y años:

  a. El artículo aparece con días de la semana, pero no aparece cuando el día es predicado del verbo "ser":

We'll be back on Tuesday.	Volveremos **el** martes.
See you on Thursday!	¡Hasta **el** jueves!
Today is Friday	Hoy es viernes.

b. Con los años, existen tres posibilidades en español:

The Spanish Civil War started in 1936.	La guerra civil española empezó en 1936. [La opción más utilizada.] ...empezó en **el año** 1936. ...empezó en **el** 36.

- En español se aconseja escribir sin artículo todos los nombres de países excepto **la** India, **el** Reino Unido y **los** Países Bajos. *The United States* puede ser "los Estados Unidos" (con concordancia en plural) o, más común, "Estados Unidos" (concordancia en singular): Los Estados Unidos no tienen un sistema público de salud. Estados Unidos no tiene un sistema público de salud.

Actividad 2

Traduce las siguientes frases y considera si el objeto debe llevar artículo o no en español.

1. a) His brother hates cars.
   b) Antonio drives sports cars.
2. a) I drink coffee at all times.
   b) I love coffee.
3. a) My daughter plays with computer games.
   b) My husband cannot stand computer games.
4. a) I enjoy horse races very much.
   b) I have seen horse races many times.
5. a) I have bought seafood for dinner.
   b) She doesn't like seafood.

1.2 Los posesivos

En comparación con el inglés, el español hace un uso mucho más restringido de los posesivos. Con frecuencia, los adjetivos posesivos ingleses se traducen por artículos determinados en castellano:

*He left **his** jacket on the chair.*	Dejó **la** chaqueta en la silla.

- La relación de posesión se expresa a menudo en español por medio de un **dativo posesivo**. En esta construcción hay una persona que padece algún sentimiento o sensación relacionada típicamente con una parte del cuerpo o con un objeto de su pertenencia:

***My** neck hurts.*	**Me** duele **el** cuello.

Como se observa, en inglés se emplea un adjetivo posesivo con la parte del cuerpo en función de sujeto (*my neck*), mientras que en español la parte del cuerpo aparece con artículo como sujeto de la oración (el cuello) y un pronombre personal (me) como complemento indirecto (dativo) del verbo.

<u>El cuello</u>	<u>duele</u>	<u>a mí</u> → me
(sujeto)	(verbo)	(dativo/CI)

Es importante tener presente esta forma diferente de expresar la relación de posesión en ambas lenguas, a fin de evitar abusar de los posesivos al traducir al español. Recuerda que en el capítulo 2 (sección 2) estudiamos técnicas de transposición de este tipo.

- De modo similar, es frecuente la transposición del posesivo inglés por un **pronombre reflexivo** en español y un artículo determinado:

*Ana is washing **her** face.*	Ana **se** está lavando **la** cara.
*She puts **her** trousers on.*	**Se** pone **los** pantalones.

- Por otra parte, la indeterminación en cuanto al género y al número del posesivo español "su" –frente al inglés *his*, *her*, *its*, *your* y *their*– obliga a buscar otras soluciones para aclarar su referente:

Philip and Louise were childhood friends. His parents loved her dearly.	Philip y Louise eran amigos de infancia. Los padres de Philip la querían mucho. *Sus padres [ambiguo]

Actividad 3

3A

Corrige los errores que encuentres en las siguientes traducciones y ofrece una versión correcta, siguiendo el ejemplo.

Ej.	*His hands are shaking.*	*~~Sus~~ manos tiemblan.*	Le tiemblan las manos.
1	My wisdom tooth hurts.	Mi muela del juicio duele.	
2	She always talks with her hands in her pockets.	Siempre habla con sus manos en sus bolsillos.	
3	Her hair falls to her shoulders.	Su pelo llega a sus hombros.	
4	My head itches when people talk about lice.	Mi cabeza pica cuando hablan de piojos.	
5	Marcos is putting his jacket on.	Marcos pone su chaqueta.	
6	Pull your zip up.	Sube tu cremallera.	
7	The child is combing his hair.	El niño peina su pelo.	
8	Brush your teeth immediately!	¡Lava tus dientes ahora mismo!	
9	I have to dry my hair.	Tengo que secar mi pelo.	
10	My son is learning to tie his shoes.	Mi hijo está aprendiendo a atar sus zapatos.	

3B

Traducid los fragmentos siguientes en parejas o grupos de tres, prestando especial atención a los posesivos.

1) When she looked in the glass and saw her hair grey, her cheek sunk, at fifty, she thought, possibly she might have managed things better – her husband; money; his books. (Virginia Woolf, *To the Lighthouse*, 1927)

2) My mind whirled as it began to conjure with the immense dreams, the hopes and obstacles, that must have gone into the invention of the first sandwich. My eyes became moist, and I experienced a sense of

eternity, marvelling at man's ineradicable place in the universe. (Woody Allen, *Getting Even*, 1973)

1.3 Los pronombres personales

Mientras que la presencia del pronombre personal **en función de sujeto** es obligatoria en inglés, en español el pronombre sujeto solo se explicita cuando se quiere deshacer una posible ambigüedad o cuando se quiere dar a la frase un valor enfático o expresivo.

Dr Grene came in to see me and ***I*** *had to rush to hide these pages. For* ***I*** *did not want him to see, or to question me.* ***He*** *knocked on the door and by the time* ***he*** *entered* ***I*** *was sitting here at an empty table.*	El doctor Grene vino a verme y tuve que darme prisa para esconder estas páginas porque no quería que las viera ni que me hiciera preguntas. Llamó a la puerta y para cuando entró, **yo** ya estaba aquí sentada, ante una mesa vacía.

Especial mención merece la traducción de los **pronombres reflexivos** *myself*, *yourself*, etc. Si se trata de una construcción reflexiva en inglés, suele existir un verbo reflexivo equivalente en español:

I ***cut myself*** *with a knife.*	**Me corté** con un cuchillo.
She ***washed herself*** *before leaving.*	**Se lavó** antes de salir.

Con frecuencia, en inglés se utiliza el pronombre *myself* para añadir énfasis, aunque no se trate de una acción reflexiva. En esos casos, el español puede añadir "mismo" al pronombre:

I painted the house ***myself***.	Pinté la casa **yo mismo**.
He believes in ***himself***.	Cree en **sí mismo**.

Existen sin embargo algunos matices en este uso que vas a practicar con la siguiente actividad.

Actividad 4

4A

En parejas, decidid si las siguientes traducciones son correctas y corregid los errores de las que consideréis incorrectas.

Ej.	*I often talk to myself.*	*A menudo hablo ~~con yo~~ mismo.*	A menudo hablo conmigo mismo.
1	Bring me a mirror. I want to look at myself.	Tráeme un espejo. Quiero mirarme.	
2	She went on vacation by herself.	Se fue de vacaciones por sí misma.	
3	I told her myself.	Se lo dije yo mismo.	
4	You will hurt yourself with that knife.	Te harás daño con ese cuchillo.	
5	He prepared everything himself.	Lo preparó todo sí mismo.	
6	He will kill himself with that motorbike if he is not careful.	Se matará con esa moto si no anda con cuidado.	
7	She burned herself while cooking the pizza.	Se quemó a ella misma mientras hacía la pizza.	
8	She fixed the car herself.	Arregló el coche sí misma.	
9	We can finish the project ourselves.	Podemos terminar el proyecto nosotros mismos.	
10	He is not referring to himself.	No se refiere a sí mismo.	

4B

Lee las siguientes notas sobre el uso de "mismo" en español y repasa tus respuestas del paso anterior. Después corrígelas con la clave.

MISMO

Pronombre personal + mismo: para añadir énfasis:
yo mismo = *I myself*; ella misma = *she herself*
Lo hice yo mismo = *I did it myself*

1) **En función de sujeto**, siempre se usa "yo/tú/él mismo" (para enfatizar el pronombre: *he himself*) y nunca "sí mismo":

Él mismo reconoció que se había equivocado.
Lo hizo ella misma.

2) **Tras preposición** se utilizan las formas "mí", "ti", "sí", con frecuencia reforzadas por "mismo/a/os/as" para mayor énfasis:

Solo pienso en mí mismo.
Confía en ti mismo.
Está muy segura de sí misma.

- En el habla coloquial hay una tendencia a sustituir la partícula reflexiva "sí" por las formas equivalentes de sujeto de la tercera persona acompañados de "mismo/a/os/as":

Lo dijo para sí mismo/para él mismo.
Confió en sí misma/en ella misma.

PERO si se trata del objeto directo con preposición de un **verbo reflexivo**, siempre se utiliza "sí mismo": (él) se lavó a sí mismo, (ella) se criticó a sí misma.

- Con la preposición "con", se debe emplear "conmigo", "contigo", "consigo":

Está enfadado consigo mismo.

- **¡Ojo!** *by myself/yourself/himself/herself...* = solo:

He was there by himself: Estaba allí solo.

1.4 Los modos y tiempos verbales

López Guix y Minett Wilkinson (2006: 123–140) recogen varias divergencias en cuanto a los usos verbales entre el español y el inglés. Vamos a centrarnos a continuación en algunos de los aspectos más relevantes para la traducción.

1.4.1 Las formas progresivas y el tiempo futuro

El inglés emplea las **formas progresivas** con más frecuencia que el castellano; el traductor debe tener cuidado de no repetirlas excesivamente.

- Para expresar acciones que ocurren en el momento de hablar, el castellano suele preferir el presente simple:

***Are** you **travelling** together?*	¿**Viajáis** juntos?
*I **am writing** to ask for your opinion.*	Le **escribo** para saber su opinión.

- Si se quiere resaltar que la acción está en progreso o añadir algún matiz, el español usará también el presente progresivo:

*She **is talking** to him right now.*	**Está hablando** con él ahora mismo.
*He **is** always **checking** his phone.*	Siempre **está mirando** su teléfono. [tono de irritación]

- El inglés prefiere el presente continuo para hacer referencia a un futuro cercano o planeado (futuro de intención). En español se emplea con este valor el presente simple, la perífrasis verbal "ir a + infinitivo" o, con menos frecuencia, el futuro:

*When **is** your sister **arriving**?*	¿Cuándo **llega** tu hermana?
*She **is coming** tonight.*	**Viene/Va a venir/(Vendrá)** esta noche.

El **tiempo futuro** (simple o continuo) en inglés puede traducirse en español por el futuro, el presente o la perífrasis verbal "ir + infinitivo":

***I'll call** you when your son arrives.*	Te **llamo/llamaré** cuando llegue tu hijo.
***We'll be leaving** after lunch.*	**Nos iremos/vamos a ir** después de comer.

- También puede utilizarse el presente en español para traducir **ofrecimientos:**

***Shall** I **bring** you a coffee?*	¿Le **traigo** un café?

- El **futuro en función predictiva** e **insistente** se traduce por el presente en castellano:

On average, Spanish women will have one child.	Por término medio, las mujeres españolas tienen un hijo.
He will keep telling me what to do.	Me dice constantemente/Se empeña en decirme qué debo hacer.

- Pueden darse casos de **ambigüedad** con la forma negativa *won't* + **infinitivo**, puesto que puede significar negación o negación de la volición:

The director won't reveal the film's ending.	El director no va a revelar el final de la película. El director no quiere revelar el final de la película.

Actividad 5

Observa las formas verbales subrayadas en ambos textos. Decide si las formas traducidas al español suenan naturales o si por el contrario se pueden mejorar. Comenta con un compañero qué cambios harías.

'And now, before anything else, tell me why you plant things secretly.' 'When I'm planting,' said Jean, 'I'm leaving a kind of signal. And I'm hoping that the person it's meant for will receive it. If someone who is walking down the street experiences the scent of a flower they haven't smelled for thirty years – even if they don't recognize the scent but are suddenly reminded of something that gives them pleasure – then maybe I'm doing something worthwhile.' 'But what you evoke could be something painful, said Lucjan. When you plant something in people's memories, you never know what you'll pull up.' Anne Michaels, *The Winter Vault* (2009) (adaptado)	–Y ahora, antes que nada, dime por qué plantas cosas en secreto. –Cuando estoy plantando –dijo Jean– estoy dejando una especie de señal. Y estoy esperando que la persona a quién va dirigida la recibirá. Si alguien que está andando por la calle experimenta el aroma de una flor que no ha olido en treinta años –incluso si no está reconociendo el aroma pero de repente le está trayendo el recuerdo de algo agradable– entonces quizá estoy haciendo algo que merece la pena. –Pero lo que evocas podría ser algo doloroso –dijo Lucjan–. Cuando plantas algo en la memoria de las personas, nunca sabes qué vas a sacar.

1.4.2 Las formas no personales

La **forma en *-ing*** (gerundio) utilizada como **sustantivo verbal** exige en la traducción castellana un infinitivo, un sustantivo o una oración subordinada:

Walking *is good for you.*	**Andar** es bueno.
I prefer ***cycling*** *to* ***running****.*	Prefiero **la bici** a **correr**.
Don't you object to your son ***being*** *a boxer?*	¿No pones objeciones a **que** tu hijo **sea** boxeador?

Utilizada con valor de **adjetivo especificativo**, la forma en *-ing se* puede traducir en español por una oración de relativo o en ocasiones por un participio de pasado:

She cheered the people ***running*** *in the marathon.*	Animó a la gente **que corría en** el maratón.
The driver of the first car ***competing*** *in the race started the engine.*	El piloto del primer coche **que competía** en la carrera arrancó el motor.
The woman ***sitting*** *at the back raised her hand.*	La mujer **sentada** al fondo levantó la mano.

La forma en *-ing* utilizada en **construcción absoluta**, es decir, como verbo de una oración modal separada por comas, puede traducirse por un gerundio o (normalmente mejor) por una oración subordinada:

Walking *along the beach, he bumped into his neighbour.*	**Andando/Mientras andaba** por la playa, se encontró a su vecino.
Wishing *to create a good impression and* ***having*** *very little money, he got Heather some flowers from his garden.*	**Puesto que/Como quería** causar una buena impresión y **tenía** poco dinero, le llevó a Heather unas flores de su propio jardín.

En español, el gerundio simple (trabajando) indica simultaneidad y el gerundio compuesto (habiendo trabajado), anterioridad. Por eso hay que evitar en las traducciones el llamado "gerundio de posterioridad" (López Guix y Minett Wilkinson 2006: 134):

*He entered the room, **sitting** on the front row.*	Entró en la sala y **se sentó** en primera fila. *Entró en la sala, *sentándose* en primera fila. [incorrecto]
*I wrote the report, **signing** at the bottom.*	Escribí el informe y **firmé** al final. *Escribí el informe *firmando* al final. [incorrecto]

Actividad 6

6A

Lee con detenimiento el siguiente fragmento de la novela *An Equal Music* (1999), de Vikram Seth, prestando especial atención a las formas verbales subrayadas. En esta escena, el narrador mantiene una conversación con Julia, una pianista que se está quedando sorda.

En parejas, elegid la traducción más apropiada de las frases que aparecen a continuación (atención, puede que las dos opciones dadas sean correctas) y corregid los errores que encontréis.

I've been invited to an evening out with Julia, at a nearby restaurant. The wine comes, and the food. We talk of this and that. Around us is an <u>unimpinging</u> blur of conversation.

'<u>Hearing</u> is wasted on some people,' she says suddenly with a sharp flare of bitterness. 'A few days ago <u>I was talking</u> to a hardboiled cellist and it was obvious that he was utterly jaded by his work and bored with music – he almost seemed to hate it. And I gather he must have been a good musician.'

'Well, there's a lot of that,' I say.

'I can understand a banker or a waiter <u>hating</u> his work, but not a musician.'

'Come on, Julia. Years of training, long hours, pathetic pay – and <u>being</u> no good for anything else – and <u>having</u> no choice in what you play – you could feel trapped, even if you loved it once. I felt like that a bit, when <u>I was freelancing</u> in London. Even now things aren't that easy. After all, you too gave up playing for a while. The only difference, I suppose, is that you could afford it.'

Vikram Seth, *An Equal Music* (1999) (adaptado)

1. Around us is an unimpinging blur of conversation.

    a) Nos rodea una conversación ininteligible no afectándonos.
    b) En torno nuestro se oye un murmullo de conversaciones que no interfiere con la nuestra.

2. Hearing is wasted on some people.

    a) La capacidad de oír está desaprovechada en algunos.
    b) Hay gente que no se merece poder oír.

3. A few days ago I was talking to a hardboiled cellist.

    a) Hace unos días estaba hablando con un chelista hastiado.
    b) Hace unos días hablaba con un violonchelista endurecido.

4. I can understand a banker or a waiter hating his work

    a) Puedo entender a un banquero o un camarero odiando su trabajo
    b) Puedo comprender que un banquero o un camarero odie su trabajo

5. and being no good for anything else – and having no choice in what you play

    a) y no valer para nada más... y no tener elección en lo que se toca
    b) y no siendo bueno para ninguna otra cosa... y teniendo poca elección en lo que se interpreta

6. when I was freelancing in London

    a) cuando estaba trabajando por libre en Londres
    b) cuando trabajaba por cuenta propia en Londres

6B

Traduce el texto completo y comprueba tu versión con las sugerencias de la clave. Presta atención a las convenciones tipográficas para presentar el diálogo.

1.4.3 Los tiempos del pasado del modo indicativo

Vamos a repasar a continuación los usos de los tiempos del pasado del modo indicativo en español dada su destacada presencia en la narrativa literaria.

Actividad 7

En esta actividad vais a trabajar con cuentos infantiles tradicionales.

7A

Asocia cada título en inglés de un famoso cuento con su equivalente en español.

1. *Snow White and the Seven Dwarfs*
2. *Cinderella*
3. *Little Red Riding Hood*
4. *Jack and the Beanstalk*
5. *Little Mermaid*
6. *The Three Little Pigs*
7. *Tom Thumb*

a *La Cenicienta*
b *Juan y las judías mágicas.*
c *La sirenita*
d *Pulgarcito*
e *Los tres cerditos / Los tres chanchitos / Los tres cochinitos*
f *Blancanieves y los siete enanitos*
g *Caperucita Roja*

7B

¿Sabes cómo empiezan y acaban los cuentos en español? Lee las expresiones que tienes en el cuadro e identifica únicamente aquellas que pueden servir para iniciar o terminar una historia.

Érase una vez enseguida

mientras

Y colorín colorado este cuento se ha acabado

En un lejano país Había una vez De repente

Y vivieron felices y comieron perdices

De pronto En ese momento

Hace mucho tiempo Entonces Al cabo de un tiempo

Cuentan que hace muchos siglos

y este cuento se acabó y el viento se lo llevó y cuando lo vuelva a encontrar, te lo volveré a contar.

Para iniciar un cuento...	*Para terminar un cuento...*

7C

Ordena los siguientes fragmentos del cuento *El lobo y los siete cabritos* de los Hermanos Grimm.

(a) –¡Toc! ¡Toc! Abrid hijos míos, que soy vuestra madre.

–Enséñanos primero la pata –gritaron los cabritos.

El lobo levantó la pata y cuando vieron que era blanca, como la de su madre, abrieron la puerta. El lobo entró y se comió a todos los cabritos excepto al más pequeño, que se había escondido en la caja del reloj de pared.

Cuando la cabra llegó a casa vio la puerta abierta y entró. Todas las cosas estaban revueltas y tiradas por el suelo. Empezó a llamar a sus hijos y a buscarlos, pero no los encontró por ninguna parte. De pronto salió el chiquitín de su escondite y le contó a su madre que el lobo había engañado a sus hermanos y se los había comido.

(b) –¡Toc! ¡Toc! Abrid, hijos míos, que soy vuestra madre.

–No. No queremos abrirte. Tienes la voz muy ronca. Tú no eres nuestra madre, eres el lobo –dijeron los cabritos.

El lobo se marchó enfadado. Fue a un corral y se comió una docena de huevos crudos y la voz se le afinó.

Volvió a casa de los cabritos y llamó.

(c) Cuando el lobo se despertó tenía mucha sed y se levantó para beber agua. Pero las piedras le pesaban tanto que rodó, se cayó al río y se ahogó. Al verlo la cabra y sus hijos gritaron de alegría: "¡El lobo ha muerto! ¡El lobo ha muerto!".

Y colorín colorado, este cuento se ha acabado.

(d) –¡Toc! ¡Toc! Abrid, hijos míos, que soy vuestra madre –dijo con una voz muy fina.

–Enséñanos la pata.

El lobo levantó la pata y los cabritos al verla exclamaron:

–No. No queremos abrirte. Tienes la pata negra. Nuestra madre la tiene blanca. Eres el lobo.

El lobo se marchó enojado. Se dirigió a un molino, metió la pata en un saco de harina y volvió a casa de los cabritos.

(e) Había una vez una cabra que tenía siete cabritos. Vivían muy felices en una casita en el bosque. Un día llamó a sus hijos y les dijo:

–Voy al bosque a buscar comida para vosotros. No abráis la puerta a nadie. Tened cuidado con el lobo; tiene la voz ronca y las patas negras. Es malo y querrá engañaros.

Los cabritos prometieron no abrir a nadie y la cabra salió. Al poco rato llamaron a la puerta.

(f) Por la ventana vieron al lobo tumbado junto al río en un prado cercano. Estaba durmiendo y roncaba. La cabra notó que tenía la barriga muy abultada. Cogió unas tijeras, aguja e hilo y se acercó despacio al lobo. Le abrió la barriga con las tijeras y los cabritos salieron saltando. Enseguida, la cabra cogió piedras y volvió a llenar la barriga del lobo. Después la cosió con la aguja y el hilo. Se marchó a casa con sus hijos y se encerraron.

7D

Subraya las siguientes formas del pasado del modo indicativo en los fragmentos (a), (b) y (c) de arriba:

- pretérito imperfecto (p. ej. era)
- pretérito perfecto simple (también llamado "indefinido") (p. ej. dijeron)
- pretérito perfecto (p. ej. ha muerto)
- pretérito pluscuamperfecto (p. ej. había engañado)

7E

¿Qué tipo de pretérito se emplea para los siguientes usos? Anota algunos ejemplos del cuento.

Uso	*Pretérito...*	*Ejemplo*
1. Narrar acciones que sucedieron en un momento específico y puntual.		
2. Describir una persona, un animal o un objeto en el pasado.		
3. Hablar de acciones pasadas con una duración indeterminada.		
4. Indicar una acción que sucedió antes que otra en el pasado.		
5. Hablar de acciones recientes que todavía afectan al presente del hablante.		
6. Indicar una acción en progreso en el pasado.		
7. Referirnos a acciones consecutivas en el pasado.		
8. Describir un lugar o el contexto en el que una acción ocurrió.		

7F

Piensa en un cuento infantil o tradicional que conozcas. Toma notas breves en inglés sobre los aspectos más importantes del cuento en la tabla de abajo. Después traduce al español esas notas y úsalas para contarle oralmente en español el cuento a tu compañero. Utiliza expresiones apropiadas para comenzar y terminar la historia y presta especial atención al uso de los tiempos del pasado.

Characters: names and description	Personajes: nombres y descripción
Context: time, place	Contexto temporal y espacial

Actions	Acciones
Ending	Final

Actividad 8

En esta actividad vamos a continuar repasando y practicando los tiempos de pasado en español, esta vez centrándonos en la narrativa de testimonios personales.

8A

A continuación tienes un texto sobre la situación de los niños españoles que fueron expatriados al Reino Unido durante la guerra civil española (1936–39) y algunos de sus testimonios. Completa el texto con la forma apropiada de uno de los verbos del recuadro en pasado. Algunos verbos se pueden usar más de una vez.

ser	estar	tener	decir	salir	venir
llegar	encontrar	mirar	poner	esperar	
negarse	darse	consentir	mandar	unir	echar

A finales de 1936 varias organizaciones británicas de carácter humanitario __________ sus esfuerzos para formar el *National Joint Committee for Spanish Relief* para ayudar a las mujeres y los niños de la zona republicana. Su presidenta __________ la conservadora duquesa de Atholl. El gobierno británico ____________ a dejar entrar en el Reino Unido a refugiados españoles no combatientes, pero a raíz del bombardeo de Guernica, ___________ la entrada de los niños, a condición de que su cuidado y mantenimiento dependiera directamente del *National Joint Committee*.

El 21 de mayo de 1937, 3.826 niños y niñas entre siete y quince años, acompañados de 95 maestras, 122 auxiliares y 15 sacerdotes,

____________ del puerto de Santurce, Bilbao, en el buque Habana, escoltado por la Marina británica. ______________ al puerto de Southampton la tarde del día siguiente.

LUIS SANTAMARÍA. Niño de la guerra. Salió en el Habana con tres de sus hermanos. Vive en Londres.

"____________ a Southampton y allí nos ____________ una serie de dignatarios, amigos de la República, prensa... ____________ en Southampton quizá un día, mientras nos iban haciendo a todos una inspección médica; nos ____________ las manos a ver si ____________ sarna, a ver si ____________ piojos, a ver si habíamos sido vacunados, y si te ____________ algo, te ____________ una cinta roja en la muñeca o bien una blanca, y entonces te ____________ al hospital o al campamento."

ESPERANZA ORTIZ. Niña de la guerra. Inglaterra.

"Yo ____________ muy contenta; ____________ de menos a mis padres pero yo no ____________ cuenta. Para mí ____________ como una vacación, bueno, es que nos ____________ mi padre antes de salir que ____________ de vacaciones."

Resumido y adaptado de: Julio Martín Casas y Pedro Carvajal Urquijo, *El exilio español (1936–1978)*, Barcelona: Planeta, 2002, págs. 43–48.

8B

El siguiente pasaje pertenece a una obra autobiográfica de Kanty Cooper, una voluntaria británica que colaboró en tareas de ayuda humanitaria durante la guerra civil española. Traduce el texto de manera individual, prestando especial atención a los tiempos del pasado. Cuando termines, repasa tu traducción e indica posibles errores que encuentres utilizando la tabla que te propusimos en el capítulo 2.

Tomás must have been the youngest child we ever had in the hospital. He came to us not because he was ill but because he was blind. We could do nothing for his eyes, but we could give him better individual attention than he received in the camp among the thousands of other children. He had been in perpetual trouble while he lived there. He bumped into people and got knocked down. His knees were always patchworked with adhesive plaster. He was too young to dress himself or take his place in the queue for meals. The voluntary workers had no time to keep him under surveillance. He was always wandering away and getting lost.

Tomás's age was given as 'about four', but he must have been younger for he walked with an unsteady baby's stagger. He showed no signs of suffering from privation despite the starvation conditions in Spain at that time. I imagine his parents must have made great sacrifices to provide him with his food, for he was a healthy, plump and sturdy little boy.

Tomás arrived by ambulance, clutching a shabby red suitcase with both hands. He rejected all offers of help, refusing to let anyone touch it. I imagined it must contain some treasured possession. When, eventually, I was allowed to help him unpack it, I found only a pitiful collection of clothes made from the cheapest cotton and wool.

'All made by my mother,' he told me with pride, 'especially for me.'

Kanty Cooper, *The Uprooted. Agony and Triumph among the Debris of War* (1979)

8C

En parejas, elegid la traducción más apropiada de las siguientes frases tomadas del texto del paso anterior. Una de las tres opciones propuestas es idónea. En las otras dos, puede haber aciertos pero también errores. Comentad aspectos positivos y negativos de cada una, y corregid los errores que encontréis.

1. *Tomás must have been the youngest child we ever had in the hospital.*
   1 Tomás debía de ser el niño más jóven que hubiera estado jamás al hospital. ❍
   2 Tomás debió ser el niño más joven que había ingresado en el hospital. ❍
   3 Tomás debía de ser el niño más pequeño que había pasado por el hospital. ❍

2. *He came to us not because he was ill but because he was blind.*

   1 Acudió a nosotros no porque estuviera enfermo sino porque era ciego. ❍
   2 Vino a nosotros no porque estaba enfermo pero porque estaba ciego. ❍
   3 Ingresó no por enfermedad sino por ceguera. ❍

3. *We could do nothing for his eyes*,

   1 Podíamos hacer nada para sus ojos, ❍
   2 No pudimos hacer nada para salvarle la vista, ❍
   3 No podíamos hacer nada por sus ojos, ❍

4. *He had been in perpetual trouble while he lived there*.

   1 Mientras vivió ahí, se metió en muchos líos. ❍
   2 Había estado en un problema perpetuo mientras que vivió allí. ❍
   3 Mientras vivió allí, andaba siempre metido en líos. ❍

5. *He bumped into people and got knocked down*.

   1 Se tropezó con todos y se cayó al suelo. ❍
   2 Se chocaba con la gente y se caía al suelo. ❍
   3 Se tropezaba con las personas y lo tiraban al suelo. ❍

Actividad 9

9A

En parejas, analizad qué función cumple la forma "*would*" en las expresiones subrayadas y cómo debería traducirse en español. Después ofreced una traducción conjunta del texto.

> For a long time, I would go into churches. I told myself I wanted to see the art; I didn't know I was looking for something. I wouldn't seek these churches out, even if they were in a guidebook and of historic significance, and I would never go into them during services, in fact I disliked the idea: it was what was in them, not what went on in them, that interested me.
>
> Margaret Atwood, *Cat's Eye* (1988)

9B

Ahora decidid si la forma "would" tiene un valor condicional o de acción repetida en el pasado en las siguientes frases, tomadas de la misma novela de Atwood, y ofreced una traducción.

1. I try to think what I would tell her.
2. My daughters went through a phase when they would say 'So?' They'd fold their arms and stare at me. So? "Don't do that," I'd say. "It's driving me crazy."
3. I would approach him with hope, but I was always disappointed.
4. I would like to be able to walk on air like that.
5. She asks her questions as a grownup would do.

1.4.4 El modo subjuntivo y la secuencia de tiempos

El uso del modo subjuntivo es un tema complejo y te aconsejamos que consultes libros de gramática si necesitas estudiarlo a fondo. Aquí vamos a hacer un breve repaso de ciertos aspectos puntuales con vistas a evitar algunos errores comunes que se cometen al traducir. Recuerda que ya estudiamos el uso de indicativo y de subjuntivo con las oraciones de relativo en el capítulo anterior.

Actividad 10

10A

En este fragmento tomado de un relato de Angela Carter, la narradora reflexiona sobre su experiencia como europea en la ciudad de Tokio.

Observa las frases y expresiones subrayadas en el texto. ¿Cómo las traducirías?

> You never know what will happen in Tokyo. Anything can happen. [...] Always dissatisfied, <u>even if,</u> like a perfect heroine, <u>I wandered</u>, weeping, on a forlorn quest for a lost lover through the aromatic labyrinth of alleys. And wasn't I in Asia? Asia! But, <u>even though I lived there</u>, it always seemed far away from me. It was <u>as if there were glass</u> between me and the world. But I could see myself perfectly well on the other side of the glass. There I was, walking up and down, eating meals, having conversations, in love, indifferent, and so on. But all the time I was pulling the strings of my own puppet; <u>it was this puppet who was moving about</u> on the other side of the glass.
>
> Angela Carter, "Flesh and the Mirror" (1974)

even if I wandered: ______________________________

even though I lived there: ______________________________

as if there were glass: ______________________________

it was this puppet who was moving about: ______________________________

10B

Dispones de 20 minutos para traducir el fragmento de Angela Carter. Después intercambia tu traducción con la de un compañero y léela con detalle: anota expresiones y estructuras que haya empleado tu compañero y que te parezcan acertadas, así como cualquier duda o comentario que te surja. Después explica a tu compañero lo que has anotado y juntos comparad vuestras versiones. Si lo deseáis, podéis comentarlas con otros compañeros en clase o comprobar el ejemplo de traducción ofrecido en la clave.

Actividad 11

Elige la forma verbal correcta en la traducción de cada frase:

1. They wanted him to spy on Sandy, his old schoolfriend. (C. J. Sansom, *Winter in Madrid*, 2006)

   Querían que **espiara/espie** a Sandy, su antiguo amigo del colegio.

2. Parents complain about their children being asked to gossip, to divulge what could be private information, secrets, even. (Tony Morrison, *Paradise*, 1997)

   Los padres se quejan de que se les **pidiera/pida** a sus hijos que **cotillearan/cotilleen**, que **divulguen/divulgaran** información privada, incluso secretos.

3. Marjorie Flanner did not treat him as though he were a person of no consequence. (Carol Shields, *Mary Swann*, 1987)

   Marjorie Flanner no lo trataba como si **fuera/era** una persona sin importancia.

4. He was admitted and told to wait because the poet was engaged. (Charles Simic, *The Unemployed Fortune-Teller: Essays and Memoirs*, 1994)

   Le hicieron pasar y le dijeron que **espere/esperara** porque el poeta estaba ocupado.

5. There was time for only one day of rehearsal before her brother arrived. (Ian McEwan, *Atonement*, 2001)

   Solo quedaba un día para ensayar antes de que **llegara/llegó** su hermano.

6. She felt as if she had acquired an adult's seriousness for the first time in her life. (Anita Brookner, *Hotel du Lac*, 1984)

   Se sentía como si **había adquirido/hubiera adquirido** una seriedad propia de adultos por primera vez en su vida.

7. But I did not want to shoot the elephant. They all said the same thing: he took no notice of you if you left him alone, but he might charge if you went too close to him. (George Orwell, "Shooting an Elephant", 1936)

   Pero yo no quería disparar al elefante. Todos decían lo mismo: no te **prestó/prestaba** ninguna atención si lo **dejabas/dejaras** tranquilo, pero **podía/pudiera** atacar si **te acercabas/acercaras** demasiado.

8. The sole thought in my mind was that if anything went wrong all those people would chase me. And if that happened it was quite probable that some of them would laugh. (George Orwell, "Shooting an Elephant", 1936; adaptado)

   Lo único que pensaba era que si algo **salió/salía** mal todas esas personas me **perseguirían/perseguirán**. Y si eso **pasara/pasaba**, era probable que alguno **se riera/se rio**.

9. They follow along behind me, making comments on the way I walk. If I were to turn I would see them imitating me. [...] I try to picture what she would look like if I met her on the street. (Margaret Atwood, *Cat's Eye*, 1988)

   Me siguen, diciendo cosas sobre el modo en que ando. Si me **girara/giraba** los **viera/vería** imitándome. [...] Intento imaginar qué aspecto **tenía/tendría** ella si la **encontrara/encontraré** por la calle.

10. If you're a grown man when you read this, I'll have been gone a long time. [...] It was the furthest thing from my mind that I'd be leaving a wife and child, believe me. I'd have been a better father if I'd known. (Marilynne Robinson, *Gilead*, 2004)

    Si **eres/seas** un adulto cuando leas esto, yo ya **llevaré/llevaría** mucho tiempo muerto. [...] Ni se me pasó por la cabeza pensar que dejaría mujer e hijo, créeme. **Sería/Habría sido** mejor padre si lo **sabría/hubiera sabido**.

2 Las figuras retóricas características de la narrativa

La narrativa literaria se caracteriza por adoptar una gran variedad de recursos estilísticos y figuras retóricas. En esta sección vamos a ver solo algunas de las figuras más frecuentes y en el capítulo 10 (sección 2.2) estudiaremos más a fondo los retos que las distintas figuras retóricas plantean al traductor.

Actividad 12[3]

Vamos a trabajar ahora con el principio de la novela *Nada* (1944) de Carmen Laforet. Documéntate sobre esta obra y su autora.

Retrato de Carmen Laforet por Hakima El Kaddouri Hadouti (2013).

12A

Lee el siguiente fragmento, que corresponde al principio de la novela, cuando la joven Andrea llega a Barcelona, y haz el ejercicio de léxico que aparece tras el texto.

Por dificultades en el último momento para adquirir billetes, llegué a Barcelona a medianoche, en un tren distinto del que había anunciado y no me esperaba nadie. Era la primera vez que viajaba sola, pero no estaba asustada; por el contrario, me parecía una aventura agradable y excitante aquella profunda libertad en la noche. La sangre, después del viaje largo y cansado, me empezaba a circular en las piernas entumecidas y con una sonrisa de asombro miraba la gran estación de Francia y los grupos que se formaban entre las personas que estaban aguardando el expreso y los que llegábamos con tres horas de retraso.

El olor especial, el gran rumor de la gente, las luces siempre tristes tenían para mí un gran encanto, ya que envolvían todas mis impresiones en la maravilla de haber llegado por fin a una ciudad grande, adorada en mis ensueños por desconocida.

Empecé a seguir –una gota entre la corriente– el rumbo de la masa humana que, cargada de maletas, se volcaba en la salida. Mi equipaje era un maletón muy pesado –porque estaba casi lleno de libros– y lo llevaba yo misma con toda la fuerza de mi juventud y de mi ansiosa expectación.

Un aire marino, pesado y fresco, entró en mis pulmones con la primera sensación confusa de la ciudad: una masa de casas dormidas; de establecimientos cerrados; de faroles como centinelas borrachos de soledad. Una respiración grande, dificultosa, venía con el cuchicheo de la madrugada. Muy cerca, a mi espalda, enfrente de las callejuelas misteriosas que conducen al Borne, sobre mi corazón excitado, estaba el mar. [...]

Uno de esos viejos coches de caballos que han vuelto a surgir después de la guerra se detuvo delante de mí y lo tomé sin titubear.

Corrí aquella noche en el desvencijado vehículo, por anchas calles vacías y atravesé el corazón de la ciudad lleno de luz a toda hora. El coche dio la vuelta a la plaza de la Universidad y recuerdo que el bello edificio me conmovió como un grave saludo de bienvenida.

Enfilamos la calle Aribau, donde vivían mis parientes, con sus plátanos llenos aquel octubre de espeso verdor y su silencio vivido de la respiración de mil almas detrás de los balcones apagados. Las ruedas del coche levantaban una estela de ruido, que repercutía en mi cerebro. De improviso sentí crujir y balancearse todo el armatoste. Luego quedó inmóvil.

–Aquí es –dijo el cochero.

Carmen Laforet, *Nada* (1944) (adaptado)

Empareja cada palabra en español con su correspondiente significado en inglés en este contexto:

1. entumecido	a) drunk
2. la gota	b) trail
3. el rumbo	c) whispering
4. el pulmón	d) numb
5. el farol	e) direction
6. borracho	f) lung
7. el cuchicheo	g) lamppost
8. desvencijado	h) drop
9. la estela	i) contraption
10. el armatoste	j) rickety

1. volcarse	a) to rock
2. titubear	b) to creak
3. enfilar	c) to hesitate
4. repercutir	d) to pour out
5. crujir	e) to reverberate, echo
6. balancearse	f) to head for

12B

¿Qué sensación transmite el texto? Señala las palabras que justifiquen tu respuesta y coméntala con un compañero.

a) agridulce b) misteriosa c) contradictoria d) desilusionada e) optimista

12C

Andrea describe la ciudad a través de tres sentidos: vista, olfato, oído. En parejas, identificad todas las palabras del texto que se refieren a cada uno de ellos.

12D

En parejas, asociad cada figura retórica con su definición:

1. la personificación	a) comparar expresamente una cosa con otra, para dar idea viva y eficaz de una de ellas. Contiene los adverbios “como”, “tal como”, “cual” o similares.
2. el símil	b) identificar un término real con otro imaginario existiendo entre ambos una relación de semejanza (p. ej. tus cabellos de oro, las perlas de tu boca).
3. la metáfora	c) atribuir cualidades o acciones propias de seres humanos a animales, objetos o ideas abstractas (p. ej. las estrellas nos miraban).
4. la sinestesia	d) designar un todo con el nombre de una de sus partes (p. ej. tiene que alimentar cuatro bocas)
5. la sinécdoque	e) mezclar sensaciones de sentidos distintos (oído, vista, gusto, olfato, tacto) (p. ej. un blanco perfume, el calor de su mirada, la dulce música)

12E

De las cinco figuras retóricas mencionadas arriba, ¿cuál usa la autora en cada una de estas expresiones? (puede haber más de una figura retórica en una sola expresión).

personificación • símil • metáfora • sinestesia • sinécdoque

	Figura retórica
mil almas	
una gota entre la corriente	
faroles como centinelas borrachos de soledad	
el cuchicheo de la madrugada	

el bello edificio me conmovió como un grave saludo de bienvenida.

espeso verdor

Actividad 13

13A

Lee el siguiente fragmento de la obra *White Teeth* de la escritora británica Zadie Smith. Subraya las figuras retóricas que encuentres y reflexiona sobre cómo traducirlas.

> Archie Jones attempted suicide because his wife, a violet-eyed Italian with a faint moustache, had recently divorced him. But he had not spent New Year's morning gagging on the tube of a vacuum cleaner because he loved her. It was rather because he had lived with her for so long and had *not* loved her. Archie's marriage felt like buying a pair of shoes, taking them home and finding they don't fit. For the sake of appearances, he put up with them. And then, all of a sudden and after thirty years, the shoes walked out of the house. She left.
>
> Once the car started to fill with gas, he had experienced the obligatory flashback of his life to date. It turned out to be a short viewing experience, low on entertainment value, the metaphysical equivalent of the Queen's Speech. A dull childhood, a bad marriage, a dead-end job... they all flicked by quickly, silently, with little dialogue, feeling pretty much the same as they did the first time round. It seemed that a special effort of predestination had ensured his life had been picked out for him like a company Christmas present – early, and the same as everyone else's.
>
> Zadie Smith, *White Teeth* (2000) (adaptado)

13B

La mitad de la clase va a traducir el primer párrafo del texto de Smith y la otra mitad el segundo. Cuando hayáis terminado, un voluntario leerá en voz alta la traducción en español del texto completo. Reflexionad juntos sobre si se aprecia un estilo diferente en la traducción del primero y del segundo párrafo. Comentad en pleno las estrategias traductoras que habéis empleado.

Actividad 14

Recordarás que en la actividad 2 del capítulo anterior, te pedíamos que hicieras una traducción de un pasaje de *The Great Gatsby*, de F. Scott Fitzgerald, y te sugeríamos que volvieras a traducirlo al final de este capítulo, una vez hubieras repasado numerosos aspectos morfosintácticos desde una perspectiva contrastiva. Ahora es buen momento para preparar esta segunda traducción y reflexionar sobre tu progreso. Observa que se trata de un texto rico en figuras retóricas, con varios casos de sinestesia, y que todo lo aprendido en estos dos capítulos te puede resultar útil para mejorar tu traducción. Recuerda también que es muy importante que repases y edites tu última versión para asegurarte de que no contiene errores gramaticales u ortográficos.

Cuando termines tu segunda versión, compárala con la primera que hiciste y con el ejemplo de traducción que aparece en la clave.

Encargo de traducción

Escribes para una revista literaria de tu universidad y estáis preparando un número especial sobre la traducción de la obra de James Joyce a otros idiomas. Te vas a encargar de la sección en español.

- Documéntate sobre la figura y obra de James Joyce y prepara un breve resumen en español que aparecerá en la revista a modo de introducción a tu traducción.
- Busca información en particular sobre su colección de relatos *Dubliners*, pues vas a traducir un fragmento de su relato más conocido, "The Dead". Es aconsejable que leas la historia corta en su totalidad (disponible en línea en el Proyecto Gutenberg). Reflexiona sobre el contexto del fragmento y analiza sus rasgos estilísticos antes de traducirlo.
- Traduce el fragmento para su publicación en la revista literaria.

The air of the room chilled his shoulders. He stretched himself cautiously along under the sheets and lay down beside his wife. One by one they were all becoming shades. Better pass boldly into that other world, in the full glory of some passion, than fade and wither dismally with age. He thought of how she who lay beside him had locked in her heart for so many years that image of her lover's eyes when he had told her that he did not wish to live.

Generous tears filled Gabriel's eyes. He had never felt like that himself towards any woman but he knew that such a feeling must be love. The tears gathered more thickly in his eyes and in the partial darkness he imagined he saw the form of a young man standing under a dripping tree. Other forms were near. His soul had approached that region where dwell the vast hosts of the dead. He was conscious of, but could not apprehend, their wayward and flickering existence. His own identity was fading out into a grey impalpable world: the solid world itself which these dead had one time reared and lived in was dissolving and dwindling.

A few light taps upon the pane made him turn to the window. It had begun to snow again. He watched sleepily the flakes, silver and dark, falling obliquely against the lamplight. The time had come for him to set out on his journey westward. Yes, the newspapers were right: snow was general all over Ireland. It was falling on every part of the dark central plain, on the treeless hills, falling softly upon the Bog of Allen and, farther westward, softly falling into the dark mutinous Shannon waves. It was falling, too, upon every part of the lonely churchyard on the hill where Michael Furey lay buried. It lay thickly drifted on the crooked crosses and headstones, on the spears of the little gate, on the barren thorns. His soul swooned slowly as he heard the snow falling faintly through the universe and faintly falling, like the descent of their last end, upon all the living and the dead.

James Joyce, "The Dead", *Dubliners* (1914)

Notas

1 Para una explicación detallada del uso del artículo en español, consultar la edición más reciente de Butt and Benjamin, *A New Reference Grammar of Modern Spanish*, London: Routledge.

2 Actividad basada en una propuesta de Maria González Davies (2004) *Multiple Voices in the Translation Classroom*, Amsterdam: John Benjamins, pp. 146–147.
3 Los pasos B y C de esta actividad están basados en una propuesta de Rosanna Acquaroni (2007) *Las palabras que no se lleva el viento: literatura y enseñanza de español como LE/L2*, Madrid: Santillana, p. 145.

Capítulo 9
Los cómics y el teatro

En este capítulo vas a:

- Familiarizarte con los rasgos que caracterizan los textos con un componente visual, ya sean gráficos o dramáticos
- Traducir textos donde se da una mutua dependencia entre la imagen y el lenguaje verbal
- Conocer más a fondo aspectos fónicos como las onomatopeyas
- Familiarizarte con las convenciones dramáticas y el concepto de la representabilidad en el teatro
- Analizar aspectos de la oralidad y del lenguaje coloquial, así como cuestiones pragmáticas relativas a la conversación

En estudios recientes sobre la traducción del discurso literario se viene utilizando el término "oralidad fingida" o "prefabricada" para referirse a una oralidad que se pretende evocar en un texto escrito mediante recursos que se consideran típicamente orales (Brumme 2008, Cunillera y Resinger 2011). No coincide simplemente con una plasmación del lenguaje coloquial en un texto escrito, sino que supone la intervención de un autor y, por tanto, la selección de determinados rasgos típicos de la oralidad. De esta forma se crea la ilusión de un habla auténtica que caracteriza la manera de expresarse de un personaje.

No cabe duda de que dicha oralidad fingida se da en muchas obras narrativas, sobre todo aquellas con diálogos que evocan la autenticidad de la conversación, pero este concepto es particularmente relevante al considerar los géneros de los cómics y el teatro, así como el género audiovisual, que trataremos más adelante. Los cómics se sitúan a caballo entre el medio visual y el auditivo, con dibujos acompañados por diálogos entre personajes llenos de interjecciones y onomatopeyas. En la obra teatral, como texto escrito para ser representado, confluyen el código lingüístico y el escénico (tanto visual como acústico) en los que prima la oralidad y los elementos prosódicos (acento, entonación). Ambos géneros plantean, por lo tanto, interesantes retos al traductor dado su carácter híbrido.

1 Los cómics y las novelas gráficas

El cómic constituye un medio de expresión eminentemente narrativo en el que se combinan imágenes y texto para contar historias o escenificar ideas. Tradicionalmente asociado con la cultura popular, en especial dirigida a un público juvenil, en la actualidad está considerado como un género literario y es objeto de numerosos estudios académicos y críticos.

1.1 Definiciones y características

Vamos a empezar familiarizándonos con la terminología usada en este género, pues con frecuencia encontramos varios vocablos para referirnos al mismo concepto.

Actividad 1

En parejas, asociad cada término con su definición.

1. Cómic
2. Tira cómica
3. Tebeo
4. Manga
5. Novela gráfica

a. Revista infantil de chistes e historietas cuyo asunto se desarrolla en series de dibujos. El término procede de *TBO*, nombre de una revista española fundada en 1917.

b. Tipo de narración gráfica de origen japonés que se caracteriza por dibujos minuciosos y muy expresivos, con gran cantidad de imágenes y de páginas. Con frecuencia se adapta a otros formatos, como videojuegos y películas.

c. Tipo de narración gráfica para adultos que presenta una única historia de larga extensión y que se suele publicar con el formato de un libro. En ocasiones se basa en obras literarias ya existentes.
d. Serie o secuencia de viñetas (recuadros con dibujos y texto) que cuenta una historia. Libro o revista que contiene estas viñetas. Término general, tomado del inglés, que engloba las distintas variantes de narración gráfica.
e. Secuencia limitada de viñetas, normalmente con intención cómica o satírica, que se publica periódicamente en la prensa.

El término "cómic" es el de uso más extendido hoy en día tanto para describir el género en su totalidad, como para referirse a ejemplares concretos. El *Diccionario Panhispánico de Dudas* nos recuerda que, aunque es un anglicismo asentado y aceptable, existen términos españoles equivalentes como historieta(s), muñequito(s) (Cuba), comiquita(s) (Venezuela) o monitos (México). En España encontramos además el término "tebeo", pero su uso está cada vez más restringido a las revistas dirigidas a un público infantil.

En este capítulo emplearemos en general el término "cómic" para trabajar con la traducción de historietas tomadas principalmente de revistas y de novelas gráficas. Cabe destacar que el término "novela gráfica", que realmente es un subgénero del cómic y alude más bien al formato, se puso de moda a partir de los años 90, seguramente porque carece de las connotaciones peyorativas de otros vocablos, conecta al cómic con la categoría de "literatura" y cultura elevada, y su empleo constituye una valiosa estrategia comercial para alcanzar al público adulto (Kukkonen 2013: 84–85). Novelas gráficas como *Maus* (1991) de Art Spiegelman, sobre el holocausto, *Persépolis* (2000) de Marjane Satrapi, sobre la infancia de la autora en Irán, o aquellas que son adaptaciones de clásicos literarios como *The Life and Opinions of Tristram Shandy, Gentleman* (2010) de Martin Rowson han despertado gran interés crítico y académico, y nadie las denominaría "historietas" o "tebeos". Por otra parte, en este manual no emplearemos ejemplos del manga al tratarse de un subgénero del cómic escrito en japonés.

Actividad 2

Aquí tenéis los elementos principales de los cómics. En parejas, asociad cada término con su dibujo correspondiente.

1. Bocadillo o globo
2. Recuadro, cartucho o cartela
3. Viñeta
4. Tira
5. Onomatopeyas
6. Metáforas visuales

Un Caballero de California

CORRÍA EL AÑO 18... CUANDO EL CADETE D. CÉSAR REINA, GRADUADO TENIENTE EN LA ACADEMIA MILITAR DE MADRID, SE HALLABA EN LA CORTE DE ESPAÑA Y...

A

B

C

D

E

F

Los componentes esenciales de los cómics se pueden resumir como sigue:

- **La viñeta:** cada uno de los recuadros con dibujos y texto de una serie. Constituye la unidad mínima de narración en un cómic, representando una escena o un momento breve dentro de la secuencia narrativa. Habitualmente las viñetas se disponen de manera secuencial en una **tira**.
- **El globo o bocadillo:** espacio, generalmente circundado por una línea curva que sale de la boca o cabeza de un personaje, en el cual se representan palabras o pensamientos atribuidos a este. Las diferentes formas del bocadillo sirven para indicar si el mensaje es un pensamiento, una enunciación, una emoción, etc.
- **El recuadro, cartucho o cartela:** cuadro de texto situado dentro de una viñeta o entre dos de ellas, con la función de explicar o narrar al lector determinados hechos de la historia que debe conocer. Suelen aparecer en la primera viñeta de los cómics, a modo de introducción.
- **La tipografía**: personalización de los textos mediante estilizaciones gráficas más o menos elaboradas. Se juega con diferentes tipos y tamaños de letra.
- **Las onomatopeyas**: palabras o fonemas con valor gráfico que imitan el sonido de una acción o de un animal (ver Capítulo 6, sección 2.4.1). La onomatopeya aumenta el valor expresivo de la viñeta.
- **El lenguaje de los gestos:** los sentimientos y estados de ánimo (alegría, enfado, preocupación, etc.) se expresan principalmente a través del rostro del personaje pero también a través del cuerpo.

- **Las interjecciones**: palabras que expresan alguna impresión súbita o un sentimiento profundo, como asombro, sorpresa, dolor, etc. (¡ay!, ¡bah!, ¡caramba!). Sirven también para apelar al interlocutor, o como fórmula de saludo, conformidad, etc. (¡hola!, ¿eh?, ¡ojo!).
- **Las metáforas visuales**: signos icónicos de carácter metafórico que reflejan el estado de los personajes. Por ejemplo, un signo de interrogación expresa la duda; una bombilla indica que el personaje ha tenido una idea brillante.
- **Las figuras cinéticas**: signos gráficos en forma de líneas rectas o curvas que indican la trayectoria o el movimiento de personajes y objetos. Estas líneas aportan el dinamismo y la acción a la viñeta (trayectorias de golpes, nubes de polvo, etc.).

Actividad 3

3A

Relaciona la metáfora visual de cada imagen con la emoción, sentimiento o acción que representa.

(a) tener una idea brillante
(b) enfadarse
(c) dormir profundamente
(d) insultar a alguien / proferir insultos, palabrotas
(e) enamorarse
(f) arruinarse / perder dinero con rapidez
(g) sentir dolor tras recibir un golpe

1.

2.

3.

4.

5.

6.

7.

3B

Ahora relaciona las expresiones idiomáticas que aparecen en las siguientes frases con la emoción/sentimiento/acción que les corresponda de arriba.

Expresión idiomática	*Emoción/sentimiento/acción*
1. **Fue un** auténtico **flechazo**: amor a primera vista.	
2. Ya estoy otra vez sin un duro: **el dinero vuela.**	
3. Mi jefe está **echando humo** porque hemos llegado todos tarde hoy.	
4. Tras mucho pensar, **se le encendió la bombilla** y encontró la solución al problema.	
5. Me di contra la pared y **vi las estrellas.**	
6. **Dormía como un tronco** y no me oyó.	
7. Se enfrentó a su vecino de forma muy agresiva: **echaba sapos y culebras** por la boca.	

1.2 Retos y estrategias en la traducción de cómics

Podemos clasificar los tipos de cómics tanto por su temática (aventuras, ciencia ficción, (auto)biografía, etc.) como por el tipo de público al que van dirigidos (infantil, juvenil, adulto). Además del tipo y formato del cómic, el traductor debe tener en cuenta su fecha y lugar de creación, así como la audiencia de la lengua fuente y de la lengua meta, y la finalidad de la traducción.

Existen además retos específicos para el traductor que se plantean debido a las características especiales de los cómics: un tipo de texto en el que la plástica y la narrativa se hallan interrelacionadas y que juega con la función lúdica del lenguaje.

A grandes rasgos, podemos señalar los siguientes retos:

1. Limitaciones de espacio impuestas por el marco en el que se inserta el texto.
2. Limitaciones impuestas por la propia imagen, que es inalterable y que puede contener elementos idiosincráticos de una determinada cultura, como gestos, ropa, comida, costumbres, etc.
3. Interrelación entre elementos verbales e icónicos, con uso frecuente de interjecciones y onomatopeyas.
4. Lenguaje que reproduce el habla coloquial (uso de jerga, coloquialismos, etc.).
5. Función predominantemente lúdica (elementos humorísticos, juegos de palabras, doble sentido, etc.).

La disposición gráfica del texto fuente es idónea para el mensaje, la lengua y culturas originales pero no necesariamente para la lengua meta. El traductor debe por tanto ceñir su traducción al espacio del que dispone en los bocadillos y cartuchos. Carmen Valero (2000: 82) hace varias sugerencias para ajustar el texto al tamaño del globo:

- cambiar el tamaño de las letras
- añadir o quitar signos de puntuación
- dejar más espacio entre las palabras
- eliminar o añadir texto
- cambiar el orden de las palabras

Actividad 4

Vamos a trabajar con *Little Nemo in Slumberland* de Winsor McCay, considerado el primer gran clásico de la historia del cómic. Se publicó en el *New York Herald* desde octubre de 1905 hasta abril de 1911.

 Descargad las páginas del cómic de la Plataforma Digital, así como la hoja de trabajo para completar con vuestra traducción.

4A

Primero vais a trabajar con dos páginas del cómic (publicadas el 22 de julio de 1906 y el 9 de septiembre de 1906 respectivamente) sin el texto de los bocadillos. En parejas, hablad sobre lo que os sugieren las imágenes. ¿Cómo están representados los personajes? ¿Qué pensáis que ocurre en cada secuencia?

4B

Ahora leed las mismas páginas del cómic con texto en los bocadillos. Reflexionad sobre los retos que presenta su traducción, en particular en cuanto a las limitaciones de espacio, y pensad en soluciones para resolverlos. Traducid en parejas las viñetas (en la Plataforma Digital encontraréis una hoja de trabajo con las páginas sin texto para escribir allí vuestra traducción).

4C

Comparad vuestras traducciones con las de otra pareja y con las sugerencias ofrecidas en la clave, y reflexionad sobre las diferencias y las estrategias utilizadas.

1.3 El lenguaje de los cómics

Como hemos mencionado en la introducción a este capítulo, el lenguaje del cómic intenta reproducir la autenticidad del habla. Nuria Ponce (2010: 135) señala que se trata de un habla eminentemente coloquial reflejada en forma de diálogo entre personajes y cita una enumeración de sus principales rasgos estilísticos elaborada por Ingrid Cáceres Würsig (1995: 530):

1. Elipsis (omisión de palabras sin restar claridad al sentido)
2. Abundancia de oraciones simples
3. Abundancia de onomatopeyas
4. Fraseología y juegos de palabras
5. Abundancia de interjecciones
6. Abundancia de oraciones exclamativas
7. Uso del insulto
8. Uso de la abreviatura
9. Vocabulario informal
10. Uso de diminutivos y aumentativos

Actividad 5

Observa las siguientes viñetas de un cómic contemporáneo de Darren Green, publicado en línea (2013). Se trata de una aventura espacial, con elementos de wéstern, que cuenta la historia de un minero solitario que ayuda a los habitantes de un planeta desértico en su lucha por protegerlo.

Identifica los rasgos que caracterizan el lenguaje usado en este cómic según la lista de arriba.

DEEP DESERT - EACH BREATH FEELS LIKE IT WILL COOK YOUR LUNGS.
IF IT WASN'T FOR THE CRYSTAL I'D BE ON THE NEXT SHIP OFF THIS FREKKIN' PLANET.

1.

COUGH! COUGH!

2.

PING!
Analysis [98.7%] [mTesla]
Silicate [Quartzit]:
237.56g +0.045 mT β
Amethyte [Quartzenium]:
1.34g +2.56 mT α
Silicate [Zircon-3]:
0.236g +0.003 mT γ

3.

AMETHYTE!
YES-S-S!!

4.

SUDDENLY!
AAH!
fweeet!
ZZAT!

5.

PROBLEM SOLVED! NOW...
FREK! WHERE DID HE GO?
YOU BETTER SHOW YOUR SORRY SKIN! I HAVEN'T FINISHED WITH YOU YET!

6.

1.3.1 Onomatopeyas e interjecciones

Las interjecciones y palabras onomatopéyicas se forman a partir de asociaciones intrínsecas a cada lengua entre un sonido y una representación gráfica. Constituyen un componente fundamental del género del cómic y contribuyen a la reproducción del registro oral.

Actividad 6

6A

Lee el siguiente texto del traductor Xosé Castro Roig:

> Cada idioma tiene sus onomatopeyas, y como estas están estrechamente relacionadas con nuestra forma de oír y transcribir los sonidos, son tan vernáculas como la propia lengua.
>
> Encuentro cada vez con más frecuencia onomatopeyas mal traducidas (o sin traducir) en las traducciones de películas españolas e incluso en libros. Este problema es especialmente preocupante cuando se trata de libros infantiles, destinados a enseñar vocabulario a los infantes.
>
> Aunque los perros ingleses ladren con woof, los nuestros ladran con guau. Nuestra expresión de sorpresa o descuido es ¡uy! y no ¡oops!; nuestros gallos dicen quiquiriquí y no un críptico cock-a-doodle-doo. Expresamos nuestro asco con un sonoro ¡puaj! o ¡aj!, pero no con yuk! Y si algo parece apetitoso decimos ñam ñam, pero no yummy.
>
> Hace poco vi unos dibujos animados en los que ninguna onomatopeya había sido traducida; incuria no solo del traductor sino de todas las personas implicadas en el proceso de doblaje: desde el director hasta los actores. En ella unos niños expresaban su alegría al grito de ¡yija! (del inglés, yeeha) o hurra (expresión conocida, pero de poco uso en nuestro idioma). Asimismo, gritaban ¡sí! (traducción literal de yes!) cuando conseguían algo provechoso, en lugar de ¡bien! o ¡guay! o ¡chévere! o cualquier otra expresión coloquial hispanoamericana. En

aquellos dibujos, los relojes hacían tic toc en lugar de tic tac y, cuando aquellos niños jugaban, cantaban, tropezaban o se alborotaban, no se oían expresiones tan sonoras como puf, plaf, pumba, tralará, gluglú, buf, pataplaf, hala, dale... sino otras ajenas a nuestros niños.

Ay, cómo le duelen a uno estas cosas.

"Sobre ayes y puajs", El Trujamán, Revista diaria de Traducción, *Centro Virtual Cervantes* (17 de marzo de 1999) (adaptado) http://cvc.cervantes.es/trujaman/anteriores/marzo_99/17031999.htm [Acceso 26/11/2015]

6B

¿Por qué crees que se da esta tendencia que señala Xosé Castro a traducir incorrectamente las onomatopeyas e interjecciones en los libros infantiles y películas? En grupos, comentad las posibles causas.

6C

Las variaciones de onomatopeyas e interjecciones entre culturas son pues comunes. En grupos, completad la siguiente tabla. Utilizad diccionarios y recursos en línea para documentaros (encontraréis algunos enlaces en la Plataforma Digital).

Sonido	*Inglés*	*Español*
Ladrido (perro)	woof woof	
Maullido (gato)		miau
Canto del gallo	cock-a-doodle-doo	
Piar (pájaro)	tweet tweet	
Explosión		bum, pum, pataplum
Disparo (pistola)	bang	
Bofetada		¡paf! ¡zas!
Quejido humano	ouch!	
Expresión de alivio		¡uf!

Expresión de sorpresa o asombro	oops!	
Expresión de asco		¡puaj! ¡aj!
Expresión de alegría o satisfacción	wow! yip-pee!	
Risa	ha ha ha	
Estornudo		achís
Palabrería	waffle waffle, blah blah blah	
Campana		talán, tolón, din don
Timbre	ring	
Llamar a la puerta		toc toc
Claxon del coche		piii piii
Reloj		tic tac
Planchazo en el agua	splash	
Ruido al hundirse en el agua		glu glu glu
Entusiasmo ante la comida		ñam ñam

En los cómics, las onomatopeyas e interjecciones se caracterizan por tener un tamaño de letra grande y porque suelen estar coloreadas, a diferencia del texto de los globos. El traductor puede buscar su equivalente en la otra lengua, adaptar la ortografía, o bien conservar la forma original, entre otros recursos.

Valero (2000: 86) señala las siguientes técnicas de compensación cuando no existe un equivalente acuñado para una onomatopeya o interjección:

- añadir un texto explicativo;
- utilizar otros símbolos convencionales, metáforas visuales o signos ortográficos;
- traducirlas por lenguaje verbalizado (por ejemplo, traducir "*oops*" como "qué torpe soy").

Actividad 7

En esta actividad vais a trabajar con un cómic de 1940, *The Woman in Red*, que pertenece a la llamada edad de oro de los cómics (finales de los años 30 hasta principios de los 50). Creada por el escritor Richard E. Hughes y el artista George Mandel, su protagonista está considerada como la primera mujer enmascarada que lucha contra el crimen y una de las primeras superheroínas del género.

En parejas, traducid las tiras del cómic que encontraréis en la Plataforma Digital, prestando especial atención a las onomatopeyas e interjecciones. Después comparad vuestra traducción con las de otras parejas y con las sugerencias de la clave.

Descargad las páginas del cómic de la Plataforma Digital, así como la hoja de trabajo para completar con vuestra traducción.

1.3.2 La adaptación de la lengua al contexto cultural

El traductor se enfrenta al problema de la adaptación de la lengua teniendo en cuenta todos los rasgos estilísticos señalados y el contexto gráfico, que exige en ocasiones una reorganización del mensaje para conservar la coherencia y el mismo sentido del texto fuente. De suma importancia además, especialmente en el caso de ciertas novelas gráficas, es el contexto sociohistórico. El traductor debe prestar atención a referencias culturales y a variedades lingüísticas presentes en la obra, y considerar la posibilidad de adaptar el lenguaje al momento de lectura y a la audiencia meta para facilitar su comprensión.

Para Albert Jané (2009: 12), es fundamental que el lenguaje de la traducción sea creíble en función del personaje al que corresponde, teniendo en cuenta su carácter, aspecto físico, expresión facial y manera de hablar, así como la trama argumental. Asimismo, se deben considerar atentamente los tratamientos de cortesía en los diálogos –cómo se dirigen unos personajes a otros–, en particular cuando se traduce del inglés.

Actividad 8

8A

En esta actividad vas a trabajar con unas tiras tomadas de la novela gráfica *Maus I: a Survivor's Tale* (1986: 32–33, 155, 157) de Art Spiegelman. Léelas con atención. Documéntate sobre esta obra, la primera novela gráfica en recibir el Premio Pulitzer (1992).

1. Esta escena corresponde a 1938, antes del comienzo de la segunda guerra mundial. El narrador, Vladek, y su mujer, Anja, ambos judíos polacos, van de viaje a Checoslovaquia.

RIGHT AWAY, WE WENT. THE SANITARIUM WAS INSIDE CZECHOSLOVAKIA, ONE OF THE MOST EXPENSIVE AND BEAUTIFUL IN THE WORLD.
I REMEMBER WHEN WE WERE ALMOST ARRIVED, WE PASSED A SMALL TOWN.
OI!
EVERYBODY-EVERY JEW FROM THE TRAIN-GOT VERY EXCITED AND FRIGHTENED.
LOOK!
IT WAS THE BEGINNING OF 1938–BEFORE THE WAR–HANGING HIGH IN THE CENTER OF TOWN, IT WAS A NAZI FLAG..
HERE WAS THE FIRST TIME I SAW, WITH MY OWN EYES, THE SWASTIKA.

I TELL YOU, THERE'S A POGROM GOING ON IN GERMANY TODAY!
ONE FELLOW TOLD US OF HIS COUSIN WHAT WAS LIVING IN GERMANY...

...HE HAD TO SELL HIS BUSINESS TO A GERMAN AND RUN OUT FROM THE COUNTRY WITHOUT EVEN THE MONEY.

I AM A FILTHY JEW
IT WAS VERY HARD THERE FOR THE JEWS–TERRIBLE!

ANOTHER FELLOW TOLD US OF A RELATIVE IN BRANDENBERG–THE POLICE CAME TO HIS HOUSE AND NO ONE HEARD AGAIN FROM HIM.

This Town is Jew Free
IT WAS MANY, MANY SUCH STORIES–SYNAGOGUES BURNED, JEWS BEATEN WITH NO REASON, WHOLE TOWNS PUSHING OUT ALL JEWS–EACH STORY WORSE THAN THE OTHER.

LET'S HOPE THOSE NAZI GANGSTERS GET THROWN OUT OF POWER!
JUST PRAY THAT THEY DON'T START A WAR!!

2. En esta segunda escena estamos ya en 1944. Vladek y Anja han sufrido muchas adversidades durante la guerra y están intentando salir de Polonia.

8B

En parejas, comentad el contexto histórico de esta obra y su temática. ¿Cómo se representa a los personajes? A vuestro parecer, ¿es la novela gráfica un género adecuado para tratar un tema como el holocausto?

8C

Identificad los rasgos lingüísticos que presentan más dificultades para el traductor en estas tiras. ¿Habría que hacer alguna adaptación de la manera de hablar de los personajes? ¿Hay referencias culturales que podrían resultar problemáticas a la hora de traducirlo?

8D

Traducid en parejas las tiras. Comparad vuestra traducción con la de otros grupos y reflexionad sobre las estrategias y técnicas empleadas.

2 El teatro

Una obra teatral se define a grandes rasgos como un texto escrito para ser leído y representado. Nos encontramos por lo tanto con dos aspectos esenciales que suelen ir estrechamente unidos y que distinguen al género dramático: el teatro como literatura (el texto impreso, la página) y el teatro como espectáculo (la representación escénica, el escenario). En algunas ocasiones, un texto teatral es concebido por el autor únicamente para ser leído (p. ej. las obras dramáticas de Byron, como *Manfred*), pero en la gran mayoría de los casos, la creación de la obra teatral implica su posible puesta en escena, y dicha representabilidad condiciona su traducción.

Cuando la finalidad traductora es la representación escénica, el circuito comunicativo de la traducción del texto teatral se amplía con la participación de nuevos elementos (Fernández 1995: 41):

Textos escritos:
Autor TF > Traductor (lector TF/autor TM) > Lector (receptor TM)

Texto teatral:
Autor TF > Traductor (lector TF/autor TM) > Director/Versionista > Actores > Espectador (receptor TM)

En esta sección del capítulo abordaremos el concepto de representabilidad desde diferentes aproximaciones teóricas y veremos cómo este afecta a la traducción del género dramático. Cabe señalar, sin embargo, que nos centraremos primordialmente en trabajar el texto teatral desde una perspectiva lingüística y cultural, pues hay consideraciones prácticas y profesionales (criterios del director y de los actores, escenario, presupuestos, etc.) que no tienen cabida en un manual didáctico como este.

Antes de entrar en cuestiones más teóricas sobre el género, vamos a activar el léxico del ámbito teatral con la siguiente actividad.

Actividad 9

9A

Prepara un mapa conceptual con los términos que te sugiera la palabra "teatro". Te damos algunos ejemplos y puedes utilizar un diccionario para escribir tantas palabras como te sea posible. Es un ejercicio muy libre y las conexiones entre términos son obviamente flexibles. Si lo deseas, consulta un diccionario de términos relacionados, que resulta muy útil para crear listas de palabras de un mismo campo semántico (encontrarás enlaces en la Plataforma Digital).

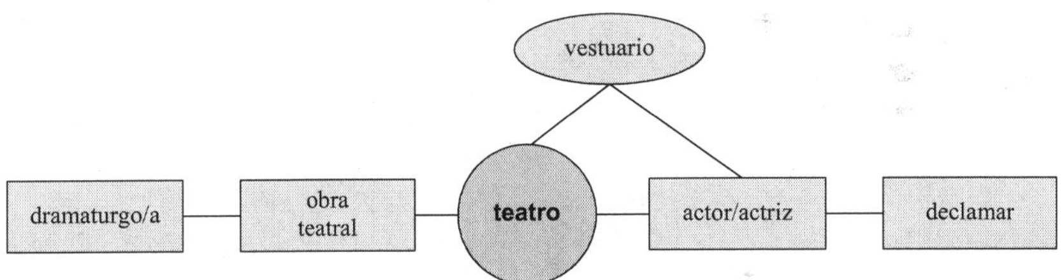

9B

Compara tu mapa conceptual con el de otros compañeros en tu clase y con la clave, y añade palabras nuevas que encuentres.

9C

Ahora busca todos los sustantivos posibles derivados de los siguientes verbos.

Verbo	*Sustantivos*
dirigir	el director/la directora, la dirección...
actuar	
interpretar	
escenificar	
representar	
dramatizar	
ensayar	
vestir	
decorar	
apuntar	

2.1 Características del género dramático

Dentro del género del teatro, se distinguen diferentes subgéneros dependiendo de la temática y la forma (comedia, tragedia, etc.). Las convenciones dramáticas están sujetas al contexto cultural y temporal, y varían en gran medida, por ejemplo, desde los clásicos griegos al teatro naturalista del siglo XIX y el teatro del absurdo del siglo XX.

Aunque no es fácil generalizar dada la variedad de obras teatrales, podemos destacar como característica principal del texto teatral la combinación del código lingüístico y del escénico. Al texto escrito se suman otros lenguajes artísticos para formar el lenguaje teatral. Bassnett (1985: 88) cita cinco elementos que componen la representación teatral:

1. el texto recitado
2. la expresión corporal
3. la apariencia externa de los actores (características físicas, ademanes, etc.), incluyendo el vestuario
4. el espacio escénico (iluminación, atrezo o accesorios, etc.)
5. los sonidos no verbales (música, efectos sonoros grabados, etc.)

Por otra parte, en la pieza dramática la lengua se manifiesta al menos en dos niveles (Hurtado Albir 2001: 66):

1. El diálogo o texto principal, que corresponde a todo el material lingüístico que los actores declaman. Puede también adoptar la forma de un monólogo.

2. El marco o texto secundario, que está compuesto por las indicaciones escénicas –llamadas acotaciones (*stage directions*)– con las que el autor especifica aspectos del desarrollo de la acción sobre el escenario y el modo en que los actores deben declamar el texto.

Como mencionamos al principio de este capítulo, cabe resaltar la importancia de la oralidad en los textos teatrales. Los diálogos simulan interacciones orales auténticas entre personajes y, por consiguiente, los aspectos prosódicos (la entonación, el ritmo) y pragmáticos (mecanismos conversacionales, tratamientos) cobran especial relevancia a la hora de traducirlos y serán estudiados con detalle en las próximas secciones.

Actividad 10

10A

Lee con detenimiento el comienzo de la obra *Cuatro corazones con freno y marcha atrás* (1936) de Enrique Jardiel Poncela y asegúrate de que entiendes todo el vocabulario. Identifica ejemplos en el texto de los siguientes elementos:

- (A) diálogo y (B) monólogo
- Acotaciones que indiquen:
  - (C) la expresión corporal
  - (D) la apariencia externa de los actores, incluyendo el vestuario
  - (E) el espacio escénico
  - (F) los sonidos no verbales

Una sala de recibir en casa de Ricardo. Puerta al foro, que simula conducir a un pasillo. Otras dos puertas a la derecha y a la izquierda respectivamente. La acción transcurre en Madrid en el año 1860, y, por tanto, el decorado y el "atrezzo" están de absoluto acuerdo con la época. Las puertas se hallan provistas de pesados cortinones. Las paredes aparecen adornadas con cuadros al óleo. Todos los muebles rebosan de figuritas de porcelana. Fotografías de familia. Pendiente del techo, una gran lámpara con luces de gas o petróleo. En los rincones, maceteros que sostienen tiestos de plantas artificiales. El suelo es de ladrillos rojos y blancos. Sillones y sofás de peluche de color y madera negra. Son las siete de la tarde de un día de primavera.

Al levantarse el telón, en escena, Emiliano. Es un individuo de unos cuarenta años. Viste el uniforme de los carteros de la época y lleva una gruesa cartera colgada del hombro. Su actitud es la de un hombre estupefacto e intrigado: ha entrado hace mucho tiempo en aquella casa a entregar una carta certificada y no ha conseguido que le atienda nadie. Emiliano se halla sentado en una silla, consternado y sin saber qué pensar de lo que sucede. Un reloj que hay sobre un mueble da siete campanadas.

Empieza la acción

EMILIANO. –Las siete de la tarde; y entré aquí a las doce y media... Hoy es cuando me echan a mí del noble Cuerpo de Carteros. Pierdo el empleo como mi abuelo perdió el pelo y mi padre perdió a mi abuelo. Pero yo no me voy de aquí sin que me firmen el certificado. *(Dentro se oyen unos ayes lastimeros. Emiliano se levanta sobresaltado y en seguida vuelve a sentarse.)* Otra vez los ayes... Seis horas y media de ayes. Por otro lado, la casa parece honorable, y al mismo tiempo esto de que sus habitantes no me hagan caso... *(Por la izquierda sale Catalina, que es una doncella de servicio de la casa. Emiliano se levanta con ánimo de hablarle y de que le atienda.)* Joven... Chis... Joven...

(*Catalina cruza la escena sin hacer caso, hablando sola, preocupadísima.*)

CATALINA. –¡Válgame Dios!... ¡Válgame la Santísima Virgen!...
EMILIANO. –Me hace usted el favor, joven, que estoy aquí desde las doce y media, porque traigo un certificado para don Ricardo Cifuentes...

Enrique Jardiel Poncela, *Cuatro corazones con freno y marcha atrás* (1936) (adaptado)

10B

Hazte una imagen mental de cómo será el escenario y los actores. Después visiona el videoclip que aparece en la Plataforma Digital y comprueba si la puesta en escena es similar a la que te has imaginado.

2.2 Aproximaciones a la traducción del texto teatral

Basándonos en los estudios de Bassnett (1985, 1991), Marco (2002: 236–237) y Hurtado Albir (2001: 68–69), resumimos aquí los principales aspectos que el traductor de un texto teatral debe tener en cuenta:

1. Las características de cada **subgénero textual**, ya que no plantea los mismos problemas de traducción una tragedia o una comedia, un drama en prosa o en verso, etc.
2. Las diferentes **finalidades de traducción**. Por ejemplo, puede ser una traducción para una colección de clásicos teatrales (traducción para ser leída), en cuyo caso el traductor puede incluir notas explicativas. O puede estar destinada a una representación escénica concreta, donde la recepción es inmediata y el espectador no puede aplicar estrategias propias de la lectura (volver atrás, buscar en el diccionario, etc.).
3. Las diferencias en **convenciones y normas dramáticas** en la cultura fuente y en la cultura meta, así como las **implicaciones sociológicas y culturales** del teatro en las dos culturas (por ejemplo, en la recepción de una obra en un determinado momento histórico-político).
4. Dadas las características del lenguaje teatral, el traductor se encuentra con un texto escrito que representa situaciones en las que los personajes *hablan*. Debe por tanto considerar las características propias de la **comunicación escrita** (elaboraciones estilísticas, etc.) pero también de la **comunicación oral**:

   - El funcionamiento de efectos prosódicos en cada lengua y de las reglas conversacionales (turnos de habla).
   - El texto se ha de adecuar a la acción y viceversa. El ritmo de declamación de los distintos pasajes de una obra variará, por ejemplo, dependiendo de la tensión emocional y las limitaciones temporales.
   - Se debe tener en cuenta la mímica, pues los significados de los gestos son en gran medida específicos de cada cultura. Hay que considerar la posible adaptación de convenciones sociales tales como los saludos (p. ej. sustitución de besos o abrazos por apretones de mano).
   - Aspectos relacionados con la aparición de dialectos sociales, geográficos y temporales.

5. La **representabilidad** de la traducción, ya que el destinatario de la traducción ha de comprender y reaccionar (emocionarse, reír, etc.) de modo inmediato.

6. El tipo de **transposición escénica**. Cuando se trata de una traducción para un determinado montaje teatral, existen elementos (derivados de la producción, de la dirección escénica, del contexto sociocultural, etc.) que pueden condicionar el trabajo del traductor y motivar modificaciones en el texto traducido. Idealmente, el traductor debería trabajar conjuntamente con el productor, director y actores de un montaje.

Es patente pues que existe una división entre traducciones de obras teatrales concebidas como ediciones de lectura y traducciones para el escenario. Los traductores eligen entre varias aproximaciones posibles dependiendo de la finalidad de la traducción:

- El traductor "literario" trata el texto como literatura, traduciendo normalmente los diálogos sin tener en cuenta los condicionamientos escénicos.
- El traductor que se orienta más hacia la representabilidad de la obra intenta crear cadencias fluidas y producir un texto que se pueda declamar fácilmente (sustituyendo, por ejemplo, acentos regionales del texto fuente por acentos regionales del texto meta).
- El traductor también se puede plantear, a menudo en colaboración con el director, si se respeta el contexto cultural original o si se trasplanta la acción entera, con todo lo que esto implica, al contexto cultural de recepción (lo que suele llamarse "adaptación").

Actividad 11

Comentad en grupos la siguiente afirmación de Susan Bassnett (1985: 87) relativa a la traducción teatral. Después haced una puesta en común de vuestras conclusiones con el resto de la clase.

> The translator is effectively being asked to accomplish the impossible – to treat a written text that is part of a larger complex of sign systems, involving paralinguistic and kinesic features, as if it were a literary text, created solely for the page, to be read off that page.

2.3 La representabilidad

El concepto de representabilidad, entendido a grandes rasgos como la capacidad de un texto de ser llevado a escena, ha sido muy debatido en los estudios de la traducción teatral. Patrice Pavis (1989: 25–26) sostiene que la verdadera traducción de los textos teatrales ha de realizarse teniendo presente su puesta en escena o *mise en scène* y, en concreto, su articulación para un futuro público en la cultura meta. Por su parte, Susan Bassnett ha cambiado su visión a lo largo de su carrera y ha pasado a cuestionar la validez del concepto de representabilidad, rechazándolo por ser demasiado vago:

> Attempts to define the 'performability' inherent in a text never go further than generalized discussion about the need for fluent speech rhythms in the target text. What this amounts to in practice is that each translator decides on an entirely *ad hoc* basis what constitutes a speakeable text for performers. There is no sound theoretical base for arguing that 'performability' can or does exist. (Bassnett 1991: 102)

Según Bassnett, la idea de representabilidad surge en el siglo XX para justificar el uso que ciertas corrientes escenográficas hacen del texto teatral, considerado como algo incompleto y que permite supresiones, adiciones y cambios. Este planteamiento puede devaluar la integridad del texto fuente y el papel del traductor. Bassnett denuncia las razones comerciales, ideológicas o de estatus que conducen a la práctica frecuente de encargar una traducción literal a un traductor profesional y pasarla entonces a un dramaturgo de prestigio que no conoce la lengua fuente pero que "adapta" y firma la versión final como suya (Bassnett 1991: 101).

Aunque Bassnett reconoce que los textos teatrales no se pueden considerar idénticos a aquellos textos escritos para ser leídos dado que el proceso de escribir contempla la dimensión escénica, opina que no se debe dar prioridad a una noción abstracta de representación por encima de las consideraciones textuales. A su parecer, el traductor debe encontrar soluciones a problemas fundamentalmente lingüísticos.

Otros autores discrepan de Bassnett y siguen manejando el concepto de representabilidad. Eva Espasa (2009) presenta un valioso análisis de las diferentes posturas teóricas y afirma que el debate actual ya no se centra en *si* es posible un análisis desde la representabilidad sino en *cómo* se articula esta (2009: 97). La fuerza de la palabra oral y la importancia de la presencia del receptor en el acto comunicativo de la puesta en escena son sin duda componentes clave a considerar.

Pese a la polémica en torno al concepto, la representabilidad es un aspecto que define el género dramático y es importante que el traductor tenga en cuenta los rasgos lingüísticos de los textos teatrales dentro de su contexto cultural y su dimensión escénica. Por ejemplo, el uso de notas a pie de página no va a ser posible en la comunicación directa con un espectador y por ello podría ser oportuno introducir mecanismos de compensación dentro del texto. Aunque se puedan incluir notas en traducciones publicadas, el texto debería ser lo suficientemente autónomo para su lectura y potencial representación.

Actividad 12

Compara las dos traducciones del comienzo de *The Tempest* (1611) de Shakespeare, realizadas respectivamente por Luis Astrana Marín, y Manuel Ángel Conejero y Jenaro Talens. A tu parecer, ¿cuál tiene más en cuenta la representabilidad del texto y por qué? Leedlas en voz alta y comentad vuestra respuesta en grupos.

ACT I SCENE I

A tempestuous noise of thunder and lightning heard.
Enter a Shipmaster, and a Boatswain.

Master
Boatswain!
Boatswain
Here, Master: What cheer?
Master
Good, speak to th' mariners. Fall to't, yarely,
or we run ourselves aground: Bestir, bestir!

Exit

Enter Mariners

Boatswain
Heigh, my hearts! Cheerly, cheerly, my hearts!
Yare, yare! Take in the topsail! Tend to th'
master's whistle. Blow, till thou burst thy wind,
if room enough!

Enter ALONSO, SEBASTIAN, ANTONIO,
FERDINAND, GONZALO, and others

ALONSO
Good boatswain, have care. Where's the Master? Play the men.
Boatswain
I pray now, keep below.
[...]
GONZALO
Good, yet remember whom thou hast aboard.
Boatswain
None that I more love than myself. You are a councillor. If you can command these elements to silence, and work the peace of the present, we will not hand a rope more. Use your authority. If you cannot, give thanks you have lived so long, and make yourself ready in your cabin for the mischance of the hour, if it so hap. Cheerly, good hearts! Out of our way, I say.

William Shakespeare, *The Tempest* (1611)

Luis Astrana Marín (1940)

Sobre un navío, en el mar. Óyese rumor tempestuoso de truenos y relámpagos.

Entran por diversos lados un Capitán de Navío y un Contramaestre.

CAPITÁN. – ¡Contramaestre!

CONTRAMAESTRE. – ¡Presente, capitán! ¡A vuestras órdenes!

CAPITÁN. – Bien. Hablad a los marineros. Maniobrad con pericia, o vamos a encallar. ¡Alerta! ¡Alerta! (*Sale.*)

Entran Marineros.

CONTRAMAESTRE. – ¡Valor, mis bravos! ¡Serenidad, serenidad, mis bravos! ¡Pronto! ¡Pronto! Arriad la cofa de mesana! ¡Atención al silbato del capitán!

Manuel Ángel Conejero y Jenaro Talens (1994)

Se oye el estruendo de una tempestad

Entran el capitán y el contramaestre

CAPITÁN

¡Eh! ¡Contramaestre!

CONTRAMAESTRE

Aquí, señor. ¿Qué sucede?

CAPITÁN

¡Venga! Llamad a la tripulación. Rápido o encallaremos. ¡Venga! ¡Vamos! ¡Moveos! ¡Rápido!

Sale

Entran marineros

CONTRAMAESTRE

¡Ea, muchachos! ¡Coraje, coraje, muchachos! ¡Venga! ¡Brío! ¡Arriad la

¡Y ahora, viento, sopla hasta reventar, si te place! *Entran Alonso, Sebastián, Antonio, Fernando, Gonzalo y otros.* ALONSO. – ¡Buen contramaestre, cuidado! ¿Dónde está el capitán? ¡Conducíos como un hombre! CONTRAMAESTRE. – Os lo suplico, permaneced ahora abajo. [...] GONZALO. – Bien; pero recuerda quién tienes a bordo. CONTRAMAESTRE. – Nadie a quien estime más que a mí mismo. Consejero sois; si podéis imponer silencio a estos elementos y restablecer en el acto la calma, no tendremos que tocar ni un cable. Usad de vuestra autoridad. Si no, felicitaos de haber vivido tanto tiempo y marchad inmediatamente a vuestro camarote para prepararos a afrontar el infortunio de la hora, si llega. ¡Ánimo, hijos míos! ¡Fuera de nuestro puesto, digo!	gavia! ¡Atentos al silbato del capitán! ¡Y tú, sopla hasta reventar si es que se puede! *Entran Alonso, Sebastián, Antonio, Ferdinand, Gonzalo y otros.* ALONSO ¡Contramaestre! ¡Extremad el cuidado! ¿Dónde está el capitán? ¡Que cada hombre esté en su puesto! CONTRAMAESTRE ¡Volved abajo, por el amor de Dios! [...] GONZALO Está bien, pero recordad a quién lleváis a bordo. CONTRAMAESTRE A nadie a quien yo aprecie más que a mí mismo. ¿No sois vos de la corte? Pues ordenad a los elementos que se callen y, si podéis, que haya paz inmediata, que nosotros no habremos de tocar jarcia alguna. ¡Ejerced vuestra autoridad! Si no podéis, dad gracias por haber vivido tanto tiempo y volved a vuestro camarote a prepararos allí para la hora funesta, por si llegara. – ¡Venga, coraje, muchachos! – Y vos, ¡fuera de aquí, os digo!

2.4 La oralidad

A continuación presentamos los principales rasgos de la oralidad a tener en cuenta en la traducción de textos dramáticos:

1. **Extensión oracional:** las oraciones tienden a ser más cortas para permitir pausas de respiración y a menudo aparecen coordinadas o yuxtapuestas, con pocos conectores.

2. **Repetición, estructuras paralelas, enumeraciones:** favorecen el ritmo de la elocución, así como la memorización del texto.
3. **Vocativos:** para llamar o nombrar a una persona; favorecen la comunicación entre personajes y con el público.
4. **Elementos deícticos**: elementos lingüísticos que sirven para señalar, normalmente pronombres o adverbios: muestran (este, esa); indican una persona (yo, él, vosotros...) o un lugar (allí, arriba) o un tiempo (ayer, ahora). Son muy importantes para relacionar los diferentes componentes del mundo dramático.
5. **Expresiones coloquiales, abreviaciones, exclamaciones, interjecciones:** facilitan un ritmo ágil de conversación y ayudan a definir el tono y las relaciones entre personajes. Observa que en inglés es muy habitual utilizar contracciones con apóstrofos (*I'll*, *that's*, *ain't*), mientras que en español no se da este fenómeno. Sí encontramos en textos literarios algunos ejemplos del apóstrofo usado para reflejar la eliminación de sonidos cuando el autor desea reproducir el habla de personajes de poca cultura o añadir efectos cómicos (para > pa', mi hija > m'ija).
6. **Marcas dialectales**: pueden constituir uno de los mecanismos de caracterización de los personajes.
7. **Cuestiones pragmáticas**: aquellos aspectos que determinan la conversación, tales como la situación, la relación entre los distintos interlocutores, su intención comunicativa explícita y/o subliminal, los conectores pragmáticos que expresan transiciones o conexiones mentales (pues, bueno, entonces, además, etc.), y los turnos del discurso.

Por otra parte, el texto teatral está muy ligado al momento de su creación, quizá más que la narrativa o la poesía. Los coloquialismos, por ejemplo, pueden variar mucho de una época a otra, y así el diálogo de una obra de los años 50 puede resultar muy anticuado para un público contemporáneo. Bassnett (1985: 89–90) resalta la necesidad de actualizar constantemente las traducciones de obras teatrales.

Actividad 13

En esta actividad vais a trabajar con el comienzo de la obra *Cat on a Hot Tin Roof* (1955) de Tennessee Williams, que relata la crisis que vive una familia del sur de los Estados Unidos, envuelta en rencillas y mentiras y, en particular, el matrimonio compuesto por Brick y Margaret.

13A

En parejas, leed el siguiente diálogo en voz alta un par de veces, interpretando cada uno a un personaje. Prestad especial atención a:

- Las indicaciones sobre elocución que ofrecen las acotaciones
- Los ritmos de elocución
- La respiración y las pausas
- Gestos que acompañen naturalmente a las palabras que estáis recitando

ACT ONE

At the rise of the curtain someone is taking a shower in the bathroom, the door of which is half open. A pretty young woman, with anxious lines in her face, enters the bedroom and crosses to the bathroom door.

MARGARET [*shouting above roar of water*]: One of those no-neck monsters hit me with a hot buttered biscuit so I have t'change!
[*Margaret's voice is both rapid and drawling. In her long speeches she has the vocal tricks of a priest delivering a liturgical chant, the lines are almost sung, always continuing a little beyond her breath so she has to gasp for another. Sometimes she intersperses the lines with a little wordless singing, such as "Da-da-daaaa".*
Water turns off and Brick calls out to her, but is still unseen. A tone of politely feigned interest, masking indifference, or worse, is characteristic of his speech with Margaret.]

BRICK: Wha'd you say, Maggie? Water was on s' loud I couldn't hearya...

MARGARET: Well, I! – just remarked that! – one of th' no-neck monsters messed up m' lovely lace dress so I got t' – cha-a-ange...
[*She opens and kicks shut drawers of the dresser.*]

BRICK: Why d'ya call Gooper's kiddies no-neck monsters?

MARGARET: Because they've got no necks! Isn't that a good enough reason?

BRICK: Don't they have any necks?

MARGARET: None visible. Their fat little heads are set on their fat little bodies without a bit of connexion.

BRICK: That's too bad.

MARGARET: Yes, it's too bad because you can't wring their necks if they've got no necks to wring! Isn't that right, honey?
[*She steps out of her dress, stands in a slip of ivory satin and lace.*]
Yep, they're no-neck monsters, monsters, all no-neck people are monsters...

Tennessee Williams, *Cat on a Hot Tin Roof* (1955)

13B

En parejas, identificad los principales rasgos de oralidad que presenta este fragmento según el resumen de arriba.

13C

Decidid qué traducción de las siguientes expresiones refleja mejor el carácter oral y coloquial del texto fuente:

1. *Goopers' kiddies*
   a) los chiquillos de Gooper
   b) los hijos de Gooper
2. *Isn't that a good enough reason?*
   a) ¿No sería esa una razón de peso?
   b) Es una buena razón ¿no?
3. *That's too bad.*
   a) Pues opino que es demasiado malo.
   b) ¡Vaya, qué lástima!
4. *Isn't that right, honey?*
   a) ¿No es así, cariño?
   b) ¿No estás de acuerdo conmigo, querido?

13D

Elaborad en pareja una traducción al español de este fragmento para una representación en vuestro centro de estudios. Recitadla en voz alta, de nuevo cada uno interpretando a un personaje, como en el paso A. Os podéis grabar con una cámara, si lo deseáis. ¿Resulta fluida vuestra traducción? ¿Podéis respirar y hacer pausas para recitar con naturalidad? Teniendo en cuenta vuestra interpretación, ¿hay aspectos de vuestra traducción que podáis modificar para facilitar su lectura en voz alta?

Actividad 14

En esta actividad vas a trabajar con expresiones coloquiales e idiomáticas, muy características de los textos que reproducen la oralidad.

14A

Este es el comienzo de un monólogo dramático de Alan Bennett titulado *A Woman of No Importance* (1982). Aparecen algunas expresiones idiomáticas subrayadas. Primero léelo en voz alta.

Peggy is a middle-aged woman

I was all right on the Monday. I was all right on the Tuesday. And I was all right on the Wednesday until lunch time, at which point all my nice little routine went out of the window.

Normally, i.e. provided Miss Hayman isn't paying us one of her state visits, come half past twelve and I'm ready to down tools and call it a morning. I put on a lick of paint, slip over and spend a penny in Costing... I should technically use the one in Records but I've told them, that lavatory seat is a death trap. And I'm not ringing up again. 'Try a bit of sellotape.' What are they paid for? I'll then rout out Miss Brunskill from 402 and we'll meander gently over for our midday meal. But you just have to hit it right because, give it another five minutes, and believe me that canteen is dog eat dog.

However if you can manage to nip in before the avalanche you have the pick of the tables and there's still some semblance of hygiene. Our particular stamping ground is just the other side of the bamboo framework thing they tried to grow ivy up. It's what Miss Brunskill calls 'our little backwater'. We're more or less fixtures there and have been for yonks. In fact Mr Skidmore came by with his tray last week just as we were concluding our coffee and he said, 'Well, girls. Fancy seeing you!'

Alan Bennett, *A Woman of No Importance* (1982)

14B

Asocia cada expresión idiomática con la traducción al español que te parezca más apropiada.

1. *went out of the window*
   a) se fue al traste
   b) se evaporó
2. *isn't paying us one of her state visits*
   a) no se presenta con sus aires de grandeza
   b) no nos hace una de sus visitas de Estado
3. *down tools*
   a) soltar el boli
   b) concluir la tarea
4. *call it a morning*
   a) dar la mañana por terminada
   b) declarar el fin del día
5. *I put on a lick of paint*
   a) me echo algo de pintura
   b) me retoco el maquillaje
6. *spend a penny*
   a) gasto lo suelto
   b) hago aguas menores
7. *a death trap*
   a) un lugar inseguro
   b) una trampa mortal
8. *rout out*
   a) hago salir de su agujero
   b) fisgoneo
9. *hit it right*
   a) acertar
   b) golpearlo de lleno
10. *dog eat dog*
    a) una comida de perros
    b) la ley de la selva
11. *have the pick of (something)*
    a) escoger lo mejor
    b) picar de lo mejor

12. *our particular stamping ground*
    a) nuestro suelo privado
    b) nuestro territorio particular
13. *We're fixtures*
    a) somos elementos fijos
    b) somos parte del mobiliario
14. *for yonks*
    a) desde hace siglos
    b) en el año del catapún
15. *Fancy seeing you!*
    a) ¡Qué casualidad veros por aquí!
    b) Me gusta veros por aquí

14C

Ahora traduce el texto completo para un programa de radio. Puedes comparar tu traducción con la clave o con la de tus compañeros.

14D

Grábate leyendo tu monólogo en español como si fueras un actor de radio. Presta atención a tu pronunciación, entonación, ritmo y pausas.

Actividad 15

En esta actividad nos centraremos en cuestiones pragmáticas que determinan la conversación, considerando aspectos como la relación entre los personajes, las fórmulas de tratamiento o el uso de conectores que dan cohesión al discurso y enfatizan su oralidad. Los conectores pragmáticos son marcadores o interjecciones (pues, bueno, ah, claro, en realidad, etc.) que aportan diferentes valores subjetivos al discurso (indicando, por ejemplo, duda o extrañeza) e informan acerca de las actitudes e intenciones del hablante (Martí y Fernández 2013: 94–112).

Trabajaremos con una famosa obra de Oscar Wilde, *The Importance of Being Earnest*, representada por primera vez en 1895.

15A

En grupos, reflexionad sobre las siguientes traducciones al español del título de la obra. ¿Cuál os gusta más y por qué? ¿Tenéis alguna otra sugerencia de traducción? Si no conocéis esta obra, os podéis documentar sobre su argumento y la relevancia del título.

The Importance of Being Earnest

a) La importancia de llamarse Ernesto
b) La importancia de ser Franco
c) La importancia de ser formal
d) La importancia de que te llamen Honesto
e) La importancia de ser Severo
f) La importancia de llamarse Cándido

15B

Leed el siguiente diálogo en voz alta. En esta escena del primer acto, Lady Bracknell ha sorprendido a su hija Gwendolen y a Jack, su pretendiente, de rodillas pidiéndole que se case con él. Lady Bracknell hace marchar a Gwendolen y somete a Jack a un interrogatorio.

LADY BRACKNELL (*pencil and note-book in hand*). I feel bound to tell you that you are not down on my list of eligible young men, although I have the same list as the dear Duchess of Bolton has. We work together, in fact. However, I am quite ready to enter your name, should your answers be what a really affectionate mother requires. Do you smoke?

JACK. Well, yes, I must admit I smoke.

LADY BRACKNELL. I am glad to hear it. A man should always have an occupation of some kind. There are far too many idle men in London as it is. How old are you?

JACK. Twenty-nine.

LADY BRACKNELL. A very good age to be married at. I have always been of opinion that a man who desires to get married should know either everything or nothing. Which do you know?

JACK (*after some hesitation*). I know nothing, Lady Bracknell.

LADY BRACKNELL. I am pleased to hear it. I do not approve of anything that tampers with natural ignorance. Ignorance is like a delicate exotic fruit; touch it and the bloom is gone. The whole theory of modern education is radically unsound. Fortunately in England, at any rate, education produces no effect whatsoever. If it did, it would prove a serious danger to the upper classes, and probably lead to acts of violence in Grosvenor Square. What is your income?

JACK. Between seven and eight thousand a year.

[...]

LADY BRACKNELL. What are your politics?

JACK. Well, I am afraid I really have none. I am a Liberal Unionist.

LADY BRACKNELL. Oh, they count as Tories. They dine with us. Or come in the evening, at any rate. Now to minor matters. Are your parents living?

JACK. I have lost both my parents.

LADY BRACKNELL. To lose one parent, Mr. Worthing, may be regarded as a misfortune; to lose both looks like carelessness.

Oscar Wilde, *The Importance of Being Earnest* (1895)

15C

En parejas, considerad el contexto histórico, cultural y social en el que se mueven los personajes.

1. ¿A qué clase social pertenece Lady Bracknell?
2. ¿Qué rasgos caracterizan su manera de hablar?
3. ¿Cuál es su actitud hacia Jack? ¿Cómo se refleja tal actitud en su tono?
4. ¿Qué tratamiento utilizan para dirigirse el uno al otro?
5. Identificad los conectores pragmáticos de este fragmento (p. ej. *well*) e indicad cómo informan sobre las actitudes e intenciones del hablante.

15D

Traduce individualmente el diálogo, prestando especial atención a las fórmulas de tratamiento y en particular a cómo traducir "you". Después, intercambia tu traducción con la de un compañero. Comentad los retos que presenta y las soluciones que habéis propuesto.

2.5 La adaptación

Dado que la traducción teatral conlleva exigencias que no se dan en otro tipo de géneros literarios, se habla con gran frecuencia de "adaptación" o "versión". A pesar de la dificultad de definir con claridad estos términos (ver Braga 2011 para un análisis del caos terminológico reinante), se suele emplear "adaptación" cuando se traslada la acción de la obra a otra época histórica o a otro espacio geográfico, ajustándola a un nuevo código cultural. También se usa para referirse a un cambio de género (p. ej., una adaptación de una obra teatral para el cine) o del público al que iba dirigida la obra (p. ej. una adaptación para un público infantil). Por su parte, el término "versión" se suele referir a una reescritura más libre de la obra original, aunque a menudo se usa como sinónimo de "adaptación".

El proceso de adaptación cultural no es exclusivo de la literatura dramática (también se puede adaptar una novela, por ejemplo), pero Marco (2002: 244) apunta que la traducción teatral para la escena se presta más a la adaptación cultural que un texto para ser leído porque el espectador no tiene tiempo, como sí lo tiene el lector, para absorber "cuerpos extraños". Por ejemplo, un chiste que se refiera a un personaje de la cultura fuente puede perder la gracia si no se adapta de modo comprensible para el espectador.

Sin duda, la decisión de adaptar y trasladar el texto teatral a otro entorno sociocultural o temporal, a un determinado país o época por ejemplo, tiene numerosas consecuencias que afectan no solo al lenguaje sino a todos los elementos paralingüísticos (aspecto físico de los actores, gestos, vestuarios, escenario, etc.). Tales decisiones a menudo están determinadas por cuestiones de ideología, identidad cultural, estrategias comerciales, políticas institucionales, etc. Por otra parte, observamos que las fronteras entre "traducción", "adaptación" y "versión" se diluyen cada vez más, y se aboga por prácticas de traducción colaborativa entre traductores, dramaturgos, directores de teatro y actores.

Actividad 16

Ramón María del Valle-Inclán (1866–1936) es un escritor español que produjo un teatro sumamente original e innovador. Su obra *Luces de bohemia* (publicada primero en forma de folletín en 1920 y después como libro en 1924) cuenta la última noche de la vida de Max Estrella, poeta ciego y hundido en la miseria, en las calles de Madrid. El autor construye así una imagen trágica y grotesca de la España de su tiempo, dominada por la injusticia, la locura y la violencia. En la escena décima, Max y su amigo Don Latino, ya muy borrachos, se ven rodeados de prostitutas en unos jardines.

16A

Leed el principio de esta escena e identificad las referencias culturales que pueden resultar problemáticas para su traducción al inglés. Emplead diccionarios y otros recursos de documentación.

> UNA VIEJA PINTADA: ¡Morenos! ¡Chis!... ¡Morenos! ¿Queréis venir un ratito?
> DON LATINO: Cuando te pongas los dientes.
> LA VIEJA PINTADA: ¡No me dejáis siquiera un pitillo!
> DON LATINO: Te daré La Corres, para que te ilustres; publica una carta de Maura.
> LA VIEJA PINTADA: Que le den morcilla.
> DON LATINO: Se lo prohíbe el rito judaico.

16B

Leed ahora las siguientes traducciones de dicho fragmento. Reflexionad sobre las estrategias que ha utilizado cada traductor. ¿Observáis algún tipo de adaptación cultural/geográfica?

> AN OLD HEAVILY MADE-UP TART: Handsome! Oi!... Handsome! Wanna join me in here for a bit?
> DON LATINO: I might consider it if you put your teeth back in.
> AN OLD HEAVILY MADE-UP TART: Gissa fag then!
> DON LATINO: I'll give you *The Spanish Correspondence Magazine* instead so that you can educate yourself. There's a letter in it written by Maura.
> AN OLD HEAVILY MADE-UP TART: He knows where he can stuff it.
> DON LATINO: Jews don't like to stuff anything anywhere.
>
> *Bohemian Lights*, traducción de María Delgado (1993)

OLD WHORE: Hey! Yous! Good lookin' pair of young bucks you are. Are yous game?
SWEENEY: If you put your teeth back in.
OLD WHORE: Yous wouldn't have a farthing, would yous, just for a drop o' gin? To warm me young bones, like.
SWEENEY: I'll give you a copy of *The Irish Volunteer*. That'll do you more good. There's an article in it by Citoyen Connolly himself.
OLD WHORE: Up his arse for a start.
SWEENEY: He's from Scotland. A notoriously tight-arsed nation.

Bohemian Lights, traducción de David Johnston (1993)[1]

16C

Si lo deseáis, podéis preparar en parejas vuestra propia traducción del fragmento al inglés.

Encargo de traducción

Vais a trabajar en grupos de tres para crear una traducción colaborativa del siguiente fragmento de una conocida novela para niños: *James and the Giant Peach* (1961) de Roald Dahl. Documentaos sobre la obra y el argumento. Tenéis que preparar una traducción que adapte la narrativa a una obra de teatro para una representación en una escuela primaria de México en la época actual. Entre todos vais a decidir cómo pasar de un género narrativo a uno dramático: tendréis que elaborar acotaciones y presentar el diálogo entre personajes teniendo en cuenta la representabilidad y vuestro público infantil. Al terminar vuestra traducción, representadla en clase.

It all started on a blazing hot day in the middle of summer. Aunt Sponge, Aunt Spiker and James were all out in the garden. James had been put to work, as usual. This time he was chopping wood for the kitchen stove. Aunt Sponge and Aunt Spiker were sitting comfortably in deck-chairs near by, sipping tall glasses of fizzy lemonade.

Aunt Sponge was enormously fat and very short. She had small piggy eyes, a sunken mouth, and one of those white flabby faces that looked exactly as though it had been boiled. She was like a great white soggy overboiled cabbage. Aunt Spiker, on the other hand, was lean and tall and bony, and she wore steel-rimmed spectacles that fixed on to the end of her nose with a clip. She had a screeching voice and long wet narrow lips. [...]

'Sponge! Sponge! Look at this!'

'At what?'

'It's a peach!' Aunt Spiker was shouting.

'A what?'

'A peach! Right up there on the highest branch! Can't you see it?'

'I think you must be mistaken, my dear Spiker. That miserable tree *never* has any peaches on it.'

'There's one on it now, Sponge! You look for yourself!'

'You're teasing me, Spiker. You're making my mouth water on purpose when there's nothing to put into it. Why, that tree's never had a *blossom* on it, let alone a peach... Very funny... Ha ha... *Good Gracious* me! Well, *I'll be blowed*! There really *is* a peach up there! [...] We can have half each. Hey you! James! Come over here at once and climb this tree!'

James came running over.

'I want you to pick that peach up there on the highest branch,' Aunt Sponge went on. 'Can you see it?'

'Yes, Auntie Sponge, I can see it!'

James crossed over to the tree trunk.

'Stop!' Aunt Spiker said quickly. 'Hold everything!' She was staring up into the branches with her mouth wide open and her eyes bulging as though she had seen a ghost. '*Look*! she said. '*Look*, Sponge, *look*! It's *growing*! It's getting bigger and bigger!' she cried.

'What is?'

'The peach, of course! It's nearly twice as big already!' Aunt Spiker shouted.

Roald Dahl, *James and the Giant Peach* (1961) (adaptado)

Nota

1 Ver el artículo de David Johnston "Valle-Inclán: The Meaning of Form" sobre su experiencia como traductor de obras de Valle Inclán, de donde se han sacado estos ejemplos, en C-A. Upton (ed.) (2000). *Moving Target: Theatre Translation and Cultural Relocation*, Manchester: St Jerome, pp. 85–99.

Capítulo 10
El texto persuasivo

En este capítulo vas a:

- Familiarizarte con las estrategias de traducción del texto publicitario.
- Analizar los rasgos lingüísticos del eslogan.
- Trabajar con unidades fraseológicas.
- Conocer y traducir los recursos retóricos empleados en los textos persuasivos.
- Comprender la función de la metáfora en el discurso político y desarrollar estrategias para su traducción.
- Aprender a formular mensajes persuasivos para una audiencia.
- Valorar la eficacia de las estrategias empleadas en la traducción del discurso político.

Como su nombre indica, el texto persuasivo es aquel cuya función principal es persuadir o convencer al lector de que piense o haga algo. Ejemplos de textos persuasivos son: un anuncio publicitario (se pretende lograr que los consumidores adquieran un producto), un discurso político (se pretende convencer a los ciudadanos de que la visión que presenta el orador es la correcta), un eslogan de campaña electoral, etc. En este capítulo vamos a centrarnos en la traducción del texto publicitario y del discurso político.

1 El texto publicitario

1.1 Publicidad y traducción

Todo texto persuasivo tiene la intención de vender algo, sean ciertos valores, ideas, servicios o productos. En este sentido, el texto publicitario puede verse como el paradigma del texto persuasivo. La principal manifestación de la comunicación publicitaria es el anuncio. Su finalidad es muy concreta: convencer al consumidor de que compre un producto o utilice un servicio. La globalización de los mercados hace necesario superar la barrera lingüística y cultural a fin de que el mensaje publicitario llegue al mayor número posible de consumidores.

En publicidad, la calidad de una traducción será juzgada no por criterios de fidelidad al original, sino por su efecto sobre los consumidores. Dicho de otro modo: la mejor manera de ser fiel al original es reproducir su fuerza persuasiva, incluso si esto significa introducir cambios sustanciales en el mensaje. Por ello, al hablar de traducción publicitaria, se emplean con frecuencia términos como adaptación, localización o transcreación.

En su libro *Consumer Behaviour and Culture: Consequences for Global Marketing and Advertising*, de Mooij (2011: 272) hace la siguiente observación:

> Advertising has developed its own particular systems of meaning. These are by no means universal across borders but rather are often culturally defined and frequently vary from country to country. This suggests a difference in the way advertising is composed and read, that is, a difference in advertising codes. It also suggests that where a different language is spoken, there is likely to be a different set of symbolic references, including myths, history, humor and the arts. Any ad execution that does not tap into such references is likely to be a blander proposition than one that does.

Si la adaptación a la cultura de los consumidores es un elemento esencial para una publicidad eficaz, parece razonable suponer que la traducción jugará un papel fundamental en la industria publicitaria. Sin embargo, resulta significativo que la figura del traductor no aparezca en ninguna de las diez etapas del proceso de planificación de la publicidad mundial que detalla de Mooij (1994: 472). En efecto, las agencias de publicidad no suelen trabajar con traductores, sino con redactores creativos (*copy-writers*) con conocimientos de lenguas que se ocupan de adaptar las campañas al mercado receptor. Estos profesionales no se consideran a sí mismos traductores, sino publicistas. Como señala Valdés (2004: 86), el papel de la traducción está muy infravalorado dentro del mundo del *marketing*. El motivo es que el término "traducción" se asocia con un trasvase lingüístico mecánico que está muy lejos de la visión que los publicistas tienen de su trabajo (y de lo que la traducción es en realidad).

1.2 Estrategias de traducción publicitaria

En el *marketing* internacional es posible diferenciar dos tendencias opuestas (de Mooij 1994: 80):

1. Localización: esta estrategia se basa en la convicción de que el *marketing* es una cuestión local que precisa adaptarse a cada país o región. Diferencias culturales tales como las connotaciones de los colores, los roles de género, creencias religiosas, situación política, etc. pueden hacer que fracase una campaña. A esto se suman las diferencias de poder adquisitivo y nivel tecnológico.
2. Estandarización: la premisa que gobierna esta estrategia es que los mercados internacionales son cada vez más homogéneos, lo que hace posible y deseable emplear una estrategia uniforme. El caso extremo del enfoque estandarizado es ofrecer el mismo producto en todo el mundo, con precios idénticos y con la misma campaña publicitaria. Son buenos ejemplos Coca-Cola, Esso, McDonald's o Levi's.

Hay que tener en cuenta que se trata de dos extremos de un continuum y que hay grados intermedios. En la práctica se aplican distintos grados de estandarización o localización según diversos factores (de Mooij 1994: 80). El enfoque estandarizado tiene sus ventajas (reducción de costes, creación de una imagen corporativa, etc.) y desventajas (puede que la estrategia de *marketing* no sea eficaz en todos los países por no adaptarse a las sensibilidades locales). La clave reside en encontrar el equilibrio adecuado entre la eficacia a nivel global y la actuación local, según refleja la famosa frase *Think global, act local*.

Las dos estrategias de *marketing* que hemos descrito se corresponden con dos estrategias traductoras, y estas a su vez con tres técnicas:

Estrategias de marketing internacional	*Estrategias de traducción*	*Técnicas de traducción publicitaria*
Localización	Naturalización	Adaptación o transcreación
Estandarización	Extranjerización	Traducción literal No traducción

Como vemos en la tabla, transcreación y traducción literal pueden relacionarse respectivamente con los dos extremos de naturalización y extranjerización (ver capítulo 1, sección 3). Si bien, no necesariamente una traducción literal tiene que ser extranjerizante. El caso más extremo de estandarización son los anuncios que no se traducen. En el caso de ciertos productos –generalmente productos de lujo o con una fuerte asociación a los valores de una cultura determinada– se considera que el valor persuasivo de la lengua de origen es más importante que la comprensión de un determinado mensaje verbal. La no traducción es una técnica que se emplea cada vez más debido al mayor conocimiento de idiomas de la población hispanohablante.

Existe muchas veces cierta tensión entre ambas tendencias: por un lado, como hemos dicho, hay ventajas de mantener una estrategia publicitaria global uniforme; por otro lado, es fundamental que el consumidor sienta que se tienen en cuenta las necesidades de su contexto local (Valdés 2004: 14).

Actividad 1

Los siguientes eslóganes se difundieron en España en su lengua original. Obsérvalos y comenta con tus compañeros los motivos por los que, en vuestra opinión, se dejaron sin traducir:

1. **Vorsprung durch Technik**
   (Audi)
2. **JUST DO IT.**
   (Nike)
3. **POUR HOMME. LE NOUVEAU PARFUM**
   (Yves Saint Laurent)

1.2.1 La marca

Toda marca busca que los consumidores la asocien con la idea de fiabilidad y coherencia, de ahí que la mayoría de las marcas no se traduzcan para el mercado internacional. Sin embargo, en ocasiones no traducir la marca puede resultar contraproducente. Existen una serie de condiciones que debe cumplir un nombre de marca para funcionar en el mercado europeo sin ser traducida (de Mooij 1994: 110); citamos cuatro de las más importantes:

- No debe tener un significado o connotaciones negativas en otra lengua.
- Debe ser pronunciable en todos los países.
- El nombre debe tener significado y asociaciones similares en todas las lenguas.
- Debe distinguirse de los nombres de marca de otros competidores.

Como hemos visto en la actividad anterior, es raro que se traduzcan las marcas de artículos de lujo, como joyería, alta costura o perfumes. Al comprar productos de esa marca, los consumidores compran también un conjunto de valores, a menudo asociados con la cultura de origen (el glamour de los perfumes franceses, la alta costura italiana o la alta tecnología alemana, por ejemplo). En contraste, las marcas de productos de menor prestigio social sí suelen traducirse.

Actividad 2

Los siguientes nombres de marca no resultarían adecuados para un público hispanohablante. ¿Puedes explicar por qué? Coméntalo con tu compañero. Consultad el diccionario u otras fuentes si lo necesitáis.

1. Chevy Nova (automóvil)
2. Mitsubishi Pajero (automóvil) (Montero en España y América Latina)
3. Nissan Moco (automóvil)
4. Mazda Laputa (automóvil)
5. Prosecco Follador (vino espumoso)
6. Super Piss (producto descongelante finlandés)
7. Memeo (sistema de almacenamiento de datos)

1.3 Rasgos lingüísticos del texto publicitario. El eslogan

Dentro de una agencia publicitaria, el responsable de la redacción de los textos que aparecerán en los anuncios publicitarios es el *copy-writer* (redactor creativo o redactor publicitario). Su labor está condicionada por la estrategia de la campaña que le viene impuesta por el director creativo. La tarea más importante a la que se enfrenta el *copy-writer* es la redacción del eslogan.

El eslogan es una frase concisa y llamativa que tiene por objeto resaltar las cualidades del producto y hacerlo atractivo al consumidor. La redacción del eslogan supone todo un reto: debe resumir las claves de la campaña del modo más persuasivo posible en un espacio muy reducido. Los mejores eslóganes suelen ser aquellos que combinan una formulación sencilla y memorable con un mensaje personal inspirador.

Tanto en español como en inglés, el eslogan se caracteriza por el uso de los siguientes elementos lingüísticos:

- Frases cortas e impactantes, con empleo frecuente de elipsis:

  Mismo sabor. Igual de refrescante. (Coca-Cola Light)

- Verbos en imperativo, a fin de apelar directamente al consumidor de modo individualizado:

  Elige bien. Cámbiate a *Adeslas*. (Seguro médico)

- Registro coloquial estándar, a fin de llegar a la más amplia audiencia.
- Unidades fraseológicas modificadas.
- Figuras retóricas; algunas de las más frecuentes son:

  a) **Paralelismo sintáctico**: consiste en emplear construcciones paralelas.

     El placer de conducir. El placer de viajar. (BMW)

  b) **Paronomasia**: empleo en la misma frase de dos o más palabras que se escriben y pronuncian de modo parecido, pero que tienen significados diferentes.

     El que sabe, SABA. (Electrodomésticos)

  c) **Calambur**: un juego de palabras que consiste en modificar el significado de una palabra o frase agrupando de distinta forma sus sílabas. Un ejemplo es la famosa adivinanza: "Oro parece, plata no es" (el plátano).

     Te falta TEFAL. (Sartenes antiadherentes)

d) **Rima**: coincidencia de sonidos al final de dos frases o segmentos.

¡Qué bien, qué bien, hoy comemos con Isabel! (Atún en conserva)

e) **Antítesis** o contraste: emplear términos de sentido opuesto.

M&M: el chocolate que se derrite en tu boca, no en tu mano.

f) **Aliteración**: repetición de fonemas a fin de crear una cierta musicalidad.

¿Cueces o enriqueces? Avecrem Gallina Blanca. (Cubitos de caldo)

g) **Hipérbole** o exageración: empleo de superlativos excesivos.

Probablemente, la mejor cerveza del mundo. (cerveza Carlsberg)

Es también muy frecuente el uso de la **metáfora**. De este recurso nos ocupamos en la segunda parte de este capítulo.

Si bien tener un buen eslogan es crucial, no hay que olvidar que la gran mayoría de los mensajes publicitarios (a excepción de los emitidos por radio) se apoyan en la imagen tanto o más que en el lenguaje. Esto incluye el uso de tipografía llamativa que refuerce la imagen de la marca.

Actividad 3

Fíjate en los siguientes eslóganes e identifica la figura retórica que se ha empleado en cada caso.

Paralelismo Paronomasia Calambur Aliteración Rima Hipérbole Antítesis o contraste

1. El turrón más caro del mundo. (Dulce navideño)

 ____

2. Vive en tu mundo, juega en el nuestro. (Playstation 2)

 ____

3. ¡Mami, mi Milka! (Chocolate)

 ____

4. Sidra el Gaitero, famosa en el mundo entero. (Sidra)

 ____

5. Vale la pena tener un Sopena. (Diccionarios)

 ____

6. No compre sin ton ni son. Compre un Thomson. (Electrodomésticos)

 ____

7. La COPE, a tope. (Emisora de radio)

 ____

8. Del Caserío, me fío. (Quesitos)

 ____

9. Eso te pasa por no tener un Espasa. (Diccionarios)

 ____

10. Para muchos es un sueño, para otros resulta una pesadilla. (Nissan Micra)

 ____

Actividad 4

4A

En parejas o en grupo, leed estos eslóganes en inglés. ¿Conocéis la marca o producto que se anuncia en cada caso? Si no los conocéis, haced hipótesis basadas en los eslóganes.

1. If you were working here tomorrow, you'd wear a Rolex.
   If you were speaking here tomorrow, you'd wear a Rolex.
2. Think Different
3. White, black, yellow
4. It's good to talk

4B

Ahora mira en la Plataforma Digital las imágenes de los anuncios de las frases del paso anterior y reflexiona: ¿Cuáles son los valores que se quieren asociar con la marca y/o el producto? ¿Se comunican eficazmente estos valores? ¿Qué papel juega la imagen en relación con el texto?

4C

Ahora haz la misma reflexión acerca de estos eslóganes en español. Puedes ver los anuncios en la Plataforma Digital.

1. Compartida, la vida es más
2. Vuelve a casa por Navidad
3. Piensa en verde
4. El algodón no engaña

4D

Compara los dos eslóganes siguientes, ambos utilizados en campañas publicitarias del periódico británico *The Times*. ¿Cuál te parece más eficaz? ¿Por qué? ¿Hay alguna diferencia en los valores que comunica cada uno?

Men who make opinion read The Times.

Top People Take The Times.

1.3.1 Las unidades fraseológicas

Una unidad fraseológica es una combinación de palabras con cierto grado de fijación y que tiene un significado particular que no se deduce necesariamente de sus componentes. Dentro de las unidades fraseológicas encontramos:

- **Locuciones:** de la noche a la mañana; como pez en el agua; más fresca que una rosa.

- **Refranes y proverbios:** A quien madruga, Dios le ayuda; nunca digas de esta agua no beberé; en abril, aguas mil.
- **Colocaciones:** echar una mano a alguien; rendir homenaje; saldar una deuda.

Una de las características de la unidad fraseológica es que las posibilidades de variación de sus componentes (sustitución, modificación o adición) están restringidas o muy restringidas. Podemos decir "llueve a cántaros", pero nunca "llueve un cántaro" o "nieva a cántaros". Debido a su afán por lograr mensajes memorables, el lenguaje publicitario recurre a menudo al uso de unidades fraseológicas, muchas veces rompiendo las normas que rigen su uso en el lenguaje corriente. Encontramos pues con frecuencia las siguientes alteraciones:

1. Modificación ingeniosa de alguno de los componentes de una unidad fraseológica para provocar un efecto de sorpresa.

   We take no pride in prejudice (*The Times*)

2. Juego de palabras en el que los componentes de la unidad fraseológica, o alguno de ellos, se toma en sentido literal, no solo en el sentido que tienen normalmente en la unidad fraseológica.

   Nuestro verano es la leche (Central Lechera Asturiana, marca de leche)

Ni que decir tiene que el uso de fraseología, así como de otras figuras retóricas, plantea un gran reto a la traducción, puesto que la chispa del mensaje depende no tanto de lo que se dice sino de la forma de decirlo. En el capítulo 12 (sección 2) nos ocupamos también de este tema al hablar de la traducción del humor en el texto audiovisual.

Actividad 5

5A

Cada uno de los siguientes eslóganes de anuncios en español contiene una unidad fraseológica modificada por alteración de uno de sus elementos.

¿Puedes identificar la unidad fraseológica original y explicar la modificación que ha tenido lugar?

1. Al mal tiempo, buena sopa (caldo Starlux)
2. Las copas claras (Marie Brizard)
3. Hecha la ley, hecha la cerveza (cerveza San Miguel)
4. ¡Sálvese quien lea! (librería Ghandi)
5. Todo depende de la Cristal con que se mire (cerveza Cristal)
6. No hay pollo fresco que por bien no venga (marca de pollos)
7. Al que a buena agencia se arrima, buena campaña lo cobija (agencia publicitaria)
8. Por fin llueve a gusto de todas (tampones Tampax)

5B

Los siguientes eslóganes contienen unidades fraseológicas y otras expresiones en las que hay un juego de palabras entre el sentido literal y el figurado. ¿Puedes identificar el doble sentido?

1. Olvide los malos tragos (Magno, bebida alcohólica)
2. Este otoño, ponte de moda (óptica El Corte Inglés)
3. Transportamos emociones (servicio de mensajería Seur)
4. Canon dice la última palabra en copiadoras color (impresoras copiadoras) [este eslogan viene acompañado de una viñeta cómica en la que se muestra a la impresora hablando]
5. Hay cosas que el dinero no puede comprar. Para todo lo demás, Mastercard.

Actividad 6

6A

En parejas o en grupos, leed los siguientes eslóganes en inglés y tratad de identificar los recursos lingüísticos y retóricos que se han empleado para lograr un mensaje impactante. Después, traducidlos del modo más eficaz posible.

1. Because you are worth it (L'Oreal, tinte para el cabello)
2. Impossible is nothing (Adidas)
3. American by Birth. Rebel by Choice. (Harley Davidson)
4. Save Money. Live Better. (Walmart)
5. Quality never goes out of style (Levi's)
6. Keeps going and going and going (Energizer)
7. See what we mean (Canon)
8. Have it your way (Burger King)
9. Let your fingers do the walking (Yellow Pages)
10. My Goodness, my Guinness! (Guinness)
11. The Citi never sleeps (Citibank)
12. A Mars a day helps you work, rest and play (Mars chocolates)
13. Lick the lid of life (Müller yogurts)
14. Labour isn't working (The Conservative Party, 1978)
15. You can be sure of Shell (Shell Oil company)

6B

Traduce los eslóganes siguientes.

1. We try harder (Avis)
2. Success. It's a Mind Game (Tag Heuer)
3. Solutions for a smart planet (IBM)
4. Make Believe (Sony)
5. Think big (IMAX)
6. I am what I am (Reebok)

2 El discurso político

Un discurso es una sucesión coherente de palabras comunicada oralmente por un orador a una audiencia. Como su nombre indica, el discurso político es pronunciado en el contexto de una ocasión política (por ejemplo, una toma de posesión de un cargo, una victoria o derrota electoral, un debate parlamentario, etc.). Los discursos políticos rara vez son espontáneos, sino que suelen ser preparados cuidadosamente por redactores expertos. Si nos paramos a pensar en políticos icónicos de la historia reciente –estemos o no de acuerdo con sus ideas– notaremos que muchos de ellos fueron oradores brillantes. Pensemos por ejemplo en Winston Churchill, J. F. Kennedy, Tony Blair y Barack Obama. Para bien o para mal, en política saber comunicar ideas de modo eficaz y persuasivo parece a veces tan importante (si no más) como ser capaz de llevarlas a la práctica.

En esta sección vamos a explorar algunos de los recursos retóricos que hacen que un determinado mensaje político resulte persuasivo. A la hora de traducir, será esencial saber identificar esos recursos en el texto fuente a fin de reproducir su fuerza persuasiva en el texto meta.

2.1 Características del discurso político

La retórica florece en la Antigua Grecia con el nacimiento de la democracia y la necesidad de persuadir al pueblo y de enfrentarse verbalmente a los rivales políticos. Durante muchos siglos, el estudio de la retórica ocupó un lugar central en la educación. Dice Aristóteles en su *Retórica* que un discurso, para ser persuasivo, debe apelar a tres dimensiones distintas: el *ethos*, el *logos* y el *pathos*. Dicho en otras palabras, un argumento nos convence cuando quien lo presenta nos merece confianza (*ethos*), cuando nos parece racional (*logos*), y cuando el argumento apela también a nuestras emociones (*pathos*).

El discurso político es un tipo de texto persuasivo con unas características determinadas:

- lo produce un actor político dentro de las estructuras del poder o en relación a ellas;
- en él se definen objetivos, medios, aliados y adversarios;
- tiene una estructura lógica y está compuesto de tesis, argumentos y pruebas;
- es polémico por naturaleza: casi cualquier enunciación en el terreno político presupone la existencia de un adversario;
- aunque lo incluimos dentro del texto persuasivo, a menudo el discurso político, más que persuadir al adversario, tiene el objetivo de reafirmar valores compartidos y atraer a los indecisos.

Actividad 7

A la hora de convencer a un público, tan importante como el mensaje es la forma de transmitirlo. Relaciona las frases del primer recuadro con las del segundo en función de su significado.

1. Being president is like running a cemetery: you've got a lot of people under you and nobody's listening. (Bill Clinton)
2. You turn if you want to. The lady's not for turning. (Margaret Thatcher)
3. A faith is something you die for; a doctrine is something you kill for; there is all the difference in the world. (Tony Benn)
4. And so, my fellow Americans: ask not what your country can do for you – ask what you can do for your country. (J. F. Kennedy)
5. Ask me my three main priorities for government, and I tell you: education, education, education. (Tony Blair)
6. We shall go on to the end, we shall fight in France, we shall fight on the seas and oceans, we shall fight with growing confidence and growing strength in the air, we shall defend our Island, whatever the cost may be, we shall fight on the beaches, we shall fight on the landing grounds, we shall fight in the fields and in the streets, we shall fight in the hills; we shall never surrender. (Winston Churchill)
7. I never want us to pull up the drawbridge and retreat from the world. (David Cameron)

a. It is your duty as an American citizen to serve your country.
b. I am not in favour of isolating our country from the rest of the world.
c. Nobody does what I say.
d. It is not religious faith, but indoctrination, that can lead to violence.
e. I am not going to change my economic policies.
f. The main focus of my government will be to improve education in this country.
g. We will fight with all the means at our disposal for as long as necessary. Surrender is not an option.

2.2 Las figuras retóricas

En la actividad anterior, no cabe duda de que las frases de la izquierda tienen un impacto mucho mayor que las de la derecha. Están formuladas para convencer, entusiasmar, divertir o conmover al público. Gran parte de la fuerza persuasiva de un discurso se debe al empleo de figuras retóricas. Como ya vimos en los capítulos dedicados a la traducción del texto literario, las figuras retóricas son procedimientos de lenguaje que alteran el uso normal de este con fines expresivos o estilísticos.

Según el plano del lenguaje al que se apliquen, podemos distinguir figuras sintácticas, semánticas y fónicas. Algunas de las más frecuentes en el discurso político son las siguientes:

Figuras sintácticas

Afectan a la organización de las palabras dentro de la oración:

- **Anáfora**: repetición de una palabra o grupo de palabras al comienzo de una frase o sintagma:

  No se puede hablar de paz en nombre de las decenas de millones de seres humanos que mueren cada año de hambre o enfermedades curables en todo el mundo. No se puede hablar de paz en nombre de 900 millones de analfabetos. (Fidel Castro 1979)

- **Paralelismo**: repetición de una misma estructura sintáctica en dos o más oraciones consecutivas.

  ¿Por qué unos pueblos han de andar descalzos para que otros viajen en lujosos automóviles? ¿Por qué unos han de vivir 35 años para que otros vivan 70? ¿Por qué unos han de ser míseramente pobres para que otros sean exageradamente ricos? (Fidel Castro 1979)

- **Quiasmo**: repetición de una estructura sintáctica, pero invirtiendo los términos repetidos (AB → BA), produciendo un efecto de contraste.

  Let us never negotiate out of fear. But let us never fear to negotiate. (J. F. Kennedy 1961)

- **Regla de tres:** consiste en mencionar tres términos que juntos describen una realidad.

  España: ¡una, grande y libre! (eslogan franquista)

Figuras semánticas o tropos

Afectan al plano del significado. Las palabras se emplean en sentido distinto al que estrictamente les corresponde, en función de una relación de correspondencia o semejanza:

- **Metáfora**: consiste en identificar dos términos, generalmente uno real con otro imaginario o evocado, en función de su relación de semejanza.

  Vengo a hablarles de un nuevo horizonte para España. (Adolfo Suárez 1977)

- **Analogía**: es una metáfora prolongada.

  In a sense we've come to our nation's capital to cash a check [...] America has given the Negro people a bad check, a check which has come back marked "insufficient funds". (Martin Luther King, Jr. 1963)

- **Metonimia:** consiste en identificar dos términos en función de la relación semántica que existe entre ellos. Esta relación puede ser de causa-efecto, contigüidad, todo-parte (también llamada sinécdoque), autor-obra, etc.

  My answer is simple. I will not put American boots on the ground in Syria. (Barack Obama 2013)

- **Símil o comparación**: se trata de una comparación explícita entre dos términos.

  We must provide for our Nation the way a family provides for its children. (Bill Clinton 1993)

- **Antítesis o contraste**: consiste en contraponer dos términos que expresan ideas de significado opuesto o contrario.

  No los llamo a la comodidad, sino al esfuerzo y al trabajo para hacer una España mejor. (Adolfo Suárez 1977)

- **Paradoja**: contraposición de palabras o frases aparentemente contradictorias.

  Utopia never comes, because we know we should not like it if it did. (Margaret Thatcher 1988)

  La paradoja a menudo se emplea con efecto humorístico:

  Broadcasting is really too important to be left to the broadcasters. (Tony Benn 1968)

- **Sinestesia**: consiste en mezclar sensaciones que pertenecen a órganos sensoriales distintos.

  Seguramente Radio Magallanes será acallada y el metal tranquilo de mi voz no llegará a ustedes. (Salvador Allende 1973)

- **Apóstrofe**: llamada o apelación, generalmente vehemente, a un receptor en segunda persona.

  ¡Legisladores! Yo deposito en vuestras manos el mando supremo de Venezuela. (Simón Bolívar 1919)

- **Pregunta o interrogación retórica**: pregunta cuya respuesta se conoce y con la que se pretende intensificar una idea o sentimiento.

  Y, a nosotros, explotados del mundo, ¿cuál es el papel que nos corresponde? (Che Guevara 1967)

- **Ironía**: expresión de lo contrario de lo que realmente se piensa sin intención de engañar, a menudo con efecto humorístico.

  You can always count on Americans to do the right thing – after they've tried everything else. (attributed to Winston Churchill)

Figuras fónicas

Son aquellas basadas en el sonido de las palabras. Se busca combinar determinados sonidos para atraer la atención sobre el mensaje:

- **Aliteración**: consiste en la repetición de determinados sonidos. Es una figura más empleada en inglés que en español.

  We shall not fail or falter. (Winston Churchill 1941)
  Let us go forth to lead the land we love. (J. F. Kennedy 1961)

  Además de las figuras retóricas propiamente dichas, hay otros recursos frecuentes que emplean los oradores:

- **Humor**:

  Men occasionally stumble over the truth, but most of them pick themselves up and hurry off as if nothing ever happened. (Winston Churchill)

- **Cita de autoridad**:

  When I am asked for a detailed forecast of what will happen in the coming months or years I remember Sam Goldwyn's advice: "Never prophesy, especially about the future." (Margaret Thatcher 1980)

As Lincoln said to a nation far more divided than ours: "We are not enemies, but friends ... though passion may have strained, it must not break our bonds of affection." (Barack Obama 2008)

- **Apropiarse de las críticas del adversario** y darles nuevo sentido, a menudo de modo irónico:

  The Left continues to refer with relish to the death of capitalism. Well, if this is the death of capitalism, I must say that it is quite a way to go. (Margaret Thatcher 1980)

- **Alusiones a individuos o anécdotas personales** a fin de dar un toque humano y conmovedor al discurso:

  Me dirijo, sobre todo, a la modesta mujer de nuestra tierra, a la campesina que creyó en nosotros; a la obrera que trabajó más, a la madre [...] Me dirijo al hombre de Chile, al obrero, al campesino, al intelectual, a aquellos que serán perseguidos. (Salvador Allende 1973)

Actividad 8

8A

Vuelve a la actividad 7 y lee de nuevo las frases de la columna izquierda. ¿Puedes identificar qué figuras o recursos retóricos se han empleado en cada una de ellas?

8B

Ahora lee las siguientes citas de discursos en español e identifica las figuras retóricas que se han empleado en cada caso seleccionando una o más del cuadro siguiente:

Metáfora	Paralelismo
Analogía	Regla de tres
Antítesis o contraste	Aliteración
Anáfora	Apóstrofe
Quiasmo	Sinestesia

1. ¡Trabajadores!: hace casi dos años dije desde estos mismos balcones que tenía tres honras en mi vida: la de ser soldado, la de ser un patriota y la de ser el primer trabajador argentino. (Juan Domingo Perón 1945)
2. Ante estos hechos, sólo me cabe decirles a los trabajadores: ¡Yo no voy a renunciar! Colocado en un tránsito histórico, pagaré con mi vida la lealtad del pueblo. Y les digo que tengo la certeza de que la semilla que entregáramos a la conciencia digna de miles y miles de chilenos, no podrá ser segada definitivamente. (Salvador Allende, poco antes de morir en el golpe de estado que acabó con su gobierno e instauró la dictadura del General Pinochet en 1973)
3. Como españoles creo que podemos tener el orgullo de que en estos once meses España ha empezado a contar positivamente en el mundo actual y este mundo haya comenzado a contar con España. (Adolfo Suárez 1977)
4. No me voy por cansancio. No me voy porque haya sufrido un revés superior a mi capacidad de encaje. No me voy por temor al futuro. Me voy porque ya las palabras parecen no ser suficientes y es preciso demostrar con hechos lo que somos y lo que queremos. (Adolfo Suárez 1981)
5. Me dirijo a las naciones ricas para que contribuyan. Me dirijo a los países pobres para que distribuyan. (Fidel Castro 1979)
6. Gobernar no significa solamente estar atento a las curvas del camino; gobernar es guiarse al mismo tiempo por el perfil del horizonte, tener bien claro un rumbo a largo plazo, una perspectiva que otorgue pleno sentido a los afanes cotidianos. Gobernar es aferrarse con ilusión y esperanza a ese rumbo, a sabiendas de las dificultades iniciales, a sabiendas de que aunque no se alcance plenamente el horizonte debe bastarnos la humilde seguridad de que cada paso correcto nos acerca a la meta de una España mejor para todos. (Felipe González 1981)
7. Compañeras y compañeros, amigas y amigos: Cómo hubiera deseado que los medios materiales de comunicación me hubieran permitido hablar más largamente con ustedes y que cada uno hubiera oído mis palabras, húmedas de emoción. (Salvador Allende 1970)
8. Basta ya de la ilusión de que los problemas del mundo se puedan resolver con armas nucleares. Las bombas podrán matar a los hambrientos, a los enfermos, a los ignorantes, pero no pueden matar el hambre, las enfermedades, la ignorancia. (Fidel Castro 1979)

Actividad 9

9A

Las frases siguientes contienen al menos una antítesis o contraste. En parejas, comentad las dos traducciones propuestas y escoged la que consideréis más acertada. Si no os convence ninguna de las dos versiones, formulad vuestra propia traducción. Tened en cuenta los criterios siguientes:

- ¿Se mantiene en la traducción la fuerza del contraste?
- ¿Contiene la frase alguna dificultad gramatical? De ser así, ¿cómo se resuelve en cada versión?
- ¿Resulta una versión más idiomática que la otra?

1. Politics may be the art of the possible – but at least in life, give the impossible a go. (Tony Blair 2007)
   A. La política puede ser el arte de lo posible, pero por lo menos en la vida da un intento a lo imposible.
   B. Puede que la política sea el arte de lo posible, pero al menos en la vida intenta lo imposible.
2. I give my thanks to you, the British people, for the times I have succeeded, and my apologies to you for the times I have fallen short. (Tony Blair 2007)
   A. Os agradezco a vosotros, pueblo británico, por las veces en que tuve éxito, y pido excusas por las veces en que me quedé corto.
   B. Os doy las gracias a vosotros, ciudadanos británicos, por las veces en que acerté, y os pido disculpas por aquellas en que no estuve a la altura.
3. I'm always ready to learn, although I do not always like being taught. (Winston Churchill)
   A. Siempre estoy dispuesto a aprender, aunque no siempre me gusta que me enseñen.
   B. Siempre estoy preparado para aprender, aunque no siempre me gusta ser enseñado.

4. Success is the ability to go from one failure to another with no loss of enthusiasm. (Winston Churchill)

   A. El éxito es la habilidad de ir de un fallo a otro sin pérdida de entusiasmo.
   B. El éxito es la capacidad de ir de fracaso en fracaso sin perder el entusiasmo.

5. The farther backward you can look, the farther forward you are likely to see. (Winston Churchill)

   A. Probablemente, cuanto más atrás puedas mirar, más lejos podrás ver.
   B. Lo más probable es que, cuanto más detrás mires, más adelante verás.

9B

Traduce las citas siguientes prestando especial atención a los contrastes:

1. There is nothing wrong with America that cannot be solved by what's right with America. (Bill Clinton 1993)
2. I have never known a person with a stronger sense of right and wrong in my life – ever. (Bill Clinton, on Hillary Clinton)
3. Promising too much can be as cruel as caring too little. (Bill Clinton 1999)
4. There are a terrible lot of lies going about the world, and the worst of it is that half of them are true. (Winston Churchill)
5. He has all the virtues I dislike and none of the vices I admire. (Winston Churchill)

9C

Reflexiona y comenta con tus compañeros: ¿Por qué son tan frecuentes las antítesis en el discurso político? ¿Cuál es el efecto que producen en la audiencia?

2.3 La metáfora en el discurso político

El uso de metáforas en el discurso político merece atención especial. Mientras que el lenguaje objetivo (no figurativo) apela al *logos*, el lenguaje figurativo o metafórico tiene mayor impacto sobre el *pathos*, las emociones. Un argumento resulta más memorable si podemos asociarlo a una imagen. Sin embargo, la metáfora no es un simple adorno que añada color a argumentos grises. Etimológicamente, "metáfora" (del griego *meta pherein*) significa un "traslado", es decir, se traslada el significado de un término a otro. Pero una metáfora rara vez supone una simple sustitución. Al emplear un término en lugar de otro, se resaltan ciertos rasgos del objeto y se oscurecen otros. Así pues, la metáfora, más allá de su función ornamental, tiene un efecto cognitivo al alterar nuestra percepción del objeto (Black 1962). Es esta cualidad la que hace de la metáfora un recurso de gran valor en el discurso político y un interesante reto para el traductor.

Actividad 10

10A

El 28 de agosto de 1963, Martin Luther King, Jr. pronuncia su célebre discurso "*I have a dream*" en defensa de los derechos civiles para los ciudadanos negros de EE. UU. Entre los muchos recursos retóricos que emplea King, destaca el uso de la metáfora. Te recomendamos leer y/o escuchar el discurso completo e informarte sobre su contexto antes de hacer esta actividad (puedes encontrarlo fácilmente en internet).

En la tabla siguiente tienes una serie de fragmentos del discurso de King que contienen metáforas y, junto a cada uno, dos versiones distintas en español. Compara y valora ambas versiones teniendo en cuenta los siguientes aspectos:

- ¿Se mantiene el contenido denotativo?
- ¿Se reproduce adecuadamente la metáfora y su efecto retórico?
- ¿Cuál de las dos versiones resulta más idiomática?
- ¿Es una de las versiones más literal que la otra?
- ¿Existe alguna dificultad relacionada con los referentes culturales?

Busca en las dos traducciones un ejemplo de:

a) Cambio de sentido
b) Traducción literal inadecuada
c) Elipsis u omisión (se omite traducir parte del texto)
d) Alusión intertextual

Globalmente, valora cuál es, a tu parecer, la versión más acertada.

Texto Fuente	*Versión A*[1]	*Versión B*[2]
1. *This momentous decree came as a great beacon light of hope to millions of Negro slaves who had been seared in the flames of withering injustice. It came as a joyous daybreak to end the long night of their captivity.*	Este importante decreto se convirtió en un gran faro de esperanza para millones de esclavos negros que fueron cocinados en las llamas de la injusticia. Llegó como un amanecer de alegría para terminar la larga noche del cautiverio.	Este trascendental decreto significó un gran rayo de luz y de esperanza para millones de esclavos negros, chamuscados en las llamas de una marchita injusticia. Llegó como un precioso amanecer al final de una larga noche de cautiverio.
2. *One hundred years later, the life of the Negro is still sadly crippled by the manacles of segregation and the chains of discrimination. One hundred years later, the Negro lives on a lonely island of poverty in the midst of a vast ocean of material prosperity.*	Cien años después, la vida del negro es todavía minada por los grilletes de la discriminación. Cien años después, el negro vive en una solitaria isla de pobreza en medio de un vasto océano de prosperidad material.	Cien años después, la vida del negro es aún tristemente lacerada por las esposas de la segregación y las cadenas de la discriminación; cien años después, el negro vive en una isla solitaria en medio de un inmenso océano de prosperidad material.
3. *In a sense we've come to our nation's capital to cash a check.*	En cierto sentido, llegamos a la capital de nuestra nación para cobrar un cheque.	En cierto sentido, hemos venido a la capital de nuestro país a cobrar un cheque.
4. *America has given the Negro people a bad check, a check which has come back marked "insufficient funds."*	América dio al negro un cheque sin valor que fue devuelto con el sello de "fondos insuficientes".	Estados Unidos ha dado a los negros un cheque sin fondos; un cheque que ha sido devuelto con el sello de "fondos insuficientes".

5. *Now is the time to rise from the dark and desolate valley of segregation to the sunlit path of racial justice. Now is the time to lift our nation from the quicksands of racial injustice to the solid rock of brotherhood.*	Ahora es el tiempo de elevarnos del oscuro y desolado valle de la segregación hacia el iluminado camino de la justicia racial. Ahora es el tiempo de elevar nuestra nación de las arenas movedizas de la injusticia racial hacia la sólida roca de la hermandad.	Ahora es el momento de salir del oscuro y desolado valle de la segregación hacia el camino soleado de la justicia racial. Ahora es el momento de sacar a nuestro país de las arenas movedizas de la injusticia racial.
6. *This sweltering summer of the Negro's legitimate discontent will not pass until there is an invigorating autumn of freedom and equality.*	Este sofocante verano del legítimo descontento del negro no terminará hasta que venga un otoño revitalizador de libertad e igualdad.	Este verano, ardiente por el legítimo descontento de los negros, no pasará hasta que no haya un otoño vigorizante de libertad e igualdad.
7. *And those who hope that the Negro needed to blow off steam and will now be content will have a rude awakening if the nation returns to business as usual.*	Aquellos que piensan que el negro solo necesita evacuar su frustración y que ahora permanecerá contento, tendrán un rudo despertar si la nación regresa a su rutina.	Y quienes tenían la esperanza de que los negros necesitaban desahogarse y ya se sentirá contentos, tendrán un rudo despertar si el país retorna a lo mismo de siempre.
8. *Let us not wallow in the valley of despair.*	No nos deleitemos en el valle de la desesperación.	No nos revolquemos en el valle de la desesperanza.

10B

Casi medio siglo más tarde, el siguiente fragmento de un discurso de Barack Obama, pronunciado al comienzo de su campaña por la presidencia, nos recuerda el tono mesiánico del lenguaje de King. En grupos, identificad las metáforas y haced una lista de las ideas y sensaciones que os sugiere cada una.

And if you will join me in this improbable quest, if you feel destiny calling, and see as I see, a future of endless possibility stretching before us; if you sense, as I sense, that the time is now to shake off our slumber, and slough off our fear, and make good on the debt we owe past and future generations, then I'm ready to take up the cause, and march with you, and work with you. Together, starting today, let us finish the work that needs to be done, and usher in a new birth of freedom on this Earth. (10/2/2007)

10C

Ahora traducid las metáforas tratando de mantener los mismos matices (no es necesario traducir el texto completo).

Actividad 11

11A

En los dos ejemplos siguientes, tomados del discurso de King, vemos cómo se formula primero una idea en lenguaje no figurativo para reiterarla a continuación empleando lenguaje metafórico:

> In the process of gaining our rightful place we must not be guilty of wrongful deeds. Let us not seek to satisfy our thirst for freedom by drinking from the cup of bitterness and hatred.
>
> There will be neither rest nor tranquility in America until the Negro is granted his citizenship rights. The whirlwinds of revolt will continue to shake the foundations of our nation until the bright day of justice emerges.

Cada una de las siguientes frases, tomadas del discurso pronunciado en 2013 por el entonces primer ministro británico David Cameron sobre la Unión Europea, contiene al menos una metáfora. Tradúcelas primero al español (A) y, después, expresa la misma idea en lenguaje no metafórico, también en español (B). Te hemos dado un ejemplo. Como de costumbre, ten en cuenta que no hay una única respuesta correcta.

1. And in Europe's darkest hour, we helped keep the flame of liberty alight.
   A. Y en la hora/la noche más oscura de Europa, ayudamos a mantener encendida la llama de la libertad.
   B. Y en los momentos más difíciles de Europa, ayudamos a defender la libertad.
2. Healing those wounds of our history is the central story of the European Union.
3. We must not be weighed down by an insistence on a one-size-fits-all approach which implies that all countries want the same level of integration.
4. I never want us to pull up the drawbridge and retreat from the world.
5. If we left the European Union, it would be a one-way ticket, not a return.

11B

En parejas o en grupos, comentad y comparad vuestras traducciones.

Actividad 12

12A

Algunas metáforas se han popularizado hasta tal punto que casi hemos olvidado que lo son: se llaman metáforas lexicalizadas. Este tipo de metáforas suelen tener un término equivalente acuñado en otras lenguas. Utiliza los recursos que creas necesarios (textos paralelos, bases de datos terminológicas, corpus) para encontrar el equivalente acuñado de las metáforas siguientes. Si dudas entre dos o más alternativas, comprueba su frecuencia de uso en un buscador.

1. Head of state
2. Mainstream political parties
3. Road map
4. Cold War

5. The Iron Curtain
6. Iron fist
7. The Iron Lady
8. Arms race
9. Friendly fire
10. Moral fibre

12B

Ahora te toca a ti mostrar tu creatividad. Inventa una metáfora para designar los siguientes hechos históricos, y también un hecho significativo en la historia de tu país, a tu elección. Debes justificar tus metáforas explicando cuáles son los rasgos que te interesa destacar.

El descubrimiento de América
La llegada del hombre a la luna
La caída del muro de Berlín

Actividad 13

13A

En ocasiones, una metáfora pone en juego los dos planos de un término: el figurado y el propio. Esto da lugar a un juego de palabras casi siempre intraducible. Fíjate en este titular de la sección de Economía del periódico español *El País* y reflexiona: ¿Qué es la Bolsa? ¿A qué hecho alude el titular? ¿Dónde está la metáfora? ¿Y el juego de palabras?

Zara se arruga en la Bolsa

13B

Individualmente o en parejas, traduce el titular al inglés. No te preocupes si no puedes reproducir el juego de palabras; se trata de ser creativo y buscar la mejor alternativa.

13C

Ahora observa estas citas en inglés. Haz la misma reflexión que en los pasos A y B y propón una traducción para cada una de ellas.

1. Everyone has his day, and some days last longer than others. (Winston Churchill)
2. I don't think there are any strings attached to this trade deal. If there are any, they're made of nylon – I can't see them. (Un ministro de economía)

Actividad 14

14A

Forma frases típicas del lenguaje político relacionando los elementos de la columna de la izquierda con los de la derecha:

1. Tengo la esperanza de que
2. Quiero expresar mi satisfacción por
3. Deseo trasladar formalmente
4. Quiero agradecer nuevamente
5. Hoy más que nunca, les invito a todos ustedes
6. Solicito el apoyo de todas las fuerzas políticas
7. No les quepa ninguna duda
8. Soy bien consciente
9. Damos nuestro respaldo incondicional
10. A fin de alcanzar estos objetivos
11. Estas son las líneas maestras

a. los logros alcanzados en esta legislatura.
b. de los enormes retos a los que nos enfrentamos.
c. la confianza que han depositado en mí los ciudadanos.
d. al paquete de medidas diseñado por el gobierno.
e. a participar en un proyecto de futuro.
f. vamos a poner en marcha las siguientes medidas.
g. que van a guiar nuestra gestión en la presente legislatura.
h. juntos logremos sentar las bases de una sociedad más justa e igualitaria.
i. para poner en marcha una serie de medidas de austeridad.
j. de que estaremos a la altura de las circunstancias.
k. un mensaje de solidaridad al presidente francés.

14B

El siguiente texto, publicado en la página de noticias de la Comisión Europea, presenta las recomendaciones de un informe en torno a la movilidad de los trabajadores dentro de la Unión Europea. Imagina que eres el ministro español de Economía y elabora un discurso persuasivo basado en la información del texto. El discurso debe ir dirigido a los jóvenes españoles con la finalidad de animarlos a aumentar su movilidad laboral. Se trata de "traducir" el lenguaje objetivo a lenguaje persuasivo empleando cada uno de estos recursos retóricos al menos una vez:

- Antítesis o contraste
- Metáfora
- Anáfora
- Símil o comparación
- Pregunta retórica

Puede serte útil emplear también algunas de estas expresiones:

Es evidente que estamos ante
Es un hecho significativo que...
La triste realidad es que...
Paso a continuación a hablarles de...
Valoramos muy positivamente que...
Nuestra posición es clara y contundente
Es importante matizar lo siguiente
Finalmente, quisiera hacer una reflexión sobre...

... constituye una prioridad
... carece absolutamente de sentido
... es sobradamente conocido
... no es la solución más acertada
... es de especial relevancia
... son principios irrenunciables
... es un factor esencial
... son los principales retos que hemos de abordar

dada la situación actual
a la mayor brevedad posible
sobre las bases de
por consiguiente
por todo lo anteriormente expuesto
con ese fin
en modo alguno
en el marco de

La movilidad es fundamental para superar el déficit de capacidades en la UE

Según el último informe conjunto UE-OCDE, mejorar la movilidad de los trabajadores –su voluntad y aptitud para cambiar de empleo o trasladarse a otras zonas para trabajar– es crucial para las economías europeas.

Se prevé que la población europea en edad de trabajar (entre 15 y 64 años) disminuya en 7,5 millones de personas en los próximos cinco años. Ante esas perspectivas, la UE debe hacer un uso más eficiente de las cualificaciones de los trabajadores migrantes para mantener su competitividad.

El informe destaca que la movilidad y la migración son factores clave para hacer frente a los problemas demográficos y de competencias en Europa. Reducir los desequilibrios laborales entre hombres y mujeres y aumentar el número de jóvenes y mayores que trabajan también será esencial para mitigar los efectos del envejecimiento de la población.

A pesar de que muchos países europeos sufren de un desempleo constante y de una creciente reacción adversa a la inmigración, a algunas empresas les cuesta cubrir sus necesidades de personal solo con trabajadores autóctonos. Para cubrir la futura demanda, el informe subraya tres respuestas políticas complementarias:

- fomentar la movilidad laboral en la UE, facilitando el reconocimiento de las cualificaciones y ofreciendo formación lingüística adaptada en los países de destino;
- integrar mejor a los inmigrantes de fuera de la UE con vistas a un uso más racional de sus cualificaciones;
- atraer a inmigrantes con mayores competencias para cubrir segmentos específicos del mercado laboral de la UE.

European Commision (texto adaptado) 23/09/2014

14C

Ahora imagina que eres tú el orador y grábate pronunciando el discurso que acabas de redactar. Presta atención a la pronunciación, la entonación, las pausas y el lenguaje corporal.

2.4 La traducción de los referentes culturales

Los discursos políticos a menudo contienen un buen número de referentes culturales cuya traducción puede plantear dificultades al traductor. En algunas ocasiones tendremos que alejarnos del texto fuente para asegurarnos de que nuestra versión resulta comprensible para un lector que no comparte los mismos referentes que el orador.

Actividad 15

15A

El uso de alusiones a anécdotas o personas concretas es frecuente en el discurso político. Lee el siguiente fragmento del discurso de la victoria de Obama en 2008 y reflexiona: ¿qué función cumple la alusión a Ann Nixon Cooper? ¿Qué efecto se espera que produzca en la audiencia? Te recomendamos que veas el vídeo del discurso en internet (minutos 13:00–15:30).

This election had many firsts and many stories that will be told for generations. But one that's on my mind tonight is about a woman who cast her ballot in Atlanta. She's a lot like the millions of others who stood in line to make their voice heard in this election except for one thing – Ann Nixon Cooper is 106 years old.

She was born just a generation past slavery; a time when there were no cars on the road or planes in the sky; when someone like her couldn't vote for two reasons – because she was a woman and because of the colour of her skin.

And tonight, I think about all that she's seen throughout her century in America – the heartache and the hope; the struggle and the progress; the times we were told that we can't, and the people who pressed on with that American creed: Yes, we can.

At a time when women's voices were silenced and their hopes dismissed, she lived to see them stand up and speak out and reach for the ballot. Yes, we can.

When there was despair in the dust bowl and depression across the land, she saw a nation conquer fear itself with a New Deal, new jobs and a new sense of common purpose. Yes, we can.

When the bombs fell on our harbour and tyranny threatened the world, she was there to witness a generation rise to greatness and a democracy was saved. Yes, we can.

She was there for the buses in Montgomery, the hoses in Birmingham, a bridge in Selma, and a preacher from Atlanta who told a people that "we shall overcome". Yes, we can.

A man touched down on the Moon, a wall came down in Berlin, a world was connected by our own science and imagination. And this year, in this election, she touched her finger to a screen, and cast her vote, because after 106 years in America, through the best of times and the darkest of hours, she knows how America can change. Yes, we can.

15B

Vuelve a leer el texto y subraya todas las referencias a acontecimientos históricos que encuentres. Si hay alguna referencia que desconozcas, documéntate. Después, tradúcelas empleando los recursos de documentación que necesites.

Encargo de traducción

Una editorial proyecta publicar una antología titulada *Los mejores discursos del siglo XXI*. En ella, desean incluir el discurso de la victoria pronunciado por Barack Obama tras ganar las elecciones presidenciales en 2008. La editorial te ha encargado la traducción de este discurso (en esta actividad vas a traducir el principio y el final). La antología va dirigida a un público general.

If there is anyone out there who still doubts that America is a place where all things are possible; who still wonders if the dream of our founders is alive in our time; who still questions the power of our democracy, tonight is your answer.

It's the answer told by lines that stretched around schools and churches in numbers this nation has never seen; by people who waited three hours and four hours, because they believed that this time must be different; that their voices could be that difference.

It's the answer spoken by young and old, rich and poor, Democrat and Republican, black, white, Hispanic, Asian, Native American, gay, straight, disabled and not disabled – Americans who sent a message to the world that we have never been just a collection of individuals or a collection of Red States and Blue States: we are, and always will be, the United States of America.

It's the answer that led those who have been told for so long by so many to be cynical, and fearful, and doubtful of what we can achieve to put their hands on the arc of history and bend it once more toward the hope of a better day.

It's been a long time coming, but tonight, because of what we did on this day, in this election, at this defining moment, change has come to America.

[...]

America, we have come so far. We have seen so much. But there is so much more to do. So tonight, let us ask ourselves – if our children should live to see the next century; if my daughters should be so lucky to live as long as Ann Nixon Cooper, what change will they see? What progress will we have made?

This is our chance to answer that call. This is our moment.

This is our time – to restore prosperity and promote the cause of peace; to reclaim the American dream and reaffirm that fundamental truth – that out of many, we are one; that while we breathe, we hope, and where we are met with cynicism and doubt, and those who tell us that we can't, we will respond with that timeless creed that sums up the spirit of a people: yes, we can.

Thank you, God bless you, and may God bless the United States of America.

Barack Obama, "Victory Speech" (5 de noviembre de 2008)
(Texto adaptado)

Notas

1 Fuente: www.elmundo.es/especiales/2013/internacional/martin-luther-king/texto-integro.html

2 Fuente: www.retoricas.com/2009/04/discurso-traducido-have-dream.html

Capítulo 11
La traducción audiovisual

En este capítulo vas a:

- Conocer las características de los textos audiovisuales
- Trabajar la traducción del humor y de los referentes culturales
- Familiarizarte con los aspectos técnicos y las convenciones de las diferentes modalidades de traducción audiovisual (voiceover, subtitulación y doblaje)
- Practicar la elaboración de guiones de audiodescripción para ciegos
- Aprender a manejar programas para la edición e incrustación de subtítulos y pistas de audio

1 El texto audiovisual y su traducción

Por traducción audiovisual se entiende la traducción de cualquier texto cuyo mensaje se transmite a través de un canal auditivo (diálogos, música, efectos sonoros, etc.) y de un canal visual (imágenes, subtítulos, etc.). El término engloba pues la traducción de cualquiera de los subgéneros audiovisuales: cine, documentales, series televisivas, dibujos animados, noticias, programas de entrevistas, ópera, etc.

La dificultad específica de la traducción de este tipo de textos reside en que nos encontramos con una sincronía entre mensaje oral y visual que hay que respetar. Esto hace que el traductor se enfrente a una serie de restricciones que le llevarán a aplicar unas determinadas técnicas de traducción (reducción, ampliación, generalización, adaptación cultural, etc.). Al igual que sucede con el cómic y el teatro (ver Capítulo 9), en los textos audiovisuales el canal visual suele ser tanto o más importante que el canal auditivo, pues ambos canales se combinan para formar un todo con sentido.

Existen diferentes tipos de traducción audiovisual —doblaje, subtitulación, narración, entre otros— que pueden aplicarse a los diferentes subgéneros audiovisuales: ficción, documentales, publicidad, telediarios, etc. En este capítulo nos centraremos en tres modalidades de traducción audiovisual: las voces superpuestas, el doblaje y la subtitulación. Trabajaremos también con la audiodescripción para ciegos, un sistema para facilitar el acceso de los invidentes a los contenidos multimedia.

1.1 Herramientas informáticas para la traducción audiovisual

Una particularidad de la traducción audiovisual es la necesidad de trabajar con programas informáticos y herramientas para crear e incrustar subtítulos, grabar pistas de audio con los guiones de audiodescripción o doblaje, o editar vídeos. Hay diversos programas de subtitulación que se pueden descargar de forma gratuita y que van acompañados de tutoriales que explican su manejo. A lo largo de este capítulo trabajaremos con algunos de estos programas para que vayas familiarizándote con ellos. Encontrarás los enlaces en la Plataforma Digital.

Actividad 1

1A

A continuación presentamos diferentes encargos de traducción audiovisual. En grupos de tres o cuatro personas, escoged uno de ellos y pensad qué destrezas lingüísticas (comprensión auditiva, expresión oral o escrita, ortografía, vocabulario, etc.) se pueden potenciar al llevarlo a cabo.

Encargo 1: Transcribe en español los diálogos de un capítulo de una telenovela mexicana para crear subtítulos para sordos.

Encargo 2: Transcribe en español los diálogos de un capítulo de la serie de televisión española *Cuéntame cómo pasó* y, partiendo de tu transcripción, crea los subtítulos en inglés.

Encargo 3: Traduce del inglés al español los subtítulos de un capítulo de la serie estadounidense de televisión *The Big Bang Theory*.

Encargo 4: Trabajando en equipo, traducid del inglés al español los diálogos de la película *Toy Story*, y haced el doblaje grabando vuestras voces.

Encargo 5: Redacta una descripción de las acciones que realizan los personajes de una película muda de los años 20, y graba tu voz leyendo la descripción (esto se llama "audiodescripción").

1B

Poned en común vuestras opiniones sobre las destrezas lingüísticas que se pueden potenciar gracias a las diferentes modalidades de traducción audiovisual. ¿Cómo puede ayudar la traducción audiovisual al aprendizaje de lenguas?

2 La traducción del humor en el texto audiovisual

Si bien el humor no es en absoluto un rasgo exclusivo de los textos audiovisuales, es cierto que en estos textos se emplean elementos humorísticos con notable frecuencia (chistes, juegos de palabras, errores de expresión, *lapsus linguae*, entre otros). La dificultad inherente a la traducción del humor se acentúa en los textos audiovisuales, debido a la necesidad de mantener la sincronía entre sonido e imagen, y de tener en cuenta los elementos paralingüísticos (gestos, música, etc.). A diferencia del texto escrito, el audiovisual no admite notas al pie o glosarios explicativos, por lo que el traductor debe poner en juego todo su ingenio y creatividad para mantener el efecto humorístico respetando las restricciones pertinentes.

Podemos dividir los elementos humorísticos en tres grandes grupos: los de naturaleza lingüística o paralingüística, los elementos de índole cultural, y los relacionados con la imagen y el sonido (Martínez Sierra 2008).

Vamos a ocuparnos aquí de los dos primeros, por ser los que conciernen en mayor medida al traductor.

2.1 Los juegos de palabras

Los elementos humorísticos basados en juegos de palabras a menudo recurren a los siguientes fenómenos lingüísticos, algunos de los cuales ya tratamos en la sección 1.3 del capítulo 10, al hablar del lenguaje publicitario.

- **Homonimia y polisemia**: se producen cuando dos palabras se pronuncian y/o se escriben igual pero tienen significados diferentes. Los homónimos provienen de etimologías distintas, por ejemplo:

  Cola (del griego *kólla*): sustancia que sirve para pegar (*glue*).
  Cola (del latín *cauda*): extremidad posterior de un animal (*tail*).

  Las palabras polisémicas son, en realidad, la misma palabra con significados diferentes, por ejemplo: canal (del latín *canālis*): canal de agua/canal de televisión.

  Dentro de los vocablos homónimos, podemos distinguir **homófonos** (coinciden en su pronunciación, pero no necesariamente en su escritura: vaca/baca, bello/vello) y **homógrafos** (coinciden en su escritura, pero no necesariamente en su pronunciación: *I live here / a live concert*; en español no existen palabras que sean solo homógrafas).
- **Paronimia:** se da cuando tenemos dos o más palabras muy parecidas en su pronunciación y escritura, pero muy diferentes en su significado, p. ej. efecto/afecto, abeja/oveja, hombre/hambre. La figura retórica basada en este fenómeno es la **paronomasia**.
- **Juegos de palabras basados en expresiones idiomáticas y refranes:** se modifica una expresión idiomática o un refrán, p. ej. “Ojos que no ven, torta que te metes” (= si no miras, te vas a chocar contra algo): se modifica la expresión idiomática “Ojos que no ven, corazón que no siente” (*Out of sight, out of mind*) para obtener un efecto cómico.
- **Juego de palabras basados en expresiones y frases célebres:** se modifica una expresión conocida (cita, eslogan, título), p. ej. *Yes we play*, en lugar de *Yes we can* (eslogan de la campaña del presidente Barack Obama).
- **Contracción:** se acuña una palabra nueva uniendo dos palabras preexistentes, p. ej. *Spanish* + *English* = *Spanglish*.

Actividad 2

2A

Lee los siguientes ejemplos e identifica cuáles de los siguientes recursos se han empleado para crear un efecto humorístico. Ten presente que los ejemplos están sacados de series y películas estadounidenses y es posible que los juegos lingüísticos estén ligados a la pronunciación del inglés americano.

a) Homonimia/polisemia
b) Paronimia
c) Juego de palabras basado en expresiones idiomáticas
d) Juego de palabras basado en refranes o frases célebres
e) Contracción

***Monkey Business* (1931), Marx Brothers (dir. Norman Z. McLeod)**

1. *Groucho*: I know, heifer cow is better than none, but this is no time for puns.
2. *Madame Swempski*: I don't like this innuendo.
   Groucho: That's what I always say: love flies out the door when money comes innuendo.

***Duck Soup* (1933), Marx Brothers (dir. Leo McCarey)**

3. *Mrs. Teasdale*: This is a gala day for you.
   Groucho: Well, a gal a day is enough for me. I don't know if I could handle any more.
4. *Rufus T. Firefly*: I got a good mind to join a club and beat you over the head with it.
5. *Rufus T. Firefly*: You can leave in a taxi. If you can't get a taxi, you can leave in a huff. If that's too soon, you can leave in a minute and a huff.

Friends, "The One with the Routine" (1999) (capítulo 10, 6ª temporada)

6. *Rachel*: But Chandler, what is this very weird metal A-Z thing.
 Chandler: Those are book ends, it's a great gift!
 Phoebe: Ah, OK I'm sorry. Thank you for my AZ.

Modern Family, "Arrested" (2012) (capítulo 7, 4ª temporada)

7. *Cam*: I've been over a health kick lately. So I took a vegan cooking class and my new thing is facon! It's like real bacon.
 Mitch: Except for the look, the texture and the taste.
 Cam: But I make my own, so it's not even real facon, it's "faux" facon". Fauxcon.

2 Broke Girl$, "And the Hold-up" (2012) (capítulo 3, 2ª temporada)

8. *Caroline:* Max, I'm surprised you're even affected by this, I mean, weren't you shot as a baby? I feel like you told me that.
 Max: No, I told you I drank shots as a baby. My mother hated to drink alone.

2B

Fíjate en las traducciones de los ejemplos anteriores y, en parejas, valorad las decisiones del traductor. ¿Se mantiene el humor? En caso afirmativo, ¿cómo se consigue? ¿Qué juegos de palabras crees que son más difíciles de reproducir?

1. *Groucho*: Sí, ya lo sé, más vale algo que nalga, pero no es momento para bromitas.
2. *Madame Swempski*: No me gusta esa insinuación.
 Groucho: Es lo que siempre digo: el amor salta por la ventana cuando la pobreza entra insinuada.

3. *Mrs. Teasdale*: Este es un día de gala para usted.
   Groucho: Bueno, con una zagala me conformo, no creo que pueda con más...
4. *Rufus T. Firefly*: Me voy a misa a ver si te doy un par de hostias.
5. *Rufus T. Firefly*: Vete en un taxi. Si no encuentras taxi, vete de morros, y si te das contra la pared, vete con los pies por delante.
6. *Rachel*: Pero Chandler, ¿qué son esta A y esta Z metálicas tan raras?
   Chandler: ¡Son sujetalibros! ¡Son un regalo genial!
   Phoebe: Ah, vale, lo siento. Gracias por mi A-Zeta.
7. *Cam*: Me he vuelto muy sano últimamente, así que he tomado clases de cocina vegetariana, y mi especialidad es el falcon. Es como el bacon.
   Mitch: Menos por el aspecto, la textura y el sabor.
   Cam: Sí, pero yo hago el mío, así que no es tan cutre y es falcon real. Refalcon.
8. *Caroline*: Max, me sorprende que te haya afectado tanto, vamos, ¿no te dispararon de pequeña? O algo así me habías contado.
   Max: No, que cuando era pequeña echaba unos tiritos, mi madre no quería beber sola.

2C

Ahora escoged uno o dos de los ejemplos del paso A cuya traducción pensáis que podéis mejorar y proponed una versión o versiones alternativas. Si lo deseáis, podéis hacer una votación para escoger la mejor traducción de la clase.

Actividad 3

En esta actividad vais a ver cómo los traductores al español de la película de animación *Finding Nemo* (Pixar 2003) emplean diferentes expresiones idiomáticas y locuciones para reproducir el humor.

SINOPSIS: El pececillo Nemo, que es hijo único, es muy querido y protegido por su padre. Después de ser capturado en un arrecife australiano va a parar a la pecera de la oficina de un dentista de Sídney. Su tímido padre emprenderá una peligrosa aventura para rescatarlo. Pero Nemo y sus nuevos amigos tienen también un astuto plan para escapar de la pecera y volver al mar.

3A

Relaciona las locuciones o unidades fraseológicas de la primera columna con su significado en la segunda columna:

1. Escamar(se)
2. Todos los caminos conducen a Roma
3. Ser pan comido
4. Remover cielo y tierra
5. Estirar la pata

a. Ser muy fácil de conseguir
b. Morir
c. Hacer todas las gestiones posibles para lograr algo.
d. Existen diferentes caminos para llegar al mismo destino.
e. Hacer que alguien recele o desconfíe.

3B

Lee los siguientes fragmentos y las traducciones hechas para España y para México de la película *Finding Nemo* (*Buscando a Nemo*):

- Observa qué mecanismos ha empleado la traductora Lucía Rodríguez para reproducir el humor. Puedes compararla con la versión de Raúl Aldana.
- ¿Cómo valoras la calidad de ambas traducciones? Compara la estrategia empleada en cada una.

Texto fuente	*Texto meta*	
	Traducción para España de Lucía Rodríguez	*Traducción para México de Raúl Aldana*
DORY Whoa, whoa, partner. Little red flag goin' up. Somethin's telling me we should swim through it, not over it.	Para el carro, amigo. Hay algo que me escama. Algo me dice que tenemos que atravesarlo. No pasarlo por encima.	Oh compañero, señal de alarma. Algo me dice que tenemos que nadar a través, y no sobre ella.

GILL All drains lead to the ocean, kid.	Todos los desagües conducen al mar, chico.	El drenaje lleva al océano, niño.
GILL Go on, it'll be a piece of kelp.	¡Esto va a ser plancton comido!	¡Anda, es plancton comido!
NIGEL Your dad's been fighting the entire ocean looking for you.	Tu padre está removiendo cielo y mar para encontrarte.	Tu papi ha luchado contra el océano entero buscándote.
NEMO Gill! Don't let me go belly up! Don't let me go belly up!	¡Gill! ¡No dejes que me muera! ¡No quiero estirar la aleta!	¡No quiero quedar panza arriba! ¡No me dejes quedar panza arriba!

3C

Fíjate bien en la traducción de Lucía Rodríguez de los dos fragmentos siguientes. Para esta traducción, se han tomado como base dos frases idiomáticas modificadas:

- Pasen y vean
- ¿Qué hace una chica como tú en un sitio como este?

Observa los fragmentos y sus traducciones:

Texto fuente	*Texto meta*	
	Traducción para España de Lucía Rodríguez	*Traducción para México de Raúl Aldana*
MARLIN Are you even looking at this thing? It's got death written all over it.	¿Pero tú lo has visto bien? Está diciéndonos "pasen y mueran".	¿Ya viste ahí dentro? ¡Es la fosa del miedo!
CRUSH So, what brings you on this fine day to the EAC?	¿Y qué hace un tipo como tú en una corriente como esta?	Oye, ¿y qué te puso en este lindo día en la CAO?

Documéntate sobre el origen de estas dos frases y, después, valora su empleo en esta traducción: a) ¿Qué aporta a la traducción el empleo de estas expresiones? b) ¿Te parece legítimo el uso de estas expresiones?

2.2 Los referentes culturales

Es frecuente encontrar en los textos audiovisuales elementos de humor basados en referentes culturales. A la hora de enfrentarse a su traducción, al traductor se le plantea el siguiente dilema: ¿es preferible mantener la referencia a la cultura fuente, aunque resulte extraña para la audiencia meta? ¿O es preferible realizar una adaptación cultural y emplear un referente que resulte familiar al público receptor? La primera sería una estrategia de **extranjerización** y la segunda de **naturalización**. Puedes consultar el capítulo 1, sección 3, donde se explican y valoran ambas estrategias.

Cuando las referencias culturales están en la base del humor, la aplicación de una estrategia extranjerizante puede provocar incomprensión e indiferencia en el receptor, perdiéndose así el efecto cómico. La prioridad absoluta al traducir el humor es lograr la reacción deseada en el receptor, aunque esto suponga alejarnos del contenido literal del texto fuente.

Fuentes Luque (2001) da cuenta de la dificultad de la traducción de elementos humorísticos con ejemplos como el siguiente, tomado de la película de los Hermanos Marx *Monkey Business* (*Pistoleros de agua dulce*, 1931):

First Officer: Sorry to have to report there are four stowaways in the forward hatch.
Captain: Stowaways? How do you know there are four of'em?
First officer: Why, they were singing "Sweet Adeline."

Aquí, el chiste está basado en el hecho de que *Sweet Adeline* es una canción compuesta para un cuarteto vocal, lo que supone un problema de traducción si dicha canción no se conoce en la cultura meta. La versión española doblada fue esta:

Oficial: Siento tener que informarle que hay cuatro polizones a bordo.
Capitán: ¿Polizones? ¿Y cómo sabe que son cuatro?
Oficial: Porque estaban cantando "Dulce Adelina"...

En la mayoría de los casos, el espectador hispanohablante no entenderá dónde reside la gracia pues el juego basado en una referencia cultural no se mantiene en la cultura meta (Fuentes Luque 2001: 65).

Ahora bien, la naturalización también puede provocar un rechazo en el espectador, que puede encontrar artificiales las referencias a personajes característicos de la cultura meta, en un contexto propio de la cultura origen. En efecto, en ocasiones puede producirse una contradicción o incoherencia entre lo que el espectador ve y lo que escucha en los diálogos.

La versión española de la serie norteamericana *The Fresh Prince of Bel-Air* (*El príncipe de Bel-Air*, 1990–1996) contiene numerosos ejemplos de adaptaciones que pueden resultar muy extrañas por referirse a personas o lugares que no encajan con la cultura de los Estados Unidos, como es el caso del ejemplo siguiente:

Texto fuente:
Carlton: Remember, "never negotiate out of fear but we must never fear to negotiate" John F. Kennedy.
Will: But never forget, "Mama said, Knock You all" LL Cool J.

Texto meta:
Carlton: Recuerda, "Nunca negociemos por miedo, pero nunca tengas miedo a negociar" John F. Kennedy.
Will: No lo olvides: "Mándala a la mierda" Camilo José Cela.

Puede chocar el hecho de que un norteamericano haga referencia al escritor español Camilo José Cela. Por otro lado, es muy probable que una traducción literal produjera perplejidad o indiferencia.

Ante un referente cultural, el traductor puede aplicar distintas técnicas:

- **Cambio del referente cultural por una explicación genérica (generalización)**

The Big Bang Theory, "The Benefactor Factor" (capítulo 15, 4ª temporada)

Raj: *Or maybe he heard it's Tater Tot Tuesday. That's why I'm here.* [referencia a la marca Tater Tots, que son bolitas de patatas fritas]	Raj: Quizás sabe que hoy había *bolitas de patata*. Por eso he venido.

- **Cambio del referente cultural por un equivalente acuñado**

Coach Carter (Thomas Carter 2005)

Coach Carter: *You have to score at least 1,050 on the SAT to be elegible for an athletic scholarship.* [Referencia al examen estandarizado de acceso a la universidad].	Entrenador Carter: Se necesitan al menos 1050 en la *selectividad* para optar a una beca deportiva.

En este caso, el cambio de "SAT" por "selectividad", el nombre que recibe el examen de acceso a la universidad en España, sería una buena opción. Sin embargo, sería también conveniente adaptar la cifra, ya que en la selectividad se puntúa sobre una escala de 10 puntos.

- **Eliminación del referente cultural (omisión)**

The IT Crowd, “Yesterday’s Jam” (capítulo 1, 1ª temporada)

Rory: *Would you like us to access the data supplier and connect you up to The Matrix?* [Referencia a la película Matrix]	Rory: Queríamos preguntarle si desea que accedamos al proveedor de datos y la conectemos con la matriz.

Actividad 4

4A

Observa los siguientes ejemplos extraídos de diferentes capítulos de la serie norteamericana de animación *Los Simpson* (Matt Groening).[1] Identifica la técnica que ha aplicado el traductor y valora si es o no adecuada. Puedes basarte en las siguientes preguntas:

- ¿Se ha empleado una estrategia de extranjerización o naturalización? ¿Cuáles son los efectos?
- ¿Hay elementos humorísticos en el texto fuente? ¿En qué se basan estos elementos? (juegos de palabras, referentes culturales)
- ¿Qué soluciones ha adoptado el traductor?

Ejemplo 1

Texto fuente:

HOMER: Huh, look at those phonies, sucking up to Bush... [Homer’s dog runs and barks at the group]... I guess you might say he’s barking up the wrong bush.

Texto meta:

HOMER: ¡Eh! Mira esos pringaos haciéndole la pelota a Bush... [el perro de Homer sale corriendo y ladra al grupo]... me parece que no te vas a arrimar a un buen ar-Bush-to.

Ejemplo 2

Texto fuente:

BROCKMAN: ...and another of Springfield's beloved citizens was murdered today. Filthy old bartender Moe Syzlack has watered down his last highball...

Texto meta:

BROCKMAN: Hoy ha sido asesinado otro querido ciudadano de Springfield. El sucio tabernero Moe Syzlack sirvió ayer su último carajillo.

Ejemplo 3

Texto fuente:

HARVEY: Hello, Americans. Paul Harvey here. Did you know every good American is at heart an erotic American? It's true. A famous couple – I don't need to tell you it was Dwight and Mamie Eisenhower – offered this advice: "Double your pleasure with a bath... together!"

Texto meta:

HARVEY: Hola americanos, os habla Paul Harvey. ¿Sabíais que todo buen americano es en su corazón un erótico-americano? Es cierto, una famosa pareja –no necesito deciros que me refiero a

Dwight y Mamie Eisenhower– daba este consejo: "Duplicad vuestro placer con un baño... ¡en pareja!"

4B

Poned vuestras observaciones en común y votad por la traducción que os parezca más ingeniosa explicando por qué.

3 Las voces superpuestas

Las voces superpuestas, o *voiceover*, como suele llamarse, es una modalidad de traducción audiovisual que consiste en añadir una pista de audio con la narración del texto traducido sobre la pista con el audio original, con lo que ambas pistas de audio (original y traducción) se escuchan de forma simultánea. El volumen de la pista de audio original se reduce de manera que continúa siendo audible en el fondo, mientras se escucha la pista con la traducción con un volumen más alto. Generalmente, la pista original se escucha durante unos segundos al volumen normal antes de que este se reduzca para insertar la traducción (Díaz-Cintas y Orero 2003: 473).

Las voces superpuestas se emplean en la mayoría de países del mundo para la traducción de programas de no ficción (documentales, etc.). Además, se usan en algunos países de Europa del Este para traducir series de televisión o películas de cine y, en Escandinavia, también en programas infantiles.

Actividad 5

Esta actividad requiere el acceso a la Plataforma Digital, donde se encuentran la transcripción y el vídeo, e instrucciones detalladas para su realización.

Te has convertido en traductor colaborador de TED y te han pedido que traduzcas uno de sus clips para hacer el *voiceover*. Se trata de un texto audiovisual de divulgación científica y en él encontrarás numerosos términos sobre los que necesitarás documentarte. Recuerda las estrategias y los recursos trabajados en el capítulo 3 (diccionarios especializados, glosarios, etc.) para resolver las dudas terminológicas.

5A

Busca la traducción más adecuada para los siguientes términos y expresiones:

- takes center stage
- tribal elder
- Once upon a time
- raven
- bear
- scales
- fur
- tree frog
- cougar
- genetic makeup
- living thing

¿Dónde has realizado las búsquedas de estas palabras? En algunos casos hay más de una traducción posible, ¿cómo te has decidido por una u otra opción?

5B

De forma individual, realiza la traducción para el *voiceover* de la charla de TED. Es posible que tengas que emplear técnicas de condensación o de reformulación para alcanzar la sincronía y presentar un texto escrito que sea fácil de leer. Ten esto en cuenta mientras traduces.

5C

Antes de proceder a la grabación de tu traducción, mira la clave con la traducción realizada por los colaboradores de TED y en grupo comentad vuestras respectivas versiones. ¿Hay alguna expresión vuestra que preferís a la propuesta por los traductores de TED o viceversa? ¿Por qué?

5D

Tras comentar tu texto con tus compañeros y corregirlo, ahora debes grabarlo para que se escuche la traducción junto con el vídeo. Para hacerlo sigue las instrucciones de la Plataforma Digital.

4 El doblaje

El doblaje es una modalidad de traducción audiovisual utilizada en cine y televisión que consiste en sustituir la pista sonora en lengua original (correspondiente a la pista de los diálogos) por una pista de audio con la versión traducida en la lengua meta, ajustada e interpretada por actores de doblaje.

Una de las mayores dificultades de la traducción para el doblaje es el **ajuste**: el traductor deberá tener en cuenta los movimientos articulatorios de los labios de los actores (o personajes animados) en pantalla (sincronía labial), especialmente en aquellos planos en los que la boca del actor se vea con claridad. Además, la traducción tiene que ajustarse a la duración del enunciado original y el inicio y el final de los enunciados traducidos deben coincidir con las intervenciones de los actores (isocronía). Asimismo, la traducción deberá ajustarse a los movimientos faciales y corporales de los actores o personajes en pantalla, así como respetar las pausas, los silencios, la velocidad, etc. (sincronía cinésica). La necesidad de ajustar los diálogos hará que el traductor tenga que recurrir a técnicas de compresión y ampliación lingüística, entre otras (ver capítulo 2, sección 3, para recordar las diferentes técnicas de traducción).

El ajuste de un texto audiovisual resulta fundamental para conseguir un producto verosímil, hasta el punto de que el espectador pueda llegar a creer que el actor en pantalla habla en la lengua meta.

Actividad 6

Esta actividad requiere el acceso a la Plataforma Digital, donde se encuentran la transcripción y el vídeo, e instrucciones detalladas para su realización.

6A

Mira con atención el fragmento del cortometraje *The Mad Scientist* de la serie *Superman* (Fleischer 1940). ¿Cuáles son los retos de traducción que presenta? Puedes tomar en consideración factores como el ajuste, el léxico, el tono, la entonación y la velocidad de la enunciación.

6B

Traduce el texto del guion al español para la versión doblada. Aunque en este fragmento en particular hay poco diálogo, igualmente deberás tener en cuenta el ajuste (los diálogos no pueden ser ni más largos ni más cortos que las intervenciones de los personajes). Te puede ayudar contar las sílabas: intenta que tu traducción tenga aproximadamente el mismo número de sílabas que las frases del texto fuente a fin de facilitar la sincronía.

6C

En la Plataforma Digital encontrarás los enlaces a las versiones española y latina de este mismo fragmento. En parejas, comparad vuestras propias traducciones con ambas versiones y comentad: ¿qué decisiones os parecen más acertadas y por qué? ¿Cómo se ha resuelto el ajuste en las distintas versiones?

Por último, revisad y mejorad vuestras traducciones con la ayuda de ambas versiones.

6D

Una vez tengas el fragmento traducido y revisado, practica tu versión de doblaje: baja el volumen del clip y declama tu versión tratando de hacer coincidir el texto meta con la duración del texto fuente.

Tras algunos ensayos, graba tu versión doblada con la ayuda de uno de los programas que presentamos en la Plataforma Digital.

4.1 Los calcos sintácticos y fraseológicos

Cada día el español contiene más calcos semánticos, sintácticos y fraseológicos del inglés. En gran medida, esto se debe a las muchas traducciones de productos audiovisuales que nos llegan llenas de anglicismos. Frases que no son naturales en español en un primer momento se vuelven cada vez más aceptables a fuerza de escucharlas una y otra vez en películas o series dobladas. No es sorprendente pues que los calcos sean más frecuentes entre el público juvenil (Chaume y García del Toro 2001: 131). Algunos autores ven este fenómeno como un ataque al lenguaje que amenaza con destruirlo (Santoyo 1996: 165–166).

Actividad 7

Las siguientes traducciones de diálogos de películas contienen algunos calcos.[2] Los hemos subrayado para ayudarte a identificarlos. En parejas o en grupos:

a) Tratad de explicar de qué tipo de calco se trata según la lista del recuadro.
b) Proponed una traducción alternativa libre de calcos.

Después poned vuestras traducciones en común con el resto de la clase.

1. Calco sintáctico, incluyendo abuso de la oración pasiva
2. Abuso de los posesivos
3. Uso incorrecto de las preposiciones
4. Calco léxico

Texto fuente	*Versión doblada*	*Tipo de calco*	*Vuestra propuesta*
Get your ass outta here. (*Pulp Fiction*)	Saca <u>tu</u> culo de aquí.		

Take your time. (*Pulp Fiction*)	Tómate tu tiempo.
I got a threshold for the abuse I'll take. (*Pulp Fiction*)	Tengo un límite en la cantidad de abusos que puedo aguantar.
If my help is not appreciated. (*Pulp Fiction*)	Si mi ayuda no es apreciada.
– I just been sittin' here thinkin'. – About what? (*Pulp Fiction*)	–Solo estaba pensando. –¿Sobre qué?
See you soon. (*Pulp Fiction*)	Te veré pronto.
Are you sure this is absolutely necessary? (*Pulp Fiction*)	¿Seguro que es absolutamente necesario?
– Have a nice day! – You too. (*Message in a bottle*)	–¡Que tenga un buen día! –Igualmente.
Kevin, this is Linda. Linda, this is Kevin. (*Mighty Aphrodite*)	Kevin, esta es Linda. Linda, este es Kevin.
I'll have white wine with soda. (*Sleepless in Seattle*)	Yo tomaré vino blanco con soda.

5 La subtitulación

Todos hemos visto alguna vez una película subtitulada, por lo que explicar qué son los subtítulos quizás resulte innecesario; sin embargo, ¿qué rasgos debe tener un buen subtítulo? La regla de oro es que el subtítulo tiene que estar sincronizado con los diálogos, es decir, que debe aparecer cuando la persona empieza a hablar y desaparecer cuando esta termina. Si un subtítulo está demasiado tiempo en pantalla, el espectador tiende a releerlo, y si está demasiado poco tiempo no le será posible leerlo. Parecen normas lógicas, pero no siempre se aplican, como demuestran los ejemplos de subtítulos deficientes con los que nos encontramos en ocasiones (Díaz-Cintas 2008).

Si el reto de una buena traducción de doblaje está en la sincronía y el ajuste, tal y como se ha visto en la sección anterior, una buena subtitulación reúne las características de síntesis, condensación y correcta segmentación.

En el mundo profesional de la subtitulación hay numerosas convenciones que indican cómo deben ser los subtítulos. Aquí nos centraremos solo en las normas más básicas. Los subtítulos:

- No pueden tener más de 2 líneas.
- Tienen un número máximo de caracteres que oscila entre los 30 y 40 caracteres por línea (es decir, entre 60 y 80 caracteres si el subtítulo tiene dos líneas).
- Tienen que estar un tiempo mínimo de entre 1,5 y 2,5 segundos para subtítulos de una línea; y entre 3 y 6 segundos para subtítulos de dos líneas.
- Por regla general, deben aparecer en pantalla cuando empieza el diálogo y desaparecer cuando termina (sincronía con el vídeo).

5.1 La segmentación de los subtítulos

Para segmentar correctamente los subtítulos, debemos tener en cuenta consideraciones semánticas y sintácticas. Por regla general, cada subtítulo (o cada segmento dentro de un subtítulo) debe corresponder a una unidad de sentido, entonación y/o estructura gramatical. Así, los cortes de línea coinciden a menudo con las pausas marcadas por la puntuación.

A la hora de segmentar los subtítulos, no se deben separar en líneas diferentes:

- sílabas de una misma palabra (propo- // sición);
- un artículo de su sustantivo en un sintagma nominal (la // mesa);
- una preposición del sintagma nominal que introduce (en // la mesa);
- una preposición del sintagma verbal que le sigue (para // comer);
- una conjunción de la frase siguiente (y // los libros que están en la mesa);
- dos elementos de una forma verbal (ha // comido) o de una perífrasis (voy a // comer);
- un adverbio de negación del verbo (no // responde).

Actividad 8

Los subtítulos de esta actividad no están segmentados correctamente. La partición no respeta la puntuación de las frases, las unidades de entonación o la estructura gramatical. Identifica el tipo de error según la lista siguiente (en algunos subtítulos puede haber más de uno) y después corrígelos según las normas de segmentación. El primero está hecho a modo de ejemplo.

1. La segmentación no respeta la puntuación
2. La segmentación no respeta las unidades de sentido
3. Se separa una palabra en dos líneas
4. Se separa el artículo del sustantivo en un sintagma nominal
5. Se separa una preposición del sintagma nominal
6. Se separa una preposición del sintagma verbal
7. Se separa una conjunción de la oración que introduce
8. Se separan dos elementos de una forma verbal compuesta
9. Se separa un adverbio de negación del verbo

	Subtítulos con errores de segmentación	*Tipo de error*	*Subtítulos corregidos*
Ej.	Solo voy a coger un tren e irme para siempre.	2	Solo voy a coger un tren e irme para siempre
a)	*Subtítulo 1* Todo está cambiando y *Subtítulo 2* simplemente es demasiado para mí.		
b)	*Subtítulo 1* y cuando mi compañero de piso se comprometió, *Subtítulo 2* mi novia quiso mudarse a vivir conmigo,		
c)	*Subtítulo 1* entiendo que estoy medio desnudo, pero hay *Subtítulo 2* una explicación razonable.		
d)	y los pijamas son los pantalones de dormir del hombre.		
e)	Mahatma Gandhi no llevaba pantalones		

f) pero de hecho soy un físico de renombre mundial.		
g) Sí, está bien, solo está un poco nervioso.		
h) Le están quitando el tinte a las ventanas.		
i) Solo quiero pasarme a ver si mi madre está bien.		
j) pero ahora que a ella le han quitado la escayola, él se mudó.		

5.2 La subtitulación intralingüística

Con esta modalidad de traducción, tanto los subtítulos como la pista de audio están en la misma lengua (también se conoce como subtitulación bimodal). Es la modalidad que se usa, por ejemplo, en la subtitulación para sordos, junto con un código de colores para la identificación del personaje que pronuncia la frase. También es la subtitulación que emplean muchos estudiantes de lenguas extranjeras cuando ven películas en la lengua que están aprendiendo, para apoyar la comprensión oral con la lectura de los diálogos.

Actividad 9

Esta actividad requiere el acceso a la Plataforma Digital, donde se encuentran la transcripción y el vídeo, e instrucciones detalladas para su realización.

9A

Mira la escena de la película *Ocho apellidos vascos* de Emilio Martínez Lázaro (2014). Para ponerte en situación, a continuación te ofrecemos una sinopsis del argumento:

SINOPSIS: Rafa (Dani Rovira) es andaluz. Pero andaluz, andaluz: de pura cepa. Se le nota a la legua. Y nunca ha salido de Sevilla porque allí ha podido gozar de todo lo que siempre le ha gustado, es decir, del vino, la gomina y las mujeres. Mujeres andaluzas, por supuesto. Pero he aquí que ahora se ha enamorado de Amaia (Clara Lago), que es vasca. Y Rafa, ni corto ni perezoso, se ha propuesto seguirla hasta lo más profundo de Euskadi. Allí tendrá que hacerse pasar por vasco, no sea que alguien se moleste por su acento andaluz. Y no será nada fácil. Pero sí muy divertido.

Te han encargado que hagas los subtítulos para sordos de la película, es decir, subtítulos en español de los diálogos en español. A partir de la transcripción de los diálogos que encontrarás en la Plataforma Digital, crea los subtítulos intralingüísticos teniendo en cuenta las convenciones básicas que hemos mencionado en esta sección (la segmentación de las frases, el número máximo de caracteres por línea, el número de líneas por subtítulo, el tiempo que tiene que estar un subtítulo en pantalla, etc.). Lo más probable es que sea necesario resumir, sintetizar y/u omitir alguna información. No te preocupes por la descripción de los sonidos.

Recuerda:

- 30–40 caracteres máximo por línea. 2 líneas máximo por subtítulo.
- Entre 1,5 y 6 segundos en pantalla.
- Sincronizados con el vídeo y las intervenciones de los personajes.

9B

Ahora que ya has hecho la subtitulación en español y conoces bien el texto, documéntate sobre los siguientes referentes culturales y expresiones y trata de explicarlos con tus propias palabras.

a. **Majareta** ("¿Pero tú estás majareta?")
b. **Despeñaperros** ("Tú no has pasado nunca de Despeñaperros")
c. La **mili** ("Yo hice la mili en Irún")

d. La **tregua trampa** ("Otro que se cree lo de la tregua trampa")
e. **No poder ver ni en pintura** ("Los vascos no nos pueden ver a los andaluces ni en pintura")
f. "**Escayolas**" ("Se lo enseñan en primero de las 'escayolas'") ("escayolas" hace referencia, en realidad, a las *ikastolas*)
g. **Las Vascongadas** ("Este no es capaz de irse a las Vascongadas")

9C

Piensa en una traducción al inglés de las expresiones del paso 9B para los subtítulos en los que aparecen.

9D

Ahora, si lo deseas, traduce al inglés el resto de los subtítulos que has creado en 9A.

Actividad 10

Esta actividad requiere el acceso a la Plataforma Digital, donde se encuentran la transcripción y el vídeo e instrucciones detalladas para su realización.

10A

Como has podido escuchar en la actividad 9, los personajes del clip de *Ocho apellidos vascos* hablan con un acento andaluz muy marcado. A continuación tienes una tabla con algunos de los rasgos fonéticos más característicos de esta variedad geográfica. Escucha de nuevo el clip y completa la tabla con dos o tres ejemplos de cada rasgo. Te damos un ejemplo de cada uno.

Rasgos fonéticos del andaluz sevillano	*Ejemplos*
Ausencia de contraste entre /s/ y /θ/, por lo que *casa* y *caza* tienen la misma pronunciación (seseo)	policía [polisía]
Aspiración de la /s/ -> /h/: Pronunciación aspirada /h/ de la /s/ a final de sílaba o de palabra	viste [vihte] Miss [Mih]
Pronunciación aspirada de la /x/ (jota ortográfica) y de la "g" cuando suena como jota, pronunciando una /h/ aspirada a la manera inglesa o alemana (h). mujer -> [muhé]	hijo [hiho]
Caída de /d/ intervocálica, como en *comido* [komío], *cadena* [kaéna] o *callada* [kaȷ̞á]	cuidado [cuidao]
Debilitamiento de /ʧ/ en [ʃ] (como en *muchacho* [muʃáʃo]), llegando a sonar como la "ch" francesa, la "sh" inglesa o la "sch" alemana	muchacha [muʃaʃa]
Pérdida de las consonantes finales /r/, /l/ y /d/	haber [habé]
Igualación de /l/ y /ɾ/ implosivas En muchas áreas de Andalucía es frecuente la sustitución de /l/ por /ɾ/ especialmente en posición interna de palabra. El señor alto -> Er señó arto.	bolso [borso]

10B

A menudo encontramos que los elementos humorísticos están basados en la variación lingüística (dialectos sociales, dialectos geográficos, idiolectos, etc.). ¿Es posible reflejar los rasgos dialectales en los subtítulos? En caso afirmativo, ¿cómo puede hacerse?

Comentad en grupos vuestras impresiones y luego debatid en clase sobre la posibilidad o la imposibilidad de la traducción de dialectos. Podéis consultar el capítulo sobre la variación lingüística (Capítulo 12) para ayudaros en vuestra argumentación.

5.3 La subtitulación interlingüística

En esta modalidad de traducción audiovisual, el audio está en una lengua y los subtítulos en otra. Se trata de la subtitulación más habitual cuando una película o programa audiovisual se emite en un país extranjero.

Actividad 11

Esta actividad requiere el acceso a la Plataforma Digital, donde se encuentran la transcripción y el vídeo, e instrucciones detalladas para su realización.

11A

Televisión Española está preparando una serie de documentales sobre la inmigración en diferentes países para su programa "La noche temática", que se emite los domingos a las 22.00h. Te han pedido que hagas los subtítulos en español del documental *Bleeding Borders* (Steve Timper 2007).

Visualiza el tráiler del documental y, a partir de la transcripción que encontrarás en la Plataforma Digital, crea los subtítulos en español. Recuerda las convenciones del subtítulo que se han explicado en este capítulo.

11B

Comenta con tus compañeros cuáles han sido los aspectos más complejos o interesantes de este encargo. En particular, comenta hasta qué punto has tenido que condensar el contenido, y qué elementos has tenido que eliminar.

6 La audiodescripción

Actividad 12

Esta actividad requiere el acceso a la Plataforma Digital, donde se encuentra el vídeo para su realización.

12A

En grupo, haced una lluvia de ideas sobre qué pensáis que significa hacer una audiodescripción para ciegos de un texto audiovisual.

12B

Visionad el fragmento de la película *Amélie* (Jean-Pierre Jeunet 2001), que encontraréis en la Plataforma Digital. Teniendo en cuenta las ideas que habéis generado en el paso anterior, reflexionad: ¿Hasta qué punto puede afirmarse que Amélie está realizando una audiodescripción en esta escena? Razonad vuestras respuestas.

La audiodescripción para ciegos, al igual que la subtitulación para sordos, es una modalidad de traducción desarrollada para crear materiales audiovisuales accesibles a personas con dificultades de visión o invidentes. Según la definición de Joel Snyder (2008), la audiodescripción es convertir lo visual en verbal, es decir, traducir imágenes en palabras (traducción intersemiótica en términos de Jakobson; Capítulo 1, sección 1). Snyder (2008: 192) describe así la audiodescripción:

> To a great extent, audio description can be considered a kind of literary art form in itself, a type of poetry. It provides a verbal version of the visual whereby the visual is made verbal, aural, and oral. This is normally done using words that are succinct, vivid, and imaginative in order to convey the visual image that is not fully accessible to a segment of the population (i.e. the blind and the partially sighted) and may not be fully realized by the rest of us, who can see but may not observe.

La audiodescripción consiste pues en describir las escenas de un texto audiovisual aportando la información visual de lo que acontece en la pantalla. Esta descripción tiene que ser una narración dinámica, gráfica y objetiva, que permita seguir los acontecimientos sin anticipar información. Se aprovechan los silencios entre diálogos para introducir las unidades de información ("bocadillos de información") con la descripción de todos los elementos de la imagen que sean relevantes para la comprensión de la historia y que el espectador no puede apreciar por sus problemas visuales.

Actividad 13

Esta actividad requiere el acceso a la Plataforma Digital, donde se encuentran la transcripción y el vídeo, e instrucciones detalladas para su realización.

13A

Escucha con atención el audio de un fragmento del cortometraje *Paco* (2010), del director Jorge Roelas, y trata de responder a las siguientes preguntas:

- ¿De qué trata el vídeo?
- ¿Podemos imaginar qué está sucediendo en la escena?
- ¿Cuántos personajes hay?
- ¿Dónde están?

Comentad vuestras hipótesis en grupo.

13B

A continuación escucha la pista de audio con la audiodescripción. Ahora tienes mucha más información: la aportada por la descripción de la imagen. Vuelve a pensar en las preguntas del paso anterior. ¿Modificarías de algún modo tus respuestas? ¿Puedes entender mejor lo que está pasando en la escena? Coméntalo con tus compañeros.

13C

Finalmente, visualiza el vídeo completo, con la pista de audio original y con la pista de audiodescripción.

En grupo, comentad: ¿Creéis que la descripción refleja de forma precisa lo que se ve en la pantalla? ¿Hasta qué punto es objetiva? ¿Qué elementos os parecen más relevantes para la descripción? ¿Ayudan a crear imágenes dinámicas en la mente del espectador que no tiene acceso a la imagen? Comentad vuestras impresiones en grupo.

Aquí tienes algunas recomendaciones que se deben tener en cuenta a la hora de elaborar un guion de audiodescripción:

- Prestar atención a los ambientes y detalles plásticos, la acción dramática, y la trama.
- Adoptar un estilo fluido, sencillo, con frases directas y adjetivos concretos, evitando redundancias o imprecisiones.
- No descubrir ni adelantar la trama.
- Evitar transmitir cualquier punto de vista subjetivo.
- Incluir las informaciones que aportan los subtítulos ocasionales, avisos y títulos de crédito, resumiendo los que sean excesivamente largos para el espacio vacío.
- Evitar que el guion de la audiodescripción tenga más de 180 palabras por minuto.

La principal dificultad técnica de la audiodescripción es encajarla entre las pausas de la pista de audio original. Para ello, es necesario aprovechar bien los espacios vacíos de diálogo (Carrera *et al.* 2013: 26–27).

Es recomendable que la audiodescripción incluya los siguientes elementos:

- Espacios: fuera, dentro, en la cocina, en el patio, en la calle, en el salón...
- Tiempo: día, noche...
- Objetos
- Personajes: edad, etnia, aspecto, vestuario, expresión facial, estado emocional, lenguaje corporal...
- Acciones: se levanta, bebe, escucha, sonríe, mira, sale, entra, abre, se aleja, se acerca...

Actividad 14

Esta actividad requiere el acceso a la Plataforma Digital, donde se encuentran la transcripción y el vídeo, e instrucciones detalladas para su realización.

14A

Mira el cortometraje *Lila* (2014), de Carlos Lascano, que encontrarás en la Plataforma Digital. Presta atención a todos los elementos visuales para una posterior audiodescripción. Durante el primer visionado, toma notas de los elementos más relevantes para la comprensión de la escena.

> SINOPSIS: Lila es una joven idealista que a través de su arte dibuja un mundo mejor, más amable, más luminoso. Con su libreta y su caja de colores, pasea por la ciudad viendo el mundo tal y como ella lo quiere ver y como lo quiere hacer ver a los demás.

14B

Basándote en tus notas, prepara una descripción de la escena, de la ambientación, de los gestos de los personajes, sus movimientos, etc., siempre teniendo presente que tu texto debe ayudar a un invidente a comprender qué está pasando en la pantalla. Las descripciones deberán estar sincronizadas con las imágenes, así que tendrás que adaptar tu guión a estas.

Lee tu descripción mientras ves las imágenes y modifica tu texto si te parece que no encajan bien. Valora qué elementos son más relevantes y de cuáles puedes prescindir. Busca sinónimos u otras palabras para expresar lo mismo de forma más sintética.

14C

Intercambia tu descripción con un compañero. Es muy posible que hayáis dado relevancia a elementos diferentes de la imagen y que por lo tanto vuestras descripciones no coincidan. Comparad y comentad las diferencias entre vuestras versiones. Comentad también aspectos lingüísticos, como por ejemplo, si una frase se podría expresar de forma distinta. También podéis consultar y comentar la clave.

14D

Con la ayuda de uno de los programas de grabación propuestos en la Plataforma Digital, grabad vuestra narración, y seguid las instrucciones para añadir la pista audio resultante al vídeo original. Luego proyectad algunos de los vídeos audiodescritos en clase y, tras algunas visualizaciones, comentad diferencias entre versiones. Entre todos escoged el mejor guion de audiodescripción e indicad cuáles son las características que hacen que destaque.

Encargo de traducción

Esta actividad requiere el acceso a la Plataforma Digital, donde se encuentran la transcripción y el vídeo, e instrucciones detalladas para su realización.

La ciudad de San Sebastián, en el norte de España, acoge cada año un famoso festival de cine. La edición de este año incluye un ciclo retrospectivo de cine musical estadounidense. Los organizadores del festival han contactado con diversos traductores para subtitular al español las diferentes películas que se proyectarán durante el ciclo. A ti te han pedido que traduzcas la película *Royal Wedding* (1951) dirigida por Stanley Donen y escrita por Alan Jay Lerner, con Fred Astaire y Jane Powell como protagonistas.

A partir de la transcripción en inglés que encontrarás en la Plataforma Digital, crea los subtítulos en español para una de las escenas propuestas, como parte de tu encargo para el festival de cine.

Notas

1 Los ejemplos de esta actividad están tomados del siguiente artículo: Lorenzo, L., Pereira, A. y Xoubanova, M. (2003) 'The Simpsons/Los Simpson: Analysis of an Audiovisual Translation', *The Translator*, 9 (2): 269–291.

2 Todos los ejemplos de la película *Pulp Fiction* han sido tomados de: Chaume, F., C. García del Toro (2001) 'El doblaje en España: anglicismos frecuentes en la traducción de textos audiovisuales'. *Rivista internazionale di tecnica della traduzione* 6: 119–137.

Capítulo 12
La variación lingüística y su traducción

En este capítulo vas a:

- Conocer los diferentes tipos de variación lingüística (geográfica, social, temporal) y adquirir estrategias para su traducción
- Familiarizarte con algunas de las variedades geográficas del español
- Conocer el fenómeno del *spanglish*
- Aprender a manejar distintos registros
- Conocer algunos términos de lenguaje soez
- Analizar distintas traducciones de un clásico a través del tiempo

1 ¿Qué es la variación lingüística?

Bajo el término variación lingüística se engloban una amplia gama de fenómenos con un rasgo en común: todos ellos difieren, de un modo u otro, de la norma marcada por lo que llamamos lengua estándar. David Crystal (1997: 360) define así la variedad estándar:

> A term used in sociolinguistics to refer to a prestige variety of language used within a speech community. 'Standard languages/dialects/ varieties' cut across regional differences, providing a unified means of communication, and thus an institutionalized norm which can be used in the mass-media, in teaching the language to foreigners and so on.

En cierto sentido, la variedad estándar es un constructo abstracto, ya que la lengua en su uso real muestra siempre elementos de variación de uno u otro tipo. Sin embargo, el concepto resulta útil a la hora de comprender y analizar los fenómenos de variación.

En su libro *A Linguistic Theory of Translation*, John C. Catford dedica un capítulo a la variación lingüística (1965: 83–92). En su definición: "A language variety [...] is a sub-set of formal and/or substantial features which correlates with a particular type of socio-situational feature" (1965: 84). Catford llama marcadores de variedad lingüística a aquellos elementos, ya sean léxicos, gramaticales o fonológicos, que caracterizan una determinada variedad de la lengua y nos sirven para identificarla. En otras palabras, para Catford la lengua estándar sería una variedad no marcada, frente a las demás variedades, todas ellas identificables por una serie de marcadores o marcas de variación.

Catford (1965: 84–85) propone la siguiente clasificación de las variedades de una lengua:

A. Variedades relacionadas con las características permanentes del hablante:

   1. **Idiolecto:** es la variedad empleada por un hablante concreto, que refleja sus preferencias o hábitos lingüísticos personales (por ejemplo, el orden de palabras característico del personaje de Yoda en *La guerra de las galaxias*, o el habla de Gollum en *El señor de los anillos*).
   2. **Dialecto:** variedad determinada por la procedencia o filiación del hablante en una dimensión geográfica, social o temporal.

      a) **Dialecto propiamente dicho o dialecto geográfico:** relacionada con la procedencia geográfica del hablante (inglés americano, inglés británico).
      b) **Dialecto social o sociolecto:** relacionado con la clase o condición social del hablante (clase alta, clase baja).
      c) **Dialecto temporal:** relacionado con el momento o época histórica en los que se produjo el texto (español contemporáneo, español medieval).

B. Variedades relacionadas con características transitorias del hablante y de su interlocutor, es decir, relacionadas con la situación inmediata del enunciado:

   1. **Registro:** relacionada con el papel social que cumple el hablante en el momento comunicativo concreto. Una misma persona puede ser madre, profesional, miembro de un equipo de fútbol, etc.

2. **Estilo:** condicionado por el número y el tipo de los interlocutores y la relación del hablante con ellos (formal, coloquial, íntima).

Como apuntan Halliday y Hasan (1989: 41–42), en la práctica existe una estrecha relación entre dialectos y registros, pues ciertos grupos sociales suelen desempeñar ciertas actividades, lo que da lugar a la asociación de sus dialectos con determinados registros.

La clasificación de Catford resulta útil. No obstante, hay que tener cuidado con el empleo del término "dialecto", puesto que en su uso popular suele denotar una variante de menor prestigio social que no alcanza el estatus de lengua. Debido a esta confusión, a menudo teñida de matices políticos, entre la definición técnica del término "dialecto" y su uso popular, en este libro preferimos hablar de variedad o variante lingüística dependiente del usuario o de la situación.

Actividad 1

Lee los fragmentos siguientes y comenta con tu/s compañero/s: ¿qué tipo de variación muestra cada uno de ellos según la clasificación de Catford?

1. Diablo: Oye, vato, you, el greñudo in the back, the one with the dilated pupils - don't you ever feel me snaking around in your mente when you're all strung out on dope? Y tú, Jefito, te gustan las cheves, ¿verdad? ¿Acaso cuando te pica el alcohol after a three day peda no me sientes ay growling en tu corazón? And you about you all moralistic chicanitas out there, don't you ever get the urge to... hhmmmmmmmmmm... ¡Mamasotas!

2. Mi nombre es Cardenio; mi patria, una ciudad de las mejores desta Andalucía; mi linaje, noble; mis padres, ricos; mi desventura, tanta que la deben de haber llorado mis padres y sentido mi linaje, sin poderla aliviar con su riqueza; que para remediar desdichas del cielo poco suelen valer los bienes de fortuna. Vivía en esta mesma tierra un cielo, donde puso el amor toda la gloria que yo acertara a desearme: tal es la hermosura de Luscinda, doncella tan noble y tan rica como yo, pero de más ventura y de menos firmeza de la que a mis honrados pensamientos se debía.

3. Apenas él le amalaba el noema, a ella se le agolpaba el clémiso y caían en hidromurias, en salvajes ambonios, en sustalos exasperantes. Cada vez que él procuraba relamar las incopelusas, se enredaba en un grimado quejumbroso y tenía que envulsionarse de cara al nóvalo, sintiendo cómo poco a poco las arnillas se espejunaban, se iban apeltronando, reduplimiendo, hasta quedar tendido como el trimalciato de ergomanina al que se le han dejado caer unas fílulas de cariaconcia.

4. Me jode ir al Kronen los sábados por la tarde porque está siempre hasta el culo de gente. No hay ni una puta mesa libre y hace un calor insoportable. Manolo, que está currando en la barra, suda como un cerdo. Tiene las pupilas dilatadas y nos da la mano, al vernos.

   –Qué pasa, chavales. ¿Habéis visto el partido, troncos? –pregunta.
   –Una puta mierda de equipo. Del uno al once, son todos una mierda –dice Roberto.

2 Cómo traducir las variedades lingüísticas

Actividad 2

2A

Los dos textos siguientes son traducciones de un texto en español.[1] Léelos y reflexiona:

- ¿Qué información acerca de la procedencia geográfica y del sociolecto del texto original te proporciona cada uno?
- ¿Qué deducciones puedes hacer acerca de los personajes y de la acción?
- ¿Te plantea el texto A alguna dificultad de comprensión?

Sinopsis del argumento: El relato narra los pensamientos de Güilson, un drogadicto, mientras vaga por las calles en busca de alimento tras estar a punto de morir por una sobredosis.

A. De fóquin café close. And de restauran' on de odder side too. And de Chinese place. And even de Cuban stall, men, which didn't close for Muñoz funeral. It was from dere dat tings start to smell fishy like the Puente de Martín Peña. And his head start to spin like a record. No lie. Maybe everybody went New York to look for money or some junkie was stretch out high somewhere or somebody was playing a fóquin joke. Nobody like to realise dat people playing with dey head. Not even a scamp like yuh boy Güilson.

B. The fucking cafe was closed and the restaurant on the other side, and the Chinese place too. And even the Cuban stall, which remained open during Munoz's funeral. At that moment things started to smell as fishy as Puente de Martín Peña. And his head started to spin like a record. No joke. Maybe everyone went to New York in search of money or some junkie was stretched out high somewhere or someone was playing a fucking joke. No one likes to realise that people are playing with their head. Not even a low life like Güilson.

2B

Ahora lee el texto original, tomado de un relato corto de la escritora puertorriqueña Ana Lydia Vega. Las traducciones del paso anterior te ayudarán a comprenderlo.

En parejas o en grupos, reflexionad: ¿Qué función cumple el uso de una variante no estándar como esta en una obra literaria? ¿Es o no importante tratar de reflejarla en la traducción? ¿Por qué? Haced una breve valoración crítica de las dos versiones del paso anterior.

El fóquin cafetín estaba cerrao. Y el restaurán del lao también. Y el sitio chino también. Y hasta el friquitín cubano, men, que no cerró ni pal entierro e Muñoz. Ahí fue que empezaron a güelerle las cosas a Puente e Martín Peña. Y el cacumen a agitársele como preso bellaco. No juegue. O se había embarcao to el mundo pa los niuyores buscando el bille o aquel arrebato era lonpléin o alguien estaba corriéndole una máquina e madre. A nadie le gusta darse cuenta de que se lo están metiendo mongo. Y menos a un tártaro de la vida como era el pana Güilson.

Ana Lydia Vega, "Cráneo de una noche de verano" (1982)

2C

El texto original muestra una serie de rasgos o marcas dialectales que enumeramos a continuación. Busca en el texto ejemplos de cada uno de ellos y completa la tabla siguiente.

1. Uso de ortografía fonética en los anglicismos para reproducir el acento puertorriqueño	*fóquin, restaurán...*
2. Omisión de la "d" intervocálica cuando va precedida de una vocal acentuada	
3. Omisión de la sílaba final de la palabra "para"	
4. Combinación de la forma apocopada de "para" con el artículo definido "el"	
5. Omisión de la letra "d" en la preposición "de"	
6. Omisión de la sílaba final en la palabra "todo"	
7. Uso de expresiones de argot	
8. Uso de expresiones obscenas	

2D

En la traducción A del texto de Vega que aparece en el paso 2A, el traductor ha introducido alteraciones en el lenguaje estándar con objeto de reproducir el sabor dialectal del original. Completa la tabla identificando al menos un ejemplo de cada rasgo dialectal.

1. Sustitución del sonido [ð] ("th") por [d] ("d")	*de fóquin...*
2. Sustitución del sonido [θ] por [t]	
3. Omisión del verbo copulativo "to be"	
4. Uso de la ortografía fonética que aparece en el original para subrayar el acento puertorriqueño	
5. Omisión de la forma de genitivo sajón *'s*	
6. Omisión de la marca de pasado o participio pasado – *ed*	

7.	Omisión de la preposición *to*
8.	Falta de concordancia
9.	Uso de los pronombres sujetos con valor de posesivos
10.	Expresiones de argot

La cuestión de cómo traducir la variedad dialectal no tiene fácil respuesta, al menos no una respuesta que podamos aplicar como norma general. Para algunos, la traducción de la variación es simplemente imposible. Para otros, pese a la gran dificultad que entraña, es imprescindible hacer un intento por captar las distintas variantes a fin de evitar un efecto de neutralización.

En síntesis, las cuatro estrategias posibles de que disponemos a la hora de traducir la variación son las siguientes:

1. Traducir una variedad dialectal mediante lenguaje estándar (neutralización).
   a. Sin indicar que se emplea una variedad dialectal en el original.
   b. Indicándolo mediante una apostilla (por ejemplo, "dijo Jaime con un pícaro acento andaluz").
2. Traducir una variedad dialectal por lenguaje no estándar.
   a. Ese lenguaje no estándar pertenece a una variedad existente en la lengua meta.
   b. El lenguaje no estándar no trata de reproducir una variante dialectal real de la lengua meta.

Actividad 3

Teniendo en cuenta el trabajo que has realizado en la actividad anterior sobre la traducción al inglés del texto de Ana Lydia Vega, reflexiona sobre los siguientes puntos y, con tus compañeros, poned en común vuestras conclusiones:

- De las cuatro estrategias posibles para traducir un texto con marcadores de variación, ¿hay alguna que te parezca preferible en general? ¿Hay alguna que consideres inadecuada en cualquier caso?
- Teniendo en cuenta estas cuatro estrategias, vuelve a evaluar las dos traducciones del texto de Vega que aparecen en el paso 2A. ¿Qué enfoque se ha aplicado en cada una de ellas? ¿Cuál te parece más acertada? ¿Por qué? ¿Crees que la versión A busca reproducir una variante geográfica y social existente en inglés? Si es así, ¿cuál es?

- Pensad en argumentos a favor y en contra de cada una de las cuatro estrategias citadas. ¿Se te ocurren otras estrategias posibles?

Como apuntábamos, ante la imposibilidad de reproducir fielmente los elementos de variación, muchos traductores optan por neutralizarlos empleando la variedad estándar. Esta renuncia a reproducir la variación supone sin duda una pérdida importante. Sin embargo, muchas veces no es fácil encontrar una solución alternativa: la traducción de la variación por lenguaje no estándar es sin duda una elección compleja y, a menudo, más problemática si cabe que la neutralización.

El argumento político a favor del empleo de lenguaje no estándar es persuasivo: hay que evitar a toda costa normalizar ("domesticar") el texto original asimilándolo a la cultura meta. Sin embargo, numerosos estudiosos y traductores argumentan que puede ser peor el remedio que la enfermedad. Pensemos, por ejemplo, en un traductor que opte por traducir el habla callejera de Bogotá por el *cockney* londinense. Automáticamente tiene lugar una adaptación cultural que en la mayoría de los casos resultará insostenible (por ejemplo, si hay referencias concretas a calles o monumentos de Bogotá que resultan incongruentes en un contexto *cockney*).

Para algunos, la clave es buscar una variedad en la lengua meta que comparta los rasgos más relevantes de la que aparece en el texto fuente (por ejemplo, que ambas sean dialectos empleados por subculturas urbanas, o por los jóvenes de clase media, etc.). Sin embargo, incluso en este caso las connotaciones y funciones de las dos variantes serán diferentes en las respectivas culturas. Tal vez tenga razón Federici cuando suscribe la siguiente afirmación: "We can translate different registers into a foreign language. We cannot translate different dialects: we can only mimic dialect variation" (2011: 2).

3 La variación geográfica

Actividad 4

4A

Lee el siguiente fragmento de una novela y, sin conocer su título ni su autor, trata de deducir la respuesta a las preguntas siguientes:

- ¿Aproximadamente en qué año crees que se escribió?
- ¿Qué época o momento histórico retrata?
- ¿Dónde se desarrolla la acción?
- ¿Qué sabes acerca de lo+s personajes?

Comenta tus respuestas con un compañero y consultad la clave para comprobar si vuestras deducciones son acertadas.

When Robert Goodwin, with a slight frown of hesitation, flicked his head toward where Miss Clara stood and asked, 'Miss July, is that woman a friend of yours?' our July, quite tingling with the notion that this tender young man might be caught, was keen to impress him.

'Oh, yes. Miss Clara be me good-good friend, good-good friend, since long time. We always do chat upon the road when we does meet, for we be so friendly. Oh yes, Miss Clara be me good friend,' July answered. For she was sure that this white man would be beguiled to see that such a lowly, dark-skinned mulatto house servant as she, did enjoy the close society of a quadroon as fine, beautiful and fair-skinned as Miss Clara.

But when she turned to him to bask within his approval, she found his cheeks slightly reddening, his chest rising with a heavy breath and his lips pinching into a tight line. Now, English people can be hard to read, for they do believe that a firm face with no sentiment upon it is a virtue. But July was an expert in all their guiles and knew without hesitation that she had delivered this man the wrong answer. But for what reason, our July had yet to grasp.

When he at once said, 'Really? You are friends,' July was quick to respond, 'Me not be that friendly since she has been within the town, for me does hardly see her. No, we not be such friends...' but was sorely troubled when he interrupted to ask, 'Do you attend her dances at the assembly rooms?'

[...]

'No,' she said, 'me prefer to rest at home.' And then, in a moment of sweet inspiration added, 'Me does like to stay home to read me Bible.'

4B

Busca ejemplos en el texto de cada uno de los siguientes marcadores de variación. ¿Qué información te aportan acerca de los personajes? ¿Dirías que marcan la variación geográfica, social o de otro tipo? Después, en parejas o en grupos comentad posibles estrategias para abordar la traducción de las frases pronunciadas por July en el fragmento anterior y debatid las ventajas e inconvenientes de cada opción.

- Confusión de pronombre sujeto y objeto: *me not be that friendly*
- *Me* en lugar de *my*
- Errores de conjugación

- Reduplicación del adjetivo
- Supresión del artículo indeterminado
- Confusión entre *for* y *since*

4C

Ahora leed las tres versiones siguientes y valorad sus méritos:

A. –Oh, sí. La señorita Clara es súper buena amiga mía desde hace siglos. Siempre nos paramos a charlar cuando nos vemos por la calle. Es que nos caemos genial... Sí, sí, la señorita Clara es buena amiga mía –respondió July, segura de que aquel tipo blanco quedaría impresionado al ver que una pobre sirvienta mulata y de piel oscura como ella era amiga de una cuarterona tan elegante, guapa y de piel tan clara como la señorita Clara. [...]

Cuando él replicó al instante "¿En serio? ¿De verdad sois amigas?", July contestó con igual rapidez:

–Bueno, desde que vive en la ciudad no somos taaaan amigas; no nos vemos casi nunca. No, no somos tan amigas... –pero se quedó muda de sorpresa cuando él la interrumpió con esta pregunta:

–¿Sueles ir a los bailes que organiza?

B. –Sí, sí. La señita Clara e' mu' buena amiga mía desde hace tiempo. Siempre que nos encontramos por la calle nos paramos a charlar. E' que nos llevamos mu' bien... Sí, la señita Clara e' una buena amiga –respondió July, pues estaba convencida de que aquel blanco quedaría deslumbrado al ver que una humilde sirvienta mulata como ella, de piel tan oscura, gozaba de una estrecha amistad con una cuarterona tan elegante, hermosa y de piel tan clara como la señorita Clara. [...]

Cuando él replicó al instante con un "¿Es eso cierto? ¿Son ustedes amigas?", July contestó con igual celeridad:

–Bueno... desde que 'ta en la ciudad no somos *tan* amigas; casi no nos vemos. No, la verdad e' que no somos tan amigas... –pero su confusión fue en aumento cuando él la interrumpió para preguntar:

–¿Suele asistir usted a los bailes que organiza?

C. –Sí, la señorita Clara es íntima amiga mía desde hace tiempo. Siempre nos detenemos a conversar cuando nos encontramos por la calle. Nos llevamos tan bien... Sí, la señorita Clara es buena amiga mía –respondió July, pues estaba persuadida de que aquel blanco quedaría deslumbrado al ver que una humilde sirvienta mulata como ella, de piel tan oscura, gozaba de una estrecha amistad con una cuarterona tan elegante, hermosa y de piel tan clara como la señorita Clara. [...]

Cuando él replicó al instante con un "¿Es eso cierto? ¿Son ustedes amigas?", July contestó con igual celeridad:

–En realidad, desde que se mudó a la ciudad no tenemos tanta relación; apenas nos vemos. No, lo cierto es que no tenemos tanta amistad... –pero su turbación fue en aumento cuando él la interrumpió para preguntar:

–¿Asiste usted a los bailes que organiza?

4D

Únicamente la versión B del paso anterior hace un intento por reproducir los errores lingüísticos. ¿Te parece conveniente imitar los errores de este modo? Si respondes afirmativamente, ¿qué criterio debe seguirse para escoger qué errores se incluyen? ¿Es preferible reproducir una variante geográfica o social ya existente en español, o crear una variante artificial? Reflexiona y comenta con tus compañeros.

3.1 El *spanglish*

El *spanglish* es una variedad lingüística que surge en las comunidades hispanas del sur de EE.UU., como resultado del estrecho contacto en que viven el español y el inglés. Constituye un ejemplo de lo que los lingüistas llaman cambio de código (*code-switching*).

El fenómeno del *spanglish* divide a los expertos. Para algunos, supone la contaminación intolerable del español por parte del inglés. Para otros, es una celebración de la identidad híbrida de tantos hispanos estadounidenses que viven diariamente entre ambos idiomas. Más allá de lo puramente lingüístico, lo que está en tela de juicio es la significación cultural del *spanglish*: ¿Se trata de un fenómeno que perpetúa la marginación de los hispanos en EE.UU. o, por el contrario, que celebra y potencia su identidad?

La postura intermedia destaca la importancia cultural y la vitalidad del *spanglish*, pero advierte que es importante que los hablantes sean capaces de expresarse correctamente en una y otra lengua. En otras palabras, para algunos el *spanglish* es aceptable e incluso positivo siempre que se trate de una elección consciente y no sea fruto de la ignorancia del inglés y del español.

Actividad 5

5A

Las frases siguientes están en *spanglish*. Escríbelas en español estándar.

1. Cierra la window que está rainando.
2. La gente de mi building vive del welfare.
3. Te llamo p'atrás.
4. Yo no hablo español bueno, so I prefer to speak English.
5. Tengo que vacumear la carpeta.
6. Juan estaba en el army pero se pasó al navy.
7. Le daré pensamiento a eso.
8. El bos dijo que había que trabajar overtime este weekend.
9. Decidí trabajar partáin para poder cuidar a mis hijos.
10. Esta máquina no trabaja.

5B

En las frases en *spanglish* que has leído se emplean diversos procedimientos de adaptación y creación lingüística; son los siguientes:

a. Se combinan secuencias en inglés y en español, sin modificaciones léxicas ni sintácticas.
b. Se insertan palabras (sin modificar) en inglés dentro de frases en español.
c. Se insertan palabras modificadas en inglés dentro de frases en español. A menudo la modificación se realiza por adición de sufijos típicos del español.
d. Se realizan calcos léxicos o sintácticos del inglés.

Vuelve a leer las frases del paso anterior e identifica los procedimientos que se han aplicado en cada caso.

Actividad 6

6A

En la tabla siguiente, los términos de la columna de la izquierda son típicos del *spanglish*. Completa la tabla con la traducción al inglés estándar en la columna central y escoge el equivalente en español estándar entre los vocablos del recuadro. Te será útil leer en voz alta los vocablos en *spanglish*.

mirar/ver	amigo/compadre	una gotera	tacaño/agarrado	aparcar
el seguro a todo riesgo	hijo de perra	almorzar/comer	~~el congelador~~	
tranquilo/con calma	salir (con amigos)	el mercado	el tejado/el techo	

Spanglish	*Inglés*	*Español*
el frízer	freezer	el congelador
chipero		
brodel		
el rufo		
un liqueo		
un fulcóber		
saramambiche		
la marqueta		
suave		
janguear		
lonchar		
parquear		
wachear		

6B

Ahora lee el siguiente diálogo entre dos hablantes de *spanglish* y completa los huecos con las palabras en *spanglish* correspondientes del paso anterior (es posible que tengas que modificar los verbos).

–¿Cómo tú estás, ___________?
–I'm okey, ¿y tú?
–Pues mira, aquí, ___________ un ratito. What about you?
–Caminito de la ___________ a comprar varias cositas.
–¿Vamos a ___________ juntos?
–Lo siento, brodel, tengo el carro mal ___________.
–Come on, man, no seas ___________. Si es por la plata yo te presto.
–No, no, hoy no puedo brodel.
–Okey, nos vemos otro día. Se lo digo también a Pablo.
–Pablo es un ___________, mejor no me lo mentes.
–___________, brodel, ¿Qué pasó?
–You don't wanna know. Le dejé el carro y me lo destrozó. Él ni un rasguño, pero el carro... Menos mal que tengo ___________.
–OK, man, good luck! ¡Suave!
–¡Suave!

6C

Ahora comprueba tus respuestas con tu compañero y/o con la clave, y leed el diálogo en voz alta.

Actividad 7

7A

Como hemos visto en la actividad 5, en ocasiones en el *spanglish* se calca la estructura sintáctica del inglés con palabras en español. Esto da lugar a construcciones que pueden ser comprensibles, pero que no resultan idiomáticas en español estándar.

Traduce las siguientes oraciones primero al inglés y busca después la expresión más natural para formularlas en español estándar, como en el ejemplo:

Llámame pa'atrás.
Inglés: Call me back.
Español estándar: Llámame/Devuélveme la llamada.

1. Ahora entiendo: esto hace sentido.
   Inglés:
   Español estándar:
2. Lo mataron por ninguna razón.
   Inglés:
   Español estándar:
3. Luis Alfredo está supuesto a venir a la reunión.
   Inglés:
   Español estándar:
4. Lo que dijiste hizo una diferencia.
   Inglés:
   Español estándar:
5. Nos unimos en simpatía con usted por la muerte de su padre.
   Inglés:
   Español estándar:
6. Lucía es diecinueve años vieja.
   Inglés:
   Español estándar:
7. Esa propuesta es una que no puedo apoyar.
   Inglés:
   Español estándar:
8. ¿Cómo te gusta vivir en Texas?
   Inglés:
   Español estándar:
9. ¿Puedo tener la sal por favor?
   Inglés:
   Español estándar:

7B

En ocasiones las palabras y construcciones que se toman prestadas del inglés tienen fácil traducción en español estándar. Sin embargo, otras veces no existe un equivalente directo. Lee las siguientes frases y busca una traducción eficaz para los términos en inglés. Recuerda: no todos ellos tienen un equivalente, ¡sé creativo!

1. Deme dos jambergers plain por favor, sin lechuga ni tomate.
2. Esto es un rush job.
3. ¡Qué groovy!
4. Todos los carteros están off mañana.
5. Antes de dejar el apartamento tengo que dar tres meses de notice.
6. Si no te dan feedback es difícil mejorar.
7. Voy a aplicar a un puesto de gerente.

Actividad 8[2]

8A

El predominio del inglés en el mundo de la informática y en internet ha traído consigo la adopción en español de muchos vocablos ingleses más o menos adaptados. Para algunos de estos vocablos, existen términos acuñados en español. Relaciona cada término en *spanglish*/inglés de la columna de la izquierda con el término correspondiente en español a la derecha:

Spanglish/Inglés	*Español*
1. emailear	a. navegar
2. hacer clic/cliquear	b. explorador/navegador
3. surfear	c. reanudar/reiniciar
4. la web	d. pulsar
5. googlear	e. enviar por correo electrónico
6. inbox	f. entrar/acceder
7. browser	g. la red

8. printear	h. borrar/eliminar/suprimir
9. hacer un backup/backupear	i. ratón
10. linkear	j. bandeja de entrada
11. deletear	k. buscar en Google
12. mouse	l. poner una nota/anunciar
13. hacer un restart	m. enlazar
14. postear	n. imprimir
15. hacer login	o. hacer una copia de seguridad

8B

Lee las frases siguientes. ¿Se te ocurre cómo expresarlas en español estándar? ¡Sé creativo!

1. Zoomea para verlo más grande.
2. Tengo que resetear la computadora.
3. ¿Cómo puedo activar las cookies?
4. Hay expertos para jackear programas.

Actividad 9

El fenómeno del *spanglish* ha dado lugar a acalorados debates entre expertos, escritores y los propios hablantes: ¿debemos celebrarlo como ejemplo de vitalidad lingüística o se trata más bien de una amenaza para las lenguas española e inglesa? Lee las opiniones reflejadas en las citas siguientes y, en grupos, coméntalas con tus compañeros y compartid vuestros puntos de vista.

"El español está en auge en USA, y la gente hablará cada vez más *spanglish*. Habría que empezar a estudiarlo con rigor y con amor, como una variante más de nuestro riquísimo idioma que, no lo olvidemos, surgió de la deformación de otra lengua: la lengua latina."

Dionisio Cañas, poeta y catedrático de español

"I would describe Spanglish as a combination of two great languages to create a new expression that is richer than just speaking English or Spanish."

Cristina Burgos, autora del blog *lifeinspanglish.com*

"Si el *spanglish*, un híbrido lingüístico, le sirve como vehículo de comunicación a la población, ¿qué derecho tenemos nosotros de arrebatárselo?"

Ilan Stavans, lexicógrafo y ensayista, y autor de la traducción de *El Quijote* al *spanglish*

"Políticamente, el *spanglish* es una capitulación; indica marginalización, no liberación."

Roberto González Echevarría, catedrático de cultura y literatura latinoamericana

"La literatura en *spanglish* sólo puede aspirar a una suerte de ingenio basado en un gesto rebelde, que se agota rápidamente. Los que la practican están condenados a escribir no una literatura de minorías sino una literatura menor."

Roberto González Echevarría, catedrático de cultura y literatura latinoamericana

"Lo último que necesitamos es que cada grupo se forje su propio *spanglish*, creando una Babel de idiomas híbridos. El español es nuestro vínculo más fuerte, y es vital que lo preservemos."

Roberto González Echevarría, catedrático de cultura y literatura latinoamericana

"El *spanglish* no existe".

Víctor García de la Concha, ex director de la Real Academia de la Lengua Española

"El *spanglish*: ni bueno, ni malo, sino abominable".

Octavio Paz, escritor y premio Nobel

4 La variación social. El registro

Las siguientes actividades te ayudarán a cobrar conciencia de la variación social y de cómo traducirla. Puedes consultar la teoría de los apartados 1 y 2.

Actividad 10

10A

El fragmento siguiente corresponde al comienzo de la novela *Naked Lunch* (1959), del escritor estadounidense William Burroughs. Se trata de una novela experimental en la que se narran escenas más o menos inconexas de la vida de William Lee, un drogadicto, basadas en experiencias del propio Burroughs.

Primero, documéntate acerca del autor y de la novela. Después, lee el texto con detenimiento y subraya con colores diferentes:

1. Palabras y expresiones de argot callejero coloquial o vulgar
2. Referencias culturales
3. Palabras, expresiones o frases que te planteen dificultades de comprensión

I can feel the heat closing in, feel them out there making their moves, setting up their devil doll stool pigeons, crooning over my spoon and dropper I throw away at Washington Square Station, vault a turnstile and two flights down the iron stairs, catch an uptown A train... Young, good looking, crew cut, Ivy League, advertising exec type fruit holds the door back for me. I am evidently his idea of a character. You know the type comes on with bartenders and cab drivers, talking about right hooks and the Dodgers, call the counterman in Nedick's by his first name. A real asshole. And right on time this narcotics dick in a white trench coat (imagine tailing somebody in a white trench coat – trying to pass as a fag I guess) hit the platform. I can hear the way he would say it holding my outfit in his left hand, right hand on his piece: "I think you dropped something, fella."

10B

¿Con qué sentido se emplean en el texto los siguientes términos de argot? Ten en cuenta que el contexto es el mundo del hampa en el Nueva York de los años 50 del siglo XX. Señala la respuesta correcta.

1. *the heat*
   a. la policía
   b. los efectos de la droga
2. *fruit*
   a. homosexual (peyorativo)
   b. tonto
3. *dick*
   a. pene
   b. agente de policía
4. *fag*
   a. homosexual (peyorativo)
   b. cigarrillo
5. *fella*
   a. amigo
   b. socio

10C

Los términos de argot a menudo están ligados a una comunidad o zona geográfica determinada. Esta es una de las mayores dificultades a la hora de traducirlos: si queremos mantener el argot, nos vemos obligados a "localizar" el texto, cosa que puede acarrear incoherencias o connotaciones no deseadas.

Aquí te proponemos varias traducciones posibles para dos de los términos de argot del texto. ¿Qué término/s escogerías para una traducción que va a publicarse en los países indicados? Documéntate y completa la tabla. En la Plataforma Digital encontrarás enlaces a diccionarios de jergas.

The heat

	Argentina	*Chile*	*Colombia*	*España*	*México*
la tira					
la cana					
la tomba					
la pasma					
los pacos					

Asshole

	Argentina	Chile	Colombia	España	México
pelotudo					
pendejo					
menso					
gilipollas					
huevón					

10D

Si no te resultan familiares, documéntate acerca de los siguientes referentes culturales que aparecen en el texto y propón una o más traducciones posibles para cada uno de ellos. Tendrás que considerar las siguientes opciones:

1. Dejar los referentes tal y como aparecen en inglés (no traducción)
2. Explicitar las connotaciones sin incluir un referente cultural (traducción interpretativa)
3. Buscar un referente cultural con connotaciones equivalentes en la cultura meta (adaptación cultural)

Después haced una lluvia de ideas en grupos con vuestras propuestas.

Washington Square Station:

an uptown A train:

Ivy League:

the Dodgers:

Nedick's:

10E

Teniendo en cuenta todo el trabajo que has realizado, traduce el texto de Burroughs para una edición actual de la novela. Decide en qué país hispanohablante va a publicarse, ya que esto condicionará la elección del léxico.

4.1 El lenguaje malsonante o soez

Todas las lenguas cuentan con palabras malsonantes que resultan tabú en muchas situaciones comunicativas. Sin embargo, las normas de uso de estas palabras varían considerablemente en las distintas culturas; por ejemplo, la palabra "coño" en español se utiliza mucho más y resulta más aceptable que *cunt* en inglés. Como apunta Ghassempur (2011: 57), la tendencia general a la hora de traducir el lenguaje soez suele ser suavizarlo o neutralizarlo. Ante la dificultad de encontrar un equivalente aceptable, a menudo los traductores recurren también a la compensación, es decir, traducen el término en cuestión por un término estándar e introducen elementos coloquiales en otros lugares del texto para equilibrar el resultado final.

Actividad 11

11A

En su libro *Bad Language*, Andersson y Trudgill (1990: 60) afirman que *fuck* es una de las palabras más ricas e interesantes de la lengua inglesa actual, e identifican hasta trece funciones distintas del vocablo (citado en Ghassempur 2011: 55).

Individualmente o en parejas, lee las siguientes frases. ¿Con qué situación, sentimiento o estado mental asocias cada una de ellas? Puedes utilizar las palabras que te sugerimos a continuación, o expresarlo con tus propias palabras:

> confusión – dificultad – rebelión – ira – fastidio – irritación – desprecio – desesperación – indiferencia – agresión – desaliento – engaño – indiferencia – incompetencia

	Situación, sentimiento o estado mental
I got fucked by my insurance agent	
Oh, fuck it!	
He's fucking stupid	

Fuck you!

Fuck me

What the fuck

I can't understand this fucking business!

Who gives a fuck

He fucked up

Oh, fuck off!

11B

La lengua española es muy rica en expresiones malsonantes. En el español de España el lenguaje soez se emplea con más frecuencia que en inglés, y su uso no es necesariamente marcador de clase social, aunque sí de registro. La traducción más directa de *fuck* sería "joder". Sin embargo, no todas las frases del paso anterior pueden traducirse empleando esta palabra. Completa las traducciones propuestas con la palabra (o su derivado) correspondiente del recuadro (en algunos casos debes emplear también un pronombre personal objeto). Y ¡cuidado!: son todas *muy* vulgares.

joder	maldito	follar	cabrón	coño	mierda	gilipollas

1. *I got fucked by my insurance agent*

   Mi agente de seguros me ____________.

2. *Oh, fuck it!*

   ¡____________!

3. *Fuck you!*

   ¡____________!

4. *They've been fucking behind your back.*

   ____________ a tus espaldas.

5. *What the fuck is going on here?*

   ¿Qué _____________ está pasando aquí?

6. *I can't understand this fucking business!*

   ¡No entiendo este _____________ asunto!

7. *Who gives a fuck.*

   No me importa una _____________/A mí qué _____________ (me) importa.

8. *He's a fucker.*

   Es un _____________.

9. *Oh, fuck off!*

   Vete a la _____________.

10. *He's fucking stupid.*

    Es un _____________.

11C

Ahora relaciona las expresiones vulgares de la izquierda con su equivalente en lenguaje coloquial (no soez) o formal.

Expresión vulgar	*Expresión coloquial/formal*
1. ¡Mierda!	a. Me importa un pepino/comino./Me da exactamente igual./Me resbala.
2. No me jodas./Hay que joderse.	b. Ahora sí que me he metido en un lío./Ahora sí que tengo un problema gordo.
3. ¿Qué coño está pasando aquí?	c. Es un cretino/indeseable/estúpido.
4. No entiendo este maldito asunto.	d. ¿Qué demonios/diantre/narices está pasando aquí?
5. No me importa una mierda./Qué coño (me) importa.	e. Hay que fastidiarse.
6. ¡Vete a la mierda!	f. ¡No!/¡Dios mío!

7. Es un cabrón/gilipollas.
8. Ahora sí que estoy jodido.

g. ¡Vete a freír espárragos!/¡Vete de mi vista!
h. No entiendo este dichoso/condenado asunto.

Actividad 12

12A

La novela de Roddy Doyle *The Commitments* (1987) refleja el habla de la clase obrera urbana irlandesa, en particular de Dublín. Se trata de una comedia, a veces sórdida pero muy divertida, que sigue las peripecias de un grupo musical, *The Commitments*, formado por unos jóvenes de clase obrera. Aquí tienes un breve resumen del argumento:

> A mediados de los años 80, tres amigos –Outspan, Derek y Ray– acaban de formar un grupo musical. Pero los gustos musicales de Derek y Outspan chocan con los de Ray, y el grupo nace ya marcado por diferencias irreconciliables. Outspan desprecia a Ray y busca consejo en Jimmy Rabbitte, al que los tres idolatran como la máxima autoridad en materia de música. El juicio de Jimmy será decisivo: el grupo se decantará por el *soul*, Ray será expulsado y el propio Jimmy pasará a convertirse en el *manager* de *The Commitments*.

El texto que tienes a continuación recoge la escena, crucial en la novela, en que Jimmy acude para aconsejar al grupo. Lee el texto e identifica los marcadores de variación socio-geográfica y de registro que encuentres (fonético, léxico, sintáctico, de puntuación).

Jimmy spoke. – Why exactly – d'yis want to be in a group?
– Wha' d'yeh mean? Outspan asked.
He approved of Jimmy's question though. It was getting to what was bothering him, and probably Derek too.
– Why are yis doin' it, buyin' the gear, rehearsin'? Why did yis form the group?
– Well –
– Money?
– No, said Outspan. – I mean, it'd be nice. But I'm not in it for the money.
– I amn't either, said Derek.
– The chicks?
– Jaysis, Jimmy!
– The brassers, yeh know wha' I mean. The gee. Is tha' why?
– No, said Derek.
– The odd ride now an' again would be alrigh' though wouldn't it? said Outspan.
– Ah yeah, said Derek. – But wha' Jimmy's askin' is is tha' the reason we got the group together. To get our hole.
– No way, said Outspan.
– Why then? said Jimmy.
He'd an answer ready for them.
– It's hard to say, said Outspan.
That's what Jimmy had wanted to hear. He jumped in.
– Yis want to be different, isn't tha' it? Yis want to do somethin' with yourselves, isn't tha' it?
– Sort of, said Outspan.
– Yis don't want to end up like (he nodded his head back) – these tossers here. Amn't I righ'?
Jimmy was getting passionate now. The lads enjoyed watching him.
– Yis want to get up there an' shout I'm Outspan fuckin' Foster.

He looked at Derek.
- An' I'm Derek fuckin' Scully, an' I'm not a tosser. Isn't tha' righ'? That's why yis're doin' it. Amn't I righ'?
- I s'pose yeh are, said Outspan.
- Fuckin' sure I am.
- With the odd ride thrown in, said Derek.
They laughed.

(Roddy Doyle, *The Commitments*, 2013)

12B

En parejas o en grupos, reflexionad sobre los puntos siguientes:

- A vuestro parecer, ¿cuál ha sido el propósito del autor al introducir estos marcadores de variación en su novela?
- ¿Ha logrado este propósito? ¿Por qué?
- Teniendo en cuenta las cuatro estrategias posibles para traducir la variación expuestas en la sección 2, valorad los pros y los contras de cada una a la hora de traducir el texto de Doyle. ¿Por cuál de ellas os decantaríais? ¿Por qué?

12C

Teniendo en cuenta vuestras conclusiones del paso anterior, traduce –individualmente o en pareja– el texto del paso 12A a partir de "Jimmy was getting passionate now", prestando particular atención al lenguaje soez. Pueden serte útiles algunos vocablos de la actividad 11.

5 Variación temporal o diacrónica

Desde el punto de vista diacrónico, la variedad no marcada es la lengua que se habla en la actualidad. Ante un texto de una época pasada, el traductor tiene la opción de modernizarlo adaptándolo al uso actual. La pérdida de los marcadores de variación temporal indudablemente afecta a la recepción del texto traducido. Sin embargo, las consecuencias no siempre tienen que ser negativas. Las versiones modernizadas de los clásicos pueden cumplir una función divulgativa que amplíe su público lector y las acerque a grupos sociales que de otro modo no tendrían acceso a ellas (por ejemplo, los jóvenes).

Por otro lado, si optamos por tratar de captar la variación temporal, tenemos dos enfoques alternativos:

1. Buscar la equivalencia más o menos absoluta de localización en el tiempo (por ejemplo, traducir una obra de Shakespeare empleando el español de los siglos XVI-XVII).
2. Sin pretender la equivalencia total, dar un cierto sabor arcaizante al texto traducido, empleando marcadores de variación de tipo léxico, morfosintáctico o fonológico.

En opinión de Catford (1965: 88–89), la opción preferible es la segunda. La primera, afirma, es muchas veces imposible de lograr, y tampoco es deseable.

Actividad 13[3]

13A

Según afirmó J. M. Cohen (1962: 215), traductor de *Don Quijote de la Mancha*, “Every great book demands to be translated once a century, to suit the change in standards and taste of new generations”.

A continuación tienes tres traducciones al inglés del comienzo de la célebre novela de Miguel de Cervantes *Don Quijote de la Mancha* (1605). Léelas con detenimiento y ordénalas cronológicamente, asociando cada una con el año en que fue escrita. ¿En qué elementos te has basado para datarlas? A tu parecer, ¿cuál de estas versiones está mejor escrita o funciona mejor en inglés? Justifica tu respuesta.

Año de traducción: 1755 – 1885 – 2003

A. Somewhere in La Mancha, in a place whose name I do not care to remember, a gentleman lived not long ago, one of those who has a lance and ancient shield on a shelf and keeps a skinny nag and a greyhound for racing. An occasional stew, beef more often than lamb, hash most nights, eggs and abstinence on Saturdays, lentils on Fridays, sometimes squab as a treat on Sundays – these consumed three-fourths of his income [...] Our gentleman was approximately fifty years old; his complexion was weathered, his flesh scrawny, his face gaunt, and he was a very early riser and a great lover of the hunt. Some claim that his family name was Quixada, or Quexada, for there is a certain amount of disagreement among the authors who write of this matter, although reliable conjecture seems to indicate that his name was Quexana. But this does not matter very much to our story; in its telling there is absolutely no deviation from the truth.

B. In a certain corner of La Mancha, the name of which I do not chuse to remember, there lately lived one of those country gentlemen, who adorn their halls with a rusty lance and worm-eaten target, and ride forth on the skeleton of a horse, to course with a fort of a starved greyhound. Three-fourths of his income were scarce sufficient to afford a dish of hodgepodge, in which the mutton bore no proportion to the beef, for dinner; a plate of salmagundy, commonly at supper; gripes and grumblings on Saturdays, lentils on Fridays, and the addition of a pigeon or some such thing on the Lord's day [...] Our squire, who bordered upon fifty, was of a tough constitution, extremely meagre, and hard featured, an early riser, and in point of exercise, another Nimrod. He is said to have gone by the name of Quixada, or Quesada (for, in this particular, the authors who mention that circumstance disagree), though, from the most probable conjecture, we may conclude, that he was called by the significant name of Quixada; but this is of small importance to the history, in the course of which it will be sufficient if we swerve not a tittle from the truth.

C. In a village of La Mancha, the name of which I have no desire to call to mind, there lived not long since one of those gentlemen that keep a lance in the lance-rack, an old buckler, a lean hack, and a greyhound for coursing. An olla of rather more beef than mutton, a salad on most nights, scraps on Saturdays, lentils on Fridays, and a pigeon or so extra on Sundays, made away with three-quarters of his income [...] The age of this gentleman of ours was bordering on fifty; he was of a hardy habit, spare, gaunt-featured, a very early riser and a great sportsman. They will have it his surname was Quixada or Quesada (for here there is some difference of opinion among the authors who write on the subject), although from reasonable conjectures it seems plain that he was called Quexana. This, however, is of but little importance to our tale; it will be enough not to stray a hair's breadth from the truth in the telling of it.

13B

Ahora lee el texto original de Cervantes. ¿Ha cambiado tu valoración de las distintas versiones después de leerlo? Coméntalo con la clase.

En un lugar de la Mancha, de cuyo nombre no quiero acordarme, no ha mucho tiempo que vivía un hidalgo de los de lanza en astillero, adarga antigua, rocín flaco y galgo corredor. Una olla de algo más vaca que carnero, salpicón las más noches, duelos y quebrantos los sábados, lantejas los viernes, algún palomino de añadidura los domingos, consumían las tres partes de su hacienda [...] Frisaba la edad de nuestro hidalgo con los cincuenta años; era de complexión recia, seco de carnes, enjuto de rostro, gran madrugador y amigo de la caza. Quieren decir que tenía el sobrenombre de Quijada, o Quesada, que en esto hay alguna diferencia en los autores que deste caso escriben; aunque, por conjeturas verisímiles, se deja entender que se llamaba Quijana. Pero esto importa poco a nuestro cuento; basta que en la narración dél no se salga un punto de la verdad.

Actividad 14

14A

A continuación te presentamos el texto original y tres traducciones del comienzo del famoso soliloquio de *Hamlet*, de William Shakespeare. Lee todos los textos en voz alta y compara las tres versiones teniendo en cuenta los aspectos siguientes:

- Grado de fidelidad al original
- Vocabulario y sintaxis
- Aspectos fónicos (ritmo, aliteración, sonoridad)
- Representabilidad (ver capítulo 9, sección 2.3 para una explicación del concepto)
- ¿Cuál de las versiones te parece más acertada? ¿Por qué?

Después, pon tus ideas en común con la clase.

Shakespeare (c. 1600)

To be or not to be, that is the question,
Whether 'tis nobler in the mind to suffer
The slings and arrows of outrageous fortune,
Or to take arms against a sea of troubles,
And by opposing, end them. To die, to sleep –
No more, and by a sleep to say we end
The heart-ache, and the thousand natural shocks
That flesh is heir to; 'tis a consummation
Devoutly to be wish'd. To die, to sleep.
—perchance to dream.

A. **Leandro Fernández de Moratín (1825)**
Existir ó no existir, esta es la cuestión. ¿Cuál es más digna acción del ánimo, sufrir los tiros penetrantes de la fortuna injusta, ú oponer los brazos á este torrente de calamidades y darlas fin con atrevida resistencia? Morir es dormir. ¿No mas? ¿Y por un sueño, diremos, las aflicciones se acabaron y los dolores sinnúmero, patrimonio de nuestra débil naturaleza?... Este es un término que deberíamos solicitar con ansia. Morir es dormir... y tal vez soñar.

B. **Luis Astrana Marín (1946)**
¡Ser o no ser; he aquí el problema! ¿Qué es más levantado para el espíritu: sufrir los golpes y dardos de la insultante Fortuna, o tomar las armas contra un piélago de calamidades y, haciéndoles frente, acabar con ellas? ¡Morir... dormir; no más! ! ¡Y pensar que con un sueño damos fin al pesar del corazón y a los mil naturales conflictos que constituyen la herencia de la carne! ¡He aquí un término para ser devotamente deseado! ¡Morir... dormir! ¡Dormir!...¡Tal vez soñar!

C. **Alfredo Michel Modenessi (2017)**
Ser, o no: ésa es la disyuntiva.
Si es digno que el espíritu padezca
las piedras y saetas de la recia Fortuna
o alzarnos contra un mar de adversidades
y, cara a cara, darles fin. Morir, dormir...
y ya... Y que durmiendo terminemos
con el ansia y los mil sobresaltos naturales
que son herencia de la carne. Un fin así
vale desearlo con fervor. Morir, dormir...
dormir... tal vez soñar.

14B

Elabora una traducción adaptada de este fragmento del monólogo de Hamlet para ser representada ante un público de entre 10 y 12 años. Puedes trabajar individualmente o con un compañero. Después, declamadla en clase.

Actividad 15

Teniendo en cuenta el trabajo que has realizado en las actividades 13 y 14, comenta con tus compañeros la siguiente cita.

"Translating is a way of questioning a work, and the more translations we have of it, the more answers we will get from it."

Juan Gabriel López Guix, traductor y traductólogo (2006: 96)

Encargo de traducción

Trabajas como editor en una editorial española. Estáis considerando encargar una nueva traducción de la obra *Pygmalion* (1913), del dramaturgo irlandés George Bernard Shaw. Existe ya una traducción, realizada por Julio Broutá en 1919, y debéis valorar si está justificado publicar una nueva versión. Para ello, debéis leer y evaluar el texto de Broutá. En la página 390 puedes encontrar una sinopsis de la obra.

En esta obra el dialecto *cockney* de la protagonista, así como su particular forma de hablar (idiolecto) ofrecen numerosos retos al traductor. La lengua en sí cumple una función clave: representa la clase social del personaje y afecta al desarrollo del argumento, puesto que el hablar *cockney* es un estigma para la protagonista y su progreso lingüístico hacia el inglés estándar simboliza sus aspiraciones de mejora social y profesional. Shaw también es conocido por sus detalladas acotaciones, que incluyen indicaciones sobre el tono en el que hablan los personajes.

Revisa el fragmento siguiente de la traducción prestando especial atención a cómo se ha captado la variedad dialectal. Para ello, subraya las marcas dialectales que aparecen en el texto original y las del texto traducido. Busca entre los elementos que has subrayado en el texto traducido ejemplos de las técnicas siguientes (puedes consultar la sección 2 del capítulo 2):

Omisión
Ampliación
Pronunciación no estándar
Otras técnicas

Después, compara el original con la traducción y valora los siguientes aspectos:

- ¿Se emplean procedimientos similares o distintos para reflejar la variación?
- ¿Se mantiene el efecto humorístico en la traducción?
- ¿Crees que esta traducción es apta para ser representada? ¿Por qué?
- ¿Hay algún aspecto que se podría mejorar?

Bernard Shaw, Pygmalion *(1913)*	*Traducción de Julio Broutá (1919)*
THE FLOWER GIRL. Don't you be so saucy. You ain't heard what I come for yet. [*To Mrs. Pearce, who is waiting at the door for further instruction*] Did you tell him I come in a taxi? MRS. PEARCE. Nonsense, girl! what do you think a gentleman like Mr. Higgins cares what you came in? THE FLOWER GIRL. Oh, we are proud! He ain't above giving lessons, not him: I heard him say so. Well, I ain't come here to ask for any compliment; and if my money's not good enough I can go elsewhere. HIGGINS. Good enough for what? THE FLOWER GIRL. Good enough for ye – oo. Now you know, don't you? I'm come to have lessons, I am. And to pay for em too: make no mistake. HIGGINS [*stupent*] WELL!!! [*Recovering his breath with a gasp*] What do you expect me to say to you? THE FLOWER GIRL. Well, if you was a gentleman, you might ask me to sit down, I think. Don't I tell you I'm bringing you business? HIGGINS. Pickering: shall we ask this baggage to sit down or shall we throw her out of the window? THE FLOWER GIRL [*running away in terror to the piano, where she turns at bay*] Ah – ah – ah – ow – ow – ow – oo! [*Wounded and whimpering*] I won't be called a baggage when I've offered to pay like any lady. *Motionless, the two men stare at her from the other side of the room, amazed.* PICKERING [*gently*] What is it you want, my girl?	LA FLORISTA. – ¡No se ponga tan bufo, hombre! Un griyo sólo vale medio penique y se l'oye. Entéres'usté tan siquiera del ojezto de mi vesita. *(A* MISTRESS PEARCE, *que se ha quedado en la puerta esperando más órdenes.)* Señora, ¿l'ha dicho usté que he venío en taxi? MISTRESS PEARCE. – No hable tonterías. ¿Qué le importa a un caballero como míster Higgins si usted ha venido en taxi o a pie? LA FLORISTA. –¡Anda Dios! Aquí toos a una. ¿Qué s'habrán figurao? Pues sepan ustés que s'equivocan de medio a medio. Aquí menda, tal como la ven, tie con qué pagar. De modo que al trigo, como quien dice. El señor aquí, según le oí decir anoche, da leciones de prenunciación. Pues yo quiero aprender a prenunciar correztamente, así como suena. Creo que mi dinero vale tanto como el de otros; y si no, decirlo d'una vez. Con ir a otro profesor, asunto acabao, y tan amigos como antes. HIGGINS. –Pero ¿qué está diciendo la tonta? LA FLORISTA. –El tonto será usted si desperdicia la ocasión. Fíjese que estoy dispuesta a pagar las leciones. HIGGINS. – *(Divertido.)* Sí, ¿eh? ¡Vaya, vaya! LA FLORISTA. –Vamos, parece que se ablanda. ¡ Aaaayyyy! HIGGINS. – *(Crispado.)* ¡A esa pílfora la tiro por el balcón! *(Avanza amenazador*. PICKERING *le retiene. La muchacha lanza gritos de terror y se refugia detrás del piano.)* LA FLORISTA. –¡Aaaaayyyyy..., aaaaayyyyy! ... No me pegue, que no he hecho nada.

THE FLOWER GIRL. I want to be a lady in a flower shop stead of selling at the corner of Tottenham Court Road. But they won't take me unless I can talk more genteel. He said he could teach me. Well, here I am ready to pay him – not asking any favor – and he treats me as if I was dirt.

MRS. PEARCE. How can you be such a foolish ignorant girl as to think you could afford to pay Mr. Higgins?

THE FLOWER GIRL. Why shouldn't I? I know what lessons cost as well as you do; and I'm ready to pay.

HIGGINS. How much?

THE FLOWER GIRL [*coming back to him, triumphant*] Now you're talking!

(Llorando.) ¡Y me ha llamado pílfora, cuando ofrezco pagar como una señora!

PICKERING. – *(Acercándose al piano.)* No se asuste, hija, que mi amigo no es tan fiero como parece. Hablando se entiende la gente. Vamos a ver: ¿qué es lo que desea usted?

LA FLORISTA. – *(Con voz temblorosa.)* Pues mire usté: yo querría entrar de vendedora en una tienda elegante de flores. Me han dicho que mi tipo no les disgustaba, pero que mi manera de hablar no era bastante fina. Como el señor se dedica a enseñar a hablar, he venido a ver si nos entendíamos.

MISTRESS PEARCE. –Pero, muchacha, ¿está usted loca? ¿Cómo va usted a pagar las lecciones?

LA FLORISTA. –¡Nos ha amolao! Sé yo tan bien como usté lo que valen las leciones. Estoy dispuesta a pagar lo que pidan en razón. ¡Anda, chúpate ésta, Ruperta! (MISTRESS PEARCE, *roja de indignación, quiere contestar; pero a HIGGINS le ha hecho gracia la cosa, lanza una carcajada franca y levanta el brazo para imponer silencio al ama; se dirige a la muchacha.)*

HIGGINS. –¿Cuánto pagarías?

LA FLORISTA. –¡Ah, vamos!

Sinopsis

La obra está ambientada en Londres. El profesor de fonética Henry Higgins acepta el reto de convertir en una dama refinada a la florista Eliza Doolittle en espacio de seis meses. Eliza es una florista de escasos medios y poca educación que desea ascender socialmente, objetivo que no podrá alcanzar a menos que consiga librarse de su habla *cockney* y aprenda el inglés refinado de las clases acomodadas.

En esta escena, Higgins está en su laboratorio de fonética charlando con su amigo Pickering. Mrs Pearce, su ama de llaves, anuncia la llegada de una mujer. Cuando Higgins ve que se trata de Eliza, la rechaza diciendo que ya tiene ejemplos grabados del dialecto de Eliza y le ordena irse de malos modos.

Notas

1 Los textos de esta actividad están tomados del artículo "Towards a Strategy of Dialect Reconstruction for the Translation of Non-Standard Language in the Stories of Ana Lydia Vega", *de W. Otten-Annisette* www.academia.edu/9011730/Towards_a_strategy_of_Dialect_Reconstruction_for_the_translation_of_non-standard_language_in_the_stories_of_Ana_Lydia_Vega [Fecha de acceso 14-07-2016]

2 Agradecemos a Aretousa Giannakou el permiso para reproducir esta actividad.

3 Esta actividad está basada en un artículo de Ilan Stavans (2015), disponible en: http://www.wordswithoutborders.org/article/flemish-tapestries-on-don-quixote-in-english#ixzz4EJ5zlziX [Fecha de acceso 14-07-2016]

References

Acquaroni, R. (2007) *Las palabras que no se lleva el viento: literatura y enseñanza de español como LE/L2*, Madrid: Santillana.

Amorós, A. (1980) *Introducción a la literatura*, Madrid: Castalia.

Baker, M. (1992) *In Other Words: A Coursebook on Translation*, London: Routledge.

Bassnett, S. (1980, 1991) *Translation Studies*, London: Routledge.

Bassnett, S. (1991) 'Translating for the Theatre: The Case Against Performability', *TTR: traduction, terminologie, rédaction*, 4 (1): 99–111.

Bassnett, S. and Lefevere, A. (eds.) (1990) *Translation, History and Culture*, London: Pinter.

Bassnett-McGuire, S. (1985) 'Ways Through the Labyrinth. Strategies and Methods for Translating Theatre Texts', in T. Hermans (ed.) *The Manipulation of Literature: Studies in Literary Translation*, London: Croom Helm, pp. 87–102.

Beeby Lonsdale, A. (1996) *Teaching Translation From Spanish to English: Worlds Beyond Words*, Ottawa: University of Ottawa Press.

Beeby Lonsdale, A. (2004) 'Language Learning for Translators: Designing a Syllabus', in K. Malmkjær (ed.) *Translation in Undergraduate Degree Programmes*. Amsterdam: John Benjamins, pp. 39–65.

Black, M. (1962) *Models and Metaphors: Studies in Language and Philosophy*, Ithaca, NY: Cornell University Press.

Braga Riera, J. (2011) '¿Traducción, adaptación o versión? Maremágnum terminológico en el ámbito de la traducción dramática', *Estudios de Traducción*, 1: 59–72.

Brumme, J. (ed.) (2008) *La oralidad fingida: descripción y traducción. Teatro, cómic y medios audiovisuales*, Madrid: Iberoamericana/Vervuert.

Bueno García, A. (2000) *Publicidad y traducción*, *Vertere: Monográficos de la Revista Hermēneus*, 2.

Bühler, K. (1934) *Sprachtheorie: Die Darstellungsfunktion der Sprache*, Jena: Fischer.

Bustos, J.M. (1996) *La construcción de textos en español*, Salamanca: Ediciones Universidad de Salamanca.

Butt, J. and Benjamin, C. (2011, 2013) *A New Reference Grammar of Modern Spanish*, 5th edn., London: Routledge.

Cáceres Würsig, I. (1995) 'Un ejemplo perfecto de traducción cultural: la historieta gráfica', in R. Martín Gaitero (ed.) *V Encuentros Complutenses en torno a la Traducción*, Madrid: Editorial Complutense, pp. 527–538.

Campbell, S. (1998) *Translation into the Second Language*. London: Longman.

Canale, M. and Swain, M. (1980) 'Theoretical Bases of Communicative Approaches to Second Language Teaching and Testing', *Applied Linguistics*, 1: 1–47.

Carrera, X., Coiduras, J. L., Salse, M., Ribera, M. and Granollers, T. (2013) 'Planificación del vídeo accesible', in M. Ribera and T. Granollers (eds.) *Guía del contenido digital accesible: vídeo*, Barcelona: Universitat de Lleida/ Universitat de Barcelona.

Carreres, Á. (2006) 'Strange Bedfellows: Translation and Language Teaching: The Teaching of Translation Into L2 in Modern Languages Degrees: Uses and Limitations', in Sixth Symposium on Translation, Terminology and Interpretation in Cuba and Canada, December 2006. Canadian Translators, Terminologists and Interpreters Council. Available at www.cttic.org/ publications_06Symposium.asp (accessed 15 September 2016)

Carreres, Á. (2014) 'Translation as a Means and as an End: Reassessing the Divide', *The Interpreter and Translator Trainer*, 8 (1): 123–135.

Carreres, Á. and Noriega-Sánchez, M. (2011) 'Translation in Language Teaching: Insights From Professional Translator Training', *The Language Learning Journal*, 39 (3): 281–297.

Carreres, Á. and Noriega-Sánchez, M. (2018) 'La traducción pedagógica (Pedagogical Translation)', in J. Muñoz-Basols, E. Gironzetti and M. Lacorte (eds.) *The Routledge Handbook of Spanish Language Teaching*, New York and London: Routledge.

Catford, J.C. (1965) *A Linguistic Theory of Translation: An Essay in Applied Linguistics*, London: Oxford University Press.

Chaume, F. (1999) 'La traducción audiovisual: Investigación y docencia', *Perspectives: Studies in Translatology*, 7 (2): 209–219.

Chaume, F. and García del Toro, A.C. (2001). 'El doblaje en España: anglicismos frecuentes en la traducción de textos audiovisuales', *Rivista internazionale di tecnica della traduzione*, 6: 119–137.

Cohen, J.M. (1962) *English Translators and Translations*, London: Longmans, Green.

Colina, S. (2003) *Translation teaching, from research to the classroom: a handbook for teachers*, New York: McGraw-Hill.

Cook, G. (2010) *Translation in Language Teaching: An Argument for Reassessment*, Oxford: Oxford University Press.

Cook, V.J. (1991) 'The Poverty-of-the-Stimulus Argument and Multi-Competence', *Second Language Research*, 7 (2): 103–117.

Coseriu, E. (1977) 'Lo erróneo y lo acertado en teoría de la traducción', in E. Coseriu (ed.) *El hombre y su lenguaje: Estudios de teoría y metodología lingüística*, Madrid: Gredos, pp. 215–239.

Council of Europe (2001) *Common European Framework of Reference for Languages: Learning, Teaching, Assessment*, Strasbourg: Council of Europe, Cambridge University Press. Available at www.coe.int/t/dg4/linguistic/ Cadre1_en.asp (accessed 10 September 2016)

Crystal, D. (ed.) (1997) *A Dictionary of Linguistics and Phonetics*, 4th edn., London: Blackwell.

Cummins, J. (1979) 'Linguistic Interdependence and the Educational Development of Bilingual Children', *Review of Educational Research*, 49: 222–251.

Cummins, J. and Early, M. (2014) *Big Ideas for Expanding Minds: Teaching English Language Learners Across the Curriculum*, Canada: Pearson.

Cunillera, M. and Resinger, H. (eds.) (2011) *Implicación emocional y oralidad en la traducción literaria*, Leipzig: Frank & Timme.

De Beaugrande, R. and Dressler, W. (1981) *Introduction to Text Linguistics*, London: Longman.

De Mooij, M. (1994) *Advertising Worldwide*, 2nd edn., London: Prentice Hall.

De Mooij, M. (2011) *Consumer Behaviour and Culture: Consequences for Global Marketing and Advertising*, 2nd edn., Los Angeles: Sage.

De Witte, A., Harden, T. and Ramos de Oliveira, A. (2009) *Translation in Second Language Learning and Teaching*, Oxford: Peter Lang.

Delisle, J. (1980) *L'analyse du discours comme méthode de traduction: Initiation à la traduction française de textes pragmatiques anglais, théorie et pratique*, Ottawa: Presses de l'Université d'Ottawa.

Díaz-Cintas, J. (2008) 'Teaching and Learning to Subtitle in an Academic Environment', in J. Díaz-Cintas (ed.) *The Didactics of Audiovisual Translation*, Amsterdam: John Benjamins, pp. 89–104.

Díaz-Cintas, J. (2012) 'Los subtítulos y la subtitulación en la clase de lengua extranjera', *Abehache*, 2 (3): 95–114.

Duff, A. (1981) *The Third Language*, Oxford: Oxford University Press.

Duff, A. (1989, 1994) *Translation*, Oxford: Oxford University Press.

Elena, P. (2001) *El traductor y el texto*, Barcelona: Ariel.

Espasa, E. (2009) 'Repensar la representabilidad', *Trans*, 13: 95–105.

Federici, F.M. (ed.) (2011) *Translating Dialects and Languages of Minorities*, Bern: Peter Lang.

Fernández Rodríguez, A. (1995) 'El modelo de traducción y el traductor del discurso teatral', in F. Lafarga and R. Dengler (coords.) *Teatro y traducción*, Barcelona: Universitat Pompeu Fabra, pp. 37–46.

Fuentes Luque, A. (2001) 'La recepción del humor audiovisual traducido: estudio comparativo de fragmentos de las versiones doblada y subtitulada al español de la película *Duck Soup*, de los hermanos Marx', thesis, Universidad de Granada.

García Izquierdo, I. (2000) *Análisis textual aplicado a la traducción*, Valencia: Tirant lo Blanc.

Ghassempur, S. (2011), 'Fuckin' Hell! Dublin Soul Goes German: A Functional Approach to the Translation of "fuck" in Roddy Doyle's *The Commitments*', in F.M. Federici (ed.) *Translating Dialects and Languages of Minorities*, Bern: Peter Lang, pp. 49–64.

González Davies, M. (2004) *Multiple Voices in the Translation Classroom*, Amsterdam and Philadelphia: John Benjamins.

Halliday, M.A.K. and Hasan, R. (1989) *Language, Context, and Text: Aspects of Language in a Social-Semiotic Perspective*, Oxford: Oxford University Press.

Hatim, B. and Mason, I. (1990) *Discourse and the Translator*, London: Longman.

Hatim, B. and Munday, J. (2004) *Translation: An Advanced Resource Book*, London: Routledge.

Haywood, L.M., Thompson, M. and Hervey, S. (2009) *Thinking Spanish Translation: A Course in Translation Method: Spanish to English*, 2nd edn., London: Routledge.

Hermans, T. (ed.) (1985) *The Manipulation of Literature: Studies in Literary Translation*, London: Croom Helm.
Hervey, S., Higgins, I. and Haywood, L.M. (1995) *Thinking Spanish Translation: A Course in Translation Method: Spanish to English*, London: Routledge.
Holmes, J.S. (1988) *Translated! Papers on Literary Translation and Translation Studies*, Amsterdam: Rodopi.
Hurtado Albir, A. (2001) *Traducción y traductología*, Madrid: Cátedra.
Hurtado Albir, A. (2015) *Aprender a traducir del francés al español: Competencias y tareas para la iniciación a la traducción*. Castelló de la Plana: Publicacions de la Universitat Jaume I; Madrid: Edelsa.
Hurtado Albir, A. (dir.) (1999) *Enseñar a traducir: Metodología en la formación de traductores e intérpretes*, Madrid: Edelsa.
Jakobson, R. (1960) 'Closing Statement: Linguistics and Poetics', in T. A. Sebeok (ed.) *Style in Language*, Cambridge, MA: Harvard University Press, pp. 350–377.
Jakobson, R. (1987) 'On Linguistic Aspects of Translation', in K. Pomorska and S. Rudy (eds.) *Language and Literature*, Cambridge, MA: The Belknap Press of Harvard University Press, 428–435.
Jané, A. (2009) 'Notes sobre la traducció de còmics', *Quaderns Divulgatius*, 36: 11–21.
Kelly, D. (2005) *A Handbook for Translator Trainers: A Guide to Reflective Practice*, Manchester: St. Jerome.
Kerr, P. (2014) *Translation and Own-language Activities*, Cambridge: Cambridge University Press.
Kiraly, D. (2000) *A Social Constructivist Approach to Translator Education: Empowerment From Theory to Practice*, Manchester: St. Jerome.
Koller, W. (1979, 1992) *Einführung in die Übersetzungswissenschaft*, Heidelberg: Quelle und Meyer.
Kukkonen, K. (2013) *Studying Comics and Graphic Novels*, Malden, MA: Wiley Blackwell.
LaRocca, M. (2013) *El taller de traducción: Tareas colaborativas para la clase de lengua y traducción*. Roma: ARACNE.
Laviosa, S. (2014) *Translation and Language Education: Pedagogical Approaches Explained*, London: Routledge.
Leech, G. and Short, M. (2007) *Style in Fiction: A Linguistic Introduction to English Fictional Prose*, 2nd edn., Harlow: Pearson.
Lefevere, A. (1975) *Translating Poetry: Seven Strategies and a Blueprint*, Amsterdam: Van Gorcum.
Leonardi, V. (2010) *The Role of Pedagogical Translation in Second Language Acquisition: From Theory to Practice*, Bern: Peter Lang.
López Guix, J.G. (2006) 'The Translator in Aliceland: On Translating Alice in Wonderland Into Spanish', in S. Bassnett and P. Bush (eds.) *The Translator as Writer*, London: Continuum, pp. 95–105.
López Guix, J.G. and Minett Wilkinson, J. (1997) *Manual de traducción. Inglés/Castellano*, Barcelona: Gedisa.
Malmkjær, K. (ed.) (1998) *Translation and Language Teaching*, Manchester: St. Jerome.
Malmkjær, K. (ed.) (2004) *Translation in Undergraduate Degree Programmes*, Amsterdam: John Benjamins.

Marco, J. (2002) *El fil d'Ariadna: anàlisi estilística i traducció literària*, Vic: Eumo.

Martí Sánchez, M. and Fernández Gómiz, S. (2013) *Los marcadores discursivos*, Madrid: Edinumen.

Martínez Sierra, J.J. (2008) *Humor y traducción: Los Simpson cruzan la frontera*, Castelló de la Plana: Publicacions de la Universitat Jaume I.

Mayoral Asensio, R. (1999) *La traducción de la variación lingüística, Vertere: Monográficos de la Revista Hermēneus*, 1.

MLA (Modern Languages Association of America) Ad Hoc Committee on Foreign Languages (2007) *Foreign Languages and Higher Education: New Structures for a Changing World*. Available at www.mla.org/pdf/forlang_news_pdf.pdf (accessed 20 July 2016)

Muñoz-Basols, J., David, M. and Núñez Piñeiro, O. (2010) *Speed Up Your Spanish: Strategies to Avoid Common Errors*, London: Routledge.

Muñoz-Basols, J., Pérez Sinusía, Y. and David, M. (2012) *Developing Writing Skills in Spanish*, London: Routledge.

Newmark, P. (1988) *A Textbook of Translation*, New York: Prentice Hall.

Newmark, P. (1991) *About Translation*, Clevedon: Multilingual Matters.

Nida, E.A. (1964) *Toward a Science of Translating: With Special Reference to Principles and Procedures Involved in Bible Translating*, Leiden: E.J. Brill.

Nida, E.A. and Taber, C.R. (1974) *The Theory and Practice of Translation*, Leiden: E.J. Brill.

Nord, C. (1991) *Text Analysis in Translation. Theory, Methodology, and Didactic Application of a Model for Translation-Oriented Text Analysis*, trans. C. Nord and P. Sparrow, Amsterdam: Rodopi.

Nord, C. (1997) 'El texto buscado. Los textos auxiliares en la enseñanza de la traducción', *TradTerm*, 4 (1): 101–124.

Nord, C. (1997) *Translating as a Purposeful Activity: Functionalist Approaches Explained*, Manchester: St. Jerome.

Ortega y Gasset, J. (1933–1941) 'Miseria y esplendor de la traducción', *Obras completas: Tomo V*, Madrid: Revista de Occidente, pp. 105–135.

PACTE (2000) 'Acquiring Translation Competence: Hypotheses and Methodological Problems in a Research Project', in A. Beeby Lonsdale, D. Ensinger y M. Presas (eds.) *Investigating Translation*, Amsterdam: John Benjamins, pp. 99–106.

PACTE (2011) 'Results of the Validation of the PACTE Translation Competence Model: Translation Project and Dynamic Translation Index', in S. O'Brien (ed.) *Cognitive Explorations of Translation*, London: Continuum, pp. 30–53.

Parks, T. (1998) *Translating Style: The English Modernists and Their Italian Translations*, London: Cassell.

Pavis, P. (1989) 'Problems of Translation for the Stage: Interculturalism and Post-Modern Theatre', trans. L. Kruger, in H. Scolnicov and P. Holland (eds.) *The Play Out of Context. Transferring Plays from Culture to Culture*, Cambridge: Cambridge University Press, pp. 25–44.

Ponce Márquez, N. (2010) 'El mundo del cómic: planteamiento terminológico, literario y traductológico: Ejemplos extraídos del cómic alemán *Kleines Arschloch*', *Philologia Hispalensis*, 24: 123–141.

Pym, A., Malmkjaer, K. and Gutiérrez-Colón Plana, M. (2013) *Translation and Language Learning: The Role of Translation in the Teaching of Languages in the European Union: A Study*, Studies on Translation and Multilingualism series, Luxembourg: Publications Office of the European Union.

Rabadán, R. (1991) *Equivalencia y traducción: problemática de la equivalencia translémica inglés-español*, León: Universidad de León.

Reiss, K. (1976) *Texttyp und Übersetzungsmethode. Der operative Text*, Kronberg: Scriptor.

Reiss, K. (1977, 1989) 'Text Types, Translation Types and Translation Assessment', in A. Chesterman (ed.) *Readings in Translation Theory*, Helsinki: Finn Lectura, pp. 105–115.

Reiss, K. and Vermeer, H. (1984) *Groundwork for a General Theory of Translation*, Tübingen: Niemeyer.

Rodríguez Medina, M.J. (2003) *La traducción de la morfosintaxis (inglés-español). Teoría y práctica*, Las Palmas de Gran Canaria: Universidad de las Palmas de Gran Canaria.

Santoyo, J.C. (1996) *El delito de traducir*, León: Universidad de León.

Schleiermacher, F. (1963) 'Über die verschiedenen Methoden des Übersetzens', in H.S. Störig (ed.) *Das Problem des Übersetzens*, Darmstadt: Henry Goverts, pp. 38–70.

Schwartz, R. (2003) 'Between the Covers'. *The Linguist: Journal of the Institute of Linguists, UK*, 42 (1). Available at www.dalkeyarchive.com/between-the-covers/ (accessed 20 August 2016).

Short, M. (1996) *Exploring the Language of Poems, Plays and Prose*, London: Longman.

Snell-Hornby, M. (1988) *Translation Studies: An Integrated Approach*, Amsterdam: John Benjamins.

Snyder, J. (2008) 'Audio Description: The Visual Made Verbal', in J. Díaz-Cintas (ed.) *The Didactics of Audiovisual Translation*, Amsterdam: John Benjamins, pp. 191–198.

Steiner, G. (1975, 1992) *After Babel*, Oxford: Oxford University Press.

Talaván, N. (2013) *La subtitulación en el aprendizaje de lenguas extranjeras*, Barcelona: Octaedro.

Torresi, I. (2010) *Translating Promotional and Advertising Texts*, Manchester: St. Jerome.

Toury, G. (1980) *In Search of a Theory of Translation*, Tel Aviv: The Porter Institute for Poetics and Semiotics.

Toury, G. (1995) *Descriptive Translation Studies and Beyond*, Amsterdam: John Benjamins.

Upton, C-A. (ed.) (2000) *Moving Target: Theatre Translation and Cultural Relocation*, Manchester: St. Jerome.

Valdés, M.C. (2004) *La traducción publicitaria: comunicación y cultura*, Valencia: Publicaciones de la Universidad de Valencia.

Valero Garcés, C. (1995) *Apuntes sobre traducción literaria y análisis contrastivo de textos literarios traducidos*, Alcalá de Henares: Universidad de Alcalá de Henares.

Valero Garcés, C. (2000) 'La traducción del cómic: retos, estrategias y resultados', *Trans*, 4: 75–88.

Vázquez-Ayora, G. (1977) *Introducción a la traductología: Curso básico de traducción*, Washington, DC: Georgetown University Press.

Venuti, L. (1995) *The Translator's Invisibility*, London: Routledge.
Venuti, L. (ed.) (2017) *Teaching Translation. Programs, Courses, Pedagogies*, London and New York: Routledge.
Vinay, J.P. and Darbelnet, J. (1958, 1989) 'Translation Procedures', trans. A. Chesterman, in A. Chesterman (ed.) *Readings in Translation Theory*, Helsinki: Finn Lectura, pp. 61–69.
Werlich, E. (1975) *Typologie der Texte: Entwurf eines textlinguistishen Modells zur Grundlegung einer Textgrammatik*, Heidelberg: Quelle und Meyer.
Williams, C. (1994) *Arfarniad o ddulliau dysgu ac addysgu yng nghyd-destun addysg uwchradd ddwyieithog* (PhD). University of Wales, Bangor.

Index of linguistic terms

Index